# 크리스천 에센셜

크리스천들은 무엇을 믿고, 무엇을 바라며, 어떻게 살아야 하는가?

박형용 지음

킹덤처치연구소

날마다 저와 같은 죄인을 인내하시고
참아주시는 하나님께 먼저 감사드립니다.
신앙의 모범이 되어주시고, 흔들릴 때마다 믿음으로 저를 붙잡아 주신
사랑하는 저의 아버지 박전규 장로님과
어머니 임선희 권사님께 깊은 애정을 담아 감사를 전합니다.
인생의 걸음마다 두 분의 흔적이 스며 있지 않은 곳이 없었고,
두 분의 기도와 헌신 덕분에 오늘 이 책을 쓸 수 있었습니다.
사랑하는 장인어른 김명덕 목사님과 장모님 윤혜림 사모님께도 감사의 마음을 전합니다.
늘 뒤에서 기도해 주시고 응원해 주시는 두 분의 사랑 덕분에
저와 저희 가정이 든든하게 목회에 임할 수 있었습니다.

언제나 넘치는 응원과 격려를 아끼지 않는 사랑하는 아내 김지혜,
"나의 첫 번째 사역은 남편 목사님의 멘탈 관리"라며 헌신하는 당신 덕분에
맡겨진 사역을 포기하지 않고 감당할 수 있었습니다.
아빠의 보물인 박예슬, 박하람.
사랑하는 너희들이 있어서 아빠는 행복하고, 너희 덕분에 살아갈 맛이 난단다.
어디에 있든 하나님을 최우선으로 생각하며,
하나님이 기뻐하시는 삶을 살아가기를 부탁한다.
성경을 사랑하고 교회를 아끼는 너희가 되어 주기를 바란다.

언제나 저를 응원해주는 사랑하는 매형 이민우,
너무나도 소중한 우리 누나 박선진, 그리고 사랑스러운 조카 하율이와 하준이.
또한, 처남 김모세 목사님과 그의 가족들,
그리고 늘 저를 위해 기도해 주시는 친척들과 친구들께도 감사드립니다.
하나님께서 저에게 붙여주신 보석 같은 동역자들인 달라스 리스타트 교회의 성도들,
말씀식당을 후원하고 지지해 주시는 전 세계에 흩어진 동역자들께도 감사를 드립니다.

마지막으로 저의 스승이 되어 주신 수많은 목사님들과 동역자들,
그리고 이 책의 추천사를 써주시고 출판을 도와주신 킹덤처치연구소와
목양출판사 식구들께도 깊은 감사를 드립니다.

## 장동학 목사 (하늘꿈 연동교회)

저는 목회만 하였고, 그나마 페북으로만 세상과 소통하고 있습니다. 페북하는 이유는 후배 목회자들에게 조금이나마 도움이 되고자 하는 마음 때문입니다. 사실 박목사님은 직접 만나지 못했습니다. 하지만 오랫동안 페북을 통해서 교제해 왔기에, 오프라인에서 만난 목사님들보다 잘 알고 있는 것 같습니다. 박목사님은 글이 투명하고 분명한 생각을 가지고 있는 분이며, 목사님의 태도와 생각이 이번에 쓰신 책에 그대로 나타나 있습니다.

이 책은 교회론이 분명합니다. 목회자로 교회를 세우려고 쓰셨던 것을 느낍니다. 박 목사님은 말씀에 목숨을 건 사람입니다. 성경을 가지고 씨름을 하는 목회자입니다. 그런데 한 발 짝 더 나아가 성경 말씀으로 교리를 풀어 낸 것입니다.

대부분의 크리스천은 사도신경, 주기도문, 십계명을 다 압니다. 그런데 가장 기초적인 교리를 제대로 알지 못합니다. 이 책은 아주 명확하게 크리스천이 놓칠 수 있는 부분을 설명해주고 있습니다. 책을 읽어보면 명확하게 목사님의 의도를 볼 수 있으며, 이 책은 목회하는 목회자들에게 매우 도움이 될 "목회자가 쓴 책"입니다. 그러므로 목회자인 저도 아주 기쁜 마음으로 강력하게 추천하는 바입니다.

### 최갑종 교수
### (전 백석대 신약 교수, 총장 역임, 현 Evangelia University 신약 교수)

사도신경, 주기도문, 십계명의 중요성은 아무리 강조하여도 지나치지 않다. 사도신경은 삼위 하나님에 대한 초기 기독교의 핵심적인 신앙고백의 내용을 담고 있으며, 주기도문은 예수님이 직접 신약교회에 남긴 보물로서 예수님의 전 메시지를 요약하고 있으며, 그리고 십계명은 구약성경의 전체 교훈을 요약하고 있다. 그래서 기독교회는 지난 2000년 동안 사도신경, 주기도문, 십계명은 기독교 신앙의 표지로 여기고 이를 가르쳐왔다. 따라서 기독교 신자라면 누구든지 사도신경, 주기도문, 십계명을 알아야 한다. 사도신경, 주기도문, 십계명을 모르면서 기독교 신자라고 말할 수 없기 때문이다. 하지만 적지 않은 사람이 사도신경, 주기도문, 십계명의 중요성을 말하면서도 진작 사도신경, 주기도문, 십계명이 담고 있는 중요한 메시지를 잘 알지 못하고 있다. 잘 알지 못하면서 형식적으로만 암송하거나 고백하고 있다.

그런데 이번에 미국 텍사스주 달라스 리스타트 교회를 개척하여 신실하게 목회하고 있는 박형용 목사님께서 사도신경, 주기도문, 십계명의 중요성과 전체 메시지를 잘 풀어 설명하는 귀한 책을 출판하게 되어 매우 반갑고 기쁘다. 이 책은 박 목사님께서 적지 않은 유학 기간에 연구한 결실인 동시에, 또한 그가 교회에서 직접 가르치고 설교한 목회 현장의 열매이기도 하다.

나는 사도신경, 십계명은 체계적으로 연구하지는 않았지만, 주기도문은 오랫동안 연구하여 주기도문에 대한 2권의 전문적인 책을 출판하여 신학생들에게 가르쳤다. 그래서 누구보다도 이 책의 중요성을 잘 알고 있다고 자부할 수 있다. 따라서 나는 이 책의 출판을 진심으로 환영하며, 이 책을 신학생, 목회자에게는 물론 일반 성도들에게도 적극적으로 추천하고자 한다. 바라기는 신학생과 목회자는 사도신경, 주기도문, 십계명을 어떻게 교회에서 가르치고 설교할 것인가를 알기 위해서, 그리고 일반 성도들은 기독교의 가장 중요하고 핵심적인 메시지를 담고 있는 사도신경, 주기도문, 십계명을 올바르게 알기 위해서 이 책을 항상 곁에 두었으면 한다.

### 조형래 목사 (전인교회, 전인기독학교장)

2025년 세계 석학들이 표현한 단어는 무질서(Disorder), 불확실성(uncertainty), 불안정성(Instability)입니다. 무엇인가 없고(無) 무엇인가 아닌 시대(不) 시대에 살고 있습니다. 그 이유가 무엇입니까?

무엇이 없어서(無) 이렇게 아닌(不) 세상이 되었습니까? 기초입니다. 세상은 인간사의 기초를 과학으로 이성으로 문명으로 만들며 더 나은 세상을 추구했습니다. 그러나 이런 인간의 생각은 세상의 기초가 될 수 없습니다. 그 이유는 하나님이 천지를 창조하셨기 때문입니다. 기초가 잘못 설계되고 시공하면 무너집니다. 이 잘못된 기초 위에 세워진 세상은 결국 상식과 양심이 무너지고 나라의 근간이 무너지고 정치와 경제가 무너지고 교회, 학교, 가정이 무너졌습니다. 그래서 불안하고 걱정이 많은 세상이 되었습니다.

이러한 시대에 박형용목사님의 "크리스천 에센셜"은 기초를 다시 세우는 핵심 가치와 지혜입니다. 목사님의 글은 생활 속의 언어로 편하게 읽히는 탁월함이 있습니다. 그 능력으로 어렵게 느껴지는 교리의 핵심 가치와 원리를 이 책에 담았기에 누가 읽어도 쉽고 편하게 이해하며 기초를 든든히 세우기에 유익할 것입니다. 모두가 이 책을 읽어 질서 있고 확실하고 안전한 삶을 살기를 축복합니다.

**신자겸 목사 (달라스 하나로교회 담임, 달라스 교회 협의회 회장)**

사도신경은 장로교 교인이라면 매주일 예배 때마다 암송하고 있습니다. 하지만 그 신앙고백에 담아야 하는 참뜻과 현대적 적용에 대해서 진지하게 생각해 본 성도들은 그리 많지 않을 것입니다.

저자는 유학시절부터 다년간 평신도들을 대상으로 한 성경공부 그룹을 인도하면서 성경 해석과 적용을 목회 현장에서 잘 훈련해왔습니다. 이 "해석과 적용"의 원리를 바탕으로 해서, 기독교 교리의 집성체인 사도신경의 내용을 믿는다는 고백이 어떻게 신앙에 적용될 수 있는지 잘 펼쳐 보이고 있습니다. 책을 읽어 내려가면서 마치 의식문(儀式文) 같은 사도신경이 내 삶 속에서 살아 숨쉬는 듯한 생생함을 경험하게 되리라 확신합니다.

**김경열 교수 (총신대 겸임교수, 토라말씀의집 대표)**

일석이조(一石二鳥) 란 말이 있습니다. 예상치 못하게 돌 하나를 던져 새 두 마리를 잡게 된 행운을 뜻합니다. 이에 기반 해서 만들어진 일석삼조(一石三鳥)라는 사자성어는 이보다 더 큰 행운이 없다는 말로 통용됩니다. 바로 이 책이 일석삼조의 책인 것 같습니다. 한권의 책에 기독교인들에게 가장 중요한 기독교의 세 가지 기초적 본질, 핵심, 즉 에센셜을 모두 담았기 때문입니다. 그것은 우리가 익히 알고 있는 사도신경과 주기도문과 십계명입니다. 이 세 가지는 기독교가 태동할 때부터 기독교 신앙의 가장 근본된 기초와 뼈대로 자리 잡았습니다. 두말할 필요없이 바로 그러한 이유로 오늘날에도 대부분의 성경책이나 찬송가의 맨 앞과 맨 뒤의 표지의 한 면이나 추가된 지면에 이 세 가지가 수록되어 있습니다. 이것은 모든 기독교인들이 이 세 가지를 암송하고 매일 묵상하고 읽어야 하며 성경의 가장 핵심으로 또렷하게 알고 있어야 함을 뜻합니다.

박형용 목사님은 기독교의 기본진리의 이 세 가지 핵심을 쉬운 말로 모든 사람들이 잘 이해할 수 있도록 설명해주십니다. 사도신경이 왜 초기 교회에서부터 교회의 기본 신앙고백으로 자리 잡았는지 그 중요성을 말씀하시면서 거기 담긴 기독교의 핵심 진리를 쉽게 풀어냅니다. 주기도문이 왜 우리의 기도의 표본이 되어야 하는지 깨닫게 해줍니다. 십계명이 왜 여전히 기독교인의 기본적인 윤리적 지침이 되어야 하는지, 그리고 그 계명들의 의미가 무엇인지를 흥미롭게 설명합니다. 중간중간 들어간 간략한 예화와 간증, 미국과 한국의 생생한 사회적 상황과 추가로 끼어 넣어주신 삽화들이 글의 흥미를 돋웁니다. 수많은 성경구절을 동원해서 그것이 곧 성경의 가르침임을 확인해줍니다.

추천인은 전국 교회와 여러 나라의 집회를 꽤 다니는 편입니다. 그런데 제가 교회 강단에 설 때마다 강조하는 것이 있습니다. 교회에서 여러 가지 재밌고 색다른 프로그램으로 부흥시키려 하지 말고 우직하게 말씀의 본질로 돌아가서 말씀을 잘 가르치라는 부탁입니다. 담임목사가 성경공부와 교리공부를 하자고 프로그램으로 제안할 때 짜증내고 싫다고 하지 말고 정말 정신 차리고 열심히 말씀을 공부해야 한다는 겁니다.

이단과 사이비들은 사악합니다. 그런데 그들이 얼마나 열심히 훈련하고 무장해서 싸움을 걸어옵니까? 무서울 정도로 수년간에 걸쳐 자신들의 이단 교리, 말씀을 철저하게 체계적으로 배우고 무장합니다. 우리는 정의와 진리의 그리스도인지만, 그들과 맞서면 싸움이 되질 않습니다. 우리가 아무런 훈련이 되어 있지 않기 때문입니다. 그래서 너무나 많은 그리스도인들이 신천지, JMS와 같은 사악한 이단 종파에 걸려 넘어가는 것입니다.

모든 정통 교회 신자들은 이구동성으로 이러한 현재의 상황이 심각하다고 말을 합니다. 하지만 정작 뭔가를 할 생각은 전혀 안하고 교회에서 그런 훈련을 하자고 제안하면 다들 귀찮아합니다. 이래선 안 됩니다. 우리도 훈련 받고 공부해야 합니다. 기초부터 잘 다집시다. 이제 박형용 목사님의 이 책을 들고 기초부터 단단히 다지는 공부를 합시다. 이 책을 각자 읽으며 공부를 하고 교회에서 함께 그룹으로 모여서 이 책을 공부해보시길 추천드립니다.

## 들어가는 글

　예전에 제가 한국에서 고등학교를 다닐 때, 매일 통학을 위해 버스를 이용했던 정류장이 있었습니다. 그 정류장은 "성수대교" 바로 앞에 위치해 있었는데, 오가며 그 다리를 볼 때마다 많은 생각에 잠기곤 했습니다.

사진출처: https://ko.wikipedia.org/wiki/성수대교_붕괴_사고

사진출처:https://namu.wiki/w/%EC%82%BC%ED%92%8D%EB%B0%B1%ED%99%94%EC%A0%90%20%EB%B6%95%EA%B4%B4%20%EC%82%AC%EA%B3%A0

　아마도 많은 분들이 그 사건을 기억하실 것입니다. 1994년 10월 21일 오전 7시 38분경, 성수대교의 제5번과 제6번 교각이 붕괴되면서 약 50m가 무너져 내렸습니다. 이 사고로 17명이 부상을 입었고, 32명이 사망했습니다.  왜 이런 사건이 벌어졌을까요? 전문가들은 크게 두 가지 이유를

분석해 냈습니다. 첫 번째는, 성수대교 공사를 맡았던 사람들이 다리를 짓는 과정에서 잘못된 공법을 사용했다는 점입니다. 두 번째는, 공사 관계자들이 정기적으로 이음새와 여러 부분을 점검했어야 했는데, 이러한 조치들을 게을리했다는 것이었습니다. 결국, 부실한 공사법과 적절한 조치의 부재로 인해 그날 아침 아무렇지 않게 출근하던 수십 명의 사람들이 목숨을 잃게 되었습니다.

여러분, 그날 생명을 잃었던 사람들 중에 어느 누가 자신이 오늘 목숨을 잃을 거라고 생각했을까요? 사고가 나던 그날 아침, 그들 대부분은 아마도 이렇게 하루를 시작했을 것입니다. 라디오를 들으며 간단한 아침을 먹고, 노래를 흥얼거리며, 각자 세운 하루의 계획과 꿈을 떠올렸겠죠. 그런데 그들 중 누가 그날 그런 끔찍한 일을 겪게 될 줄 알았겠습니까?

그런데 성수대교가 무너진 뒤 불과 8개월 만에 또다시 끔찍한 일이 벌어졌습니다. 1995년 6월 29일 오후 5시 57분경, 서초동에 있던 삼풍백화점이 붕괴되어 502명이 사망하고 937명이 부상을 입었으며, 6명은 실종되는 엄청난 재난이 발생했습니다. 당시 통화 가치로 피해액이 약 2,700억 원에 달한다고 하니, 얼마나 큰 사건이었는지 가늠할 수 있습니다.

전문가들은 삼풍백화점 붕괴의 원인을 두 가지로 분석했습니다. 첫 번째는, 비리로 인한 불법 용도 변경과 부실공사가 이루어졌다는 점입니다. 두 번째는, 비용 절감과 더 넓은 공간 확보를 위해 설계를 위험하게 변경했다는 것입니다. 넓은 매장 공간을 확보하기 위해 상가 건물의 벽을 없애면서 주요 기둥들이 사라졌고, 철근 비용을 줄이기 위해 얇은 철근을 사용했습니다. 게다가, 건물의 무게를 지탱하기 위해 반드시 필요했던 L자 모양 철근을 일자형 철근으로 대체했습니다. 결국, 이러한 구조적 결함으로 인해 철근이 건물의 무게를 감당하지 못하면서 백화점이 붕괴된 것입니다.

더 무서운 사실은, 삼풍백화점이 붕괴되기 전부터 이미 붕괴 조짐이 보였다는 점입니다. 건물이 갈라지고, 물이 새며, 심지어 개장 초기부터 건물에 진동이 있었다고 합니다. 그럼에도 불구하고 돈과 욕심 때문에 부실공사를 강행한 결과, 이 사건은 수많은 사람들의 목숨을 앗아간 비극이 되었습니다. 답답한 사실은, 그 당시 음식점에서 일하던 직원들이나 백화점의 다른 직원들 중 일부는 이러한 징조들을 이미 알고 있었다는 점입니다. 그런데도 왜 그들이 그곳을 떠나지 않았을까요? "에이, 설마~"라는 안일한 생각 때문이었습니다. 결국 그들은 그 자리에 머물다가 참혹한 죽음을 맞이하고 말았습니다. 그런데 성경에서도 이와 비슷한 상황을 예로 들어 경고하고 있는 말씀이 기록되어 있습니다. 마태복음 24

장에서 예수님은 노아의 홍수를 예로 들며, 예수님이 재림하실 때 어떤 일이 벌어질지를 말씀하셨습니다.

> "노아의 때와 같이 인자의 임함도 그러하리라. 홍수 전에 노아가 방주에 들어가던 날까지 사람들이 먹고 마시고 장가 들고 시집 가고 있으면서. 홍수가 나서 그들을 다 멸하기까지 깨닫지 못하였으니 인자의 임함도 이와 같으리라. 그 때에 두 사람이 밭에 있으매 한 사람은 데려가고 한 사람은 버려둠을 당할 것이요. 두 여자가 맷돌질을 하고 있으매 한 사람은 데려가고 한 사람은 버려둠을 당할 것이니라. 그러므로 깨어 있으라 어느 날에 너희 주가 임할는지 너희가 알지 못함이니라. 너희도 아는 바니 만일 집 주인이 도둑이 어느 시각에 올 줄을 알았더라면 깨어 있어 그 집을 뚫지 못하게 하였으리라. 이러므로 너희도 준비하고 있으라 생각하지 않은 때에 인자가 오리라."
>
> 마태복음 24장 37-44절

**교회는 하나님께서 예비하신 구원의 방주입니다.**

성경은 예수님의 이름을 떠나서는 구원이 없으며, 그리스도의 몸인 교회를 통하지 않고는 구원이 없다고 말합니다. 따라서 성경은 우리에게 올바른 구원의 방법을 따라, 올바른 곳으로 피하라고 요청하고 있습니다.

노아의 방주에 대한 기록을 읽어 보면, 하나님께서 방주의 모양과 짓는 방법을 세세하게 지시하셨다는 것을 알 수 있습니다. 방주는 비록 하나님께서 노아를 통해 제작하셨지만, 그 설계와 지시는 하나님이 직접 하셨다는 것입니다. 이 사실 속에는 놀라운 메시지가 담겨 있습니다.

> "너는 고페르 나무로 너를 위하여 방주를 만들되 그 안에 칸들을 막고 역청을 그 안팎에 칠하라. 네가 만들 방주는 이러하니 그 길이는 삼백 규빗, 너비는 오십 규빗, 높이는 삼십 규빗이라. 거기에 창을 내되 위에서부터 한 규빗에 내고 그 문은 옆으로 내고 상 중 하 삼층으로 할지니라. 내가 홍수를 땅에 일으켜 무릇 생명의 기운이 있는 모든 육체를 천하에서 멸절하리니 땅에 있는 것들이 다 죽으리라."
>
> 창세기 6장 14-17절

노아의 방주는 하나님이 설계하셨고, 하나님이 정하신 방법대로 만들어졌습니다. 성막도 마찬가지이며, 성전도 동일합니다. 그 모든 것은 하나님이 정하신 모양과 방법대로 지어졌습니다. 왜냐하면 우리의 구원은 오직 하나님이 정하신 방법대로만 이루어지기 때문입니다.

그렇다면 이제 묻겠습니다. 교회를 세우신 분은 누구십니까? 바로 예수 그리스도이십니다. 교회는 예수님이 설계하시고, 세우셨으며, 구원의 방법으로 만드신 것입니다. 그러므로 교회는 세상의 철학이나 사고방식에 따라 세워지는 것이 아닙니다. 교회는 철저히 하나님의 설계에 따라, 하나님의 말씀 위에 세워져야 합니다.

그렇기 때문에 교회는 단순히 사람이 "OO 교회"라고 이름을 붙이고 간판을 내건다고 해서 참된 교회의 역할을 하게 되는 것이 아닙니다. 노아의 방주가 하나님이 설계한 대로 지어져야만 생명을 구할 수 있었던 것처럼, 교회 역시 하나님이 설계하고 계획하신 대로 세워져야 합니다.

마치 안전한 건물이 규격에 맞는 자재로, 설계도에 따라 지어져야 하는 것처럼, 교회는 하나님의 진리의 말씀 위에 세워져야 하는 것입니다.

> "만일 내가 지체하면 너로 하여금 하나님의 집에서 어떻게 행하여야 할지를 알게 하려 함이니 이 집은 살아 계신 하나님의 교회요 진리의 기둥과 터니라."
>
> 디모데전서 3장 15절

교회라는 간판을 내건다고 해서, 그곳이 모두 구원의 방주의 역할을 하는 것은 아닙니다. 그 교회가 무엇을 믿고 있는지, 그 믿음이 정말 성경의 가르침에 부합하는지에 따라 그곳에 있는 사람들의 영혼의 안전이 달려 있다는 것입니다. 그러므로 교회는 진리의 기둥과 터로서, 하나님의 말씀 위에 온전한 토대를 두고 "성경대로" 세워져야 합니다.

### 교리의 중요성

방금도 이야기했듯이, 건물을 세우거나 다리를 만들 때 가장 중요한 것은 기초를 튼튼히 세우는 것입니다. 건물과 다리가 흔들리지 않도록 설계도에 따라 골조를 잘 세우는 것이 건물의 뼈대를 세우는 기초 과정이라 할 수 있습니다. 그런데 크리스천이 신앙생활을 할 때도 이와 같은 역할을 하는 과정이 있습니다. 그것을 "교리를 배운다"고 표현합니다.

그렇다면 교리란 무엇을 말하는 것일까요? 교리란 "성경이 가르치고 있는 내용의 핵심을 요약하여 정리한 것"을 뜻합니다. 쉽게 말해서, "성경의 본질을 체계적으로 정리한 것"이 바로 교리입니다. 교리는 건물로 비유하자면 기본 골조, 철근, 그리고 뼈대와도 같습니다. 사람의 몸으로 비유하면 뼈와 관절 같은 역할을 한다고 볼 수 있습니다. 따라서 교리를 배우는 것이 얼마나 중요한지 반드시 알아야 합니다.

여러분, 건물이 클수록 "기초 공사"를 오랫동안 하는 것을 본 적이 있으실 것입니다. 왜 그럴까요? 그래야 그 건물이 무게를 견디며 높고 튼튼하게 세워질 수 있기 때문입니다. 신앙생활에서 교리 공부의 중요성도 이와 같습니다. 때로는 지루하고 어렵게 느껴질 수도 있고, 다 이해되지 않을 수도 있습니다. 그러나 기초 공사를 잘해야 우리의 신앙이 흔들리지 않고 든든히 세워질 수 있는 것입니다.

물론 많은 성도들이 이렇게 이야기합니다. "목사님, 교리는 재미없어요. 교리는 어렵고 복잡해요~" 그렇다면 이런 질문을 드려보겠습니다. 여러분의 학창 시절, 미분이나 적분, 함수 같은 내용을 배울 때 너무 재미있어서 몸서리치던 분이 계셨나요? 그것만 생각하면 자다가도 벌떡 일어나고, 열역학 제1법칙이나 제2법칙을 배울 때 신이 나서 잠을 못 이루던 분들이 있었을까요? 또한, 그렇게 어려운 내용을 공부할 때, 한 번

개념을 배우고 바로 이해한 사람이 얼마나 있었을까요? 대부분은 그렇지 않았을 것입니다. 그러한 내용들은 배우고 싶어서 배우는 것이 아니라, 배워야 하기 때문에 배우는 것이었습니다.

이것이 중요한 포인트입니다. 우리가 삶을 살아가면서 배우고 싶어서 배우는 것들도 있지만, 배워야 하기 때문에 배우는 것들도 있다는 사실입니다. 신앙생활도 마찬가지입니다. 교리는 우리의 신앙을 건강하고 든든히 세우기 위해 반드시 배워야 할 내용입니다.

어떤 일을 하던지 기본적으로 "필요한 시간"이 존재합니다. 신앙생활을 건강하고 튼튼하게 하기 위해서도 시간과 노력이 필요합니다. 물론 지금 당장 건물을 빨리 지어 예쁜 인테리어를 하고 싶은 마음이 들 수 있습니다. 하지만 시간이 들더라도 기초공사를 철저히 하고 차근차근 건물을 세워야 그 건물이 튼튼하고 무너지지 않는다는 것을 우리는 잘 알고 있습니다. 그러므로 서두르지 마십시오. 쉽게 포기하지 마십시오. 이 책을 통해 차근차근 교리를 공부하다 보면, 여러분이라는 아름다운 교회는 튼튼하고 견고한 뼈대를 갖게 될 것입니다.

## 사도신경, 주기도문, 그리고 십계명

교회의 역사를 살펴보면, 성경을 성경대로 믿으려는 교회들이 가르쳐온 세 가지 중요한 성경적 가르침이 있습니다. 그것은 사도신경, 주기도문, 그리고 십계명입니다. 첫 번째로, 사도신경은 크리스천들이 무엇을 믿고 있는지를 알려주는 "믿음의 내용"을 담고 있습니다. 그렇다면 왜 사도신경을 배우는 것이 중요할까요? 그 이유는, 누군가가 하나님을 믿는다고 말하고, 예수님을 믿는다고 고백하더라도, 실제로 그 "믿음의 내용"을 들어보면 성경이 가르치는 하나님과 예수님이 아닐 수 있기 때문입니다.

실제로 많은 사람들이 자기 욕심과 상상으로 만든 예수님을 믿거나, 자신의 바람을 투영하여 왜곡된 신앙을 가질 수 있습니다. 이러한 위험을 방지하기 위해, 사도신경은 우리가 믿는 믿음의 본질과 핵심을 명확히 정리하여 제공합니다. 특히 에베소서 4장은 교회를 세워가는 데 있어 중요한 가르침을 우리에게 전해주고 있는데, 교회가 하나 되기 위해 믿음과 신앙의 내용을 바르게 세우는 것이 얼마나 중요한지를 강조하고 있습니다.

> "몸이 하나요 성령도 한 분이시니 이와 같이 너희가 부르심의 한 소망 안에서 부르심을 받았느니라. 주도 한 분이시요 믿음도 하나요 세례도 하나요. 하나님도 한 분이시니 곧 만유의 아버지시라 만유 위에 계시고 만유를 통일하시고 만유 가운데 계시도다."
>
> 에베소서 4장 4-6절

가끔 어떤 분들이 이런 말씀을 하시곤 합니다. "목사님의 하나님은 제가 생각하는 하나님과 다르군요~" 설교를 듣거나 성경 공부를 하면서, 자신이 기대하고 바라던 내용과 다른 내용을 마주할 때 이런 반응을 보이기도 합니다. 하지만 성경이 증거하는 하나님은 오직 한 분뿐입니다.

오늘날 뉴에이지의 영향으로 인해 사람들이 자신이 원하는 대로 하나님의 모습을 만들어 내려는 시도들이 존재합니다. 그러나 크리스천들은 성경이 증거하는 하나님을 믿어야 하고, 성경이 이야기하는 대로 예배해야 하며, 성경이 말하는 대로 신앙생활을 해야 합니다.

크리스천들의 "공통 기반(Common Ground)"은 언제나 성경입니다. 그렇기 때문에 교회는 성경이 말하는 신앙의 내용을 성도들에게 가르치기 위해 사도신경이라는 신앙 고백을 요약하여 가르쳐 온 것입니다. 성부, 성자, 성령 하나님에 대한 신앙 고백, 교회에 대한 신앙 고백, 그리고 죄 사함과 영생에 대한 신앙 고백을 "성경이 증거하는 대로" 가르쳐 온 것이 바로 사도신경의 전통입니다. 따라서 사도신경을 배우는 것은 매우 중요합니다. 왜냐하면 사도신경은 성경이 말하는 신앙의 핵심 골자를 담고 있으며, 크리스천들이 성경적 신앙의 기본 골조를 세우는 데 필수적인 역할을 하기 때문입니다.

두 번째로, 주기도문은 우리 "주님께서 직접 가르쳐주신 기도"를 말합니다. 성도들이 주기도문을 배워야 하는 이유는 단순히 기도하는 방법을 익히기 위해서가 아닙니다. 오히려 주기도문은 크리스천들이 삶에서 따라야 할 방향과 가치관을 가르치기 때문입니다.

그렇다면, 주기도문의 핵심은 무엇일까요? 주기도문의 핵심은 바로 "하나님의 나라", "하나님의 의", 그리고 "하나님의 뜻"을 구하는 데 있습니다. 내가 이루고자 하는 "나의 나라"가 아니라, "하나님의 나라"가 우리의 삶 속에 임하기를 구하는 것입니다. 내가 원하는 "나의 뜻"이 아니라, "하나님의 뜻"이 이루어지기를 바라는 것입니다. 다시 말해, 우리가 이 땅에서 살아가는 동안, 우리의 인생이 아닌 하나님께서 바라시는 인생을 살아가도록 하는 것이 주기도문의 핵심입니다.

따라서 주기도문은 성도들에게 기도의 방법뿐만 아니라, 기도의 방향과 목적, 그리고 목표를 가르쳐 줍니다. 이 모든 방향과 목표는 언제나 하나님의 나라와 하나님의 뜻에 초점이 맞춰져 있습니다. 주기도문은 성도들이 매일의 삶 속에서 하나님의 뜻대로 살아가기를 구하며, 크리스천들의 삶의 비전과 목표가 무엇인지 명확히 보여줍니다. 결국 주기도문은 단순한 기도가 아니라, 우리의 삶의 근본적인 가치와 방향을 제시하는 가르침인 것입니다.

세 번째로, 십계명은 크리스천들이 마땅히 가져야 할 도덕적이고 윤리적인 삶의 방향을 가르치기 때문에 중요합니다. 쉽게 말해, 십계명은 하나님 나라의 백성들이 하나님 나라의 백성답게 살 수 있도록 그 기준과 지침을 제시해 줍니다. 마치 신호등이 "건너야 할 때"와 "건너지 말아야 할 때"를 명확히 알려주는 것처럼, 십계명은 크리스천들에게 해야 할 일과 하지 말아야 할 일을 구체적으로 가르쳐 주는 역할을 합니다.

오늘날 많은 교회들이 더 많은 사람들을 끌어들이기 위해 교회의 문턱을 낮추고, 교리 공부를 없애는 등의 시도를 하고 있습니다. 하지만 성경적인 신앙을 추구하는 교회들은 항상 사도신경, 주기도문, 그리고 십계명을 강조해 왔습니다. 예를 들어, 초대교회에서는 세례를 받기 원하는 사람들에게 사도신경, 주기도문, 십계명을 가장 먼저 가르쳤습니다. 또한, 루터나 칼빈과 같은 종교개혁자들도 성도들을 훈련시킬 때 이 세 가지를 가장 중요하게 여겼습니다. 루터의 대소요리문답, 칼빈의 기독교 강요,

하이델베르그 요리문답, 웨스트민스터 대요리문답과 소요리문답등 개혁 교회가 사용한 모든 교리 공부 과정은 사실상 사도신경, 주기도문, 십계 명을 확장하여 가르친 내용이었습니다. 초대교회 때부터 이 세 가지는 성 도들이 반드시 배워야 할 필수과목으로 이해되었지만, 안타깝게도 현대 에 들어와 교회의 방향성이 바뀌면서, 단순히 "교인들이 원하지 않는다" 는 이유로 많은 교회가 더 이상 이를 가르치지 않게 되었습니다.

저희 아들이 5학년 때, 갑자기 성적이 떨어져 선생님께 불려간 적이 있습니다. 하지만 선생님이 문제를 제기한 부분은 저희 아들이 공부를 못하거나 잘못한 것이 아니었습니다. 당시 아들이 학교에서 온라인 시험 을 보았는데, 시험 시스템이 문제가 주어진 뒤 얼마 만에 답을 작성했는 지 시간을 기록하여 통계를 냈습니다. 그 결과, "이 아이는 문제를 읽지 않고 찍었다"는 결론이 나왔습니다. 저희 집에서는 점수를 덜 맞았다고 해서 혼나는 경우는 없습니다. 하지만 최선을 다하지 않은 결과에 대해 서는 엄하게 혼을 냅니다. 그래서 그때 저희 아들은 엄마와 아빠에게 2 교대 로테이션으로 혼이 났고, 결국 다음 학기에 아주 좋은 점수를 받아 왔던 기억이 있습니다.

아이를 사랑하는 부모라면, 아이가 귀찮아하고 싫어하더라도 반드시 가르쳐야 할 것은 포기하지 않습니다. 왜냐하면 그러한 과정을 거치지 않은 채로는 다음 단계의 일을 감당할 수 없기 때문입니다. 혹시 건물이 지어지는 모습을 지켜보신 적이 있나요? 철근과 시멘트가 쌓인 흉물스럽고 보기 싫은 상태의 건물이 길가에 놓여 있는 모습을 보셨을 것입니다. 그러나 지루하고 시간이 오래 걸리는 이 과정을 감당하지 않으면, 그 건물은 결코 튼튼하게 지어질 수 없습니다. 건강한 신앙 또한 반드시 거쳐야 하는 과정이 있습니다.

크리스천들은 우리가 믿고 있는 바를 올바르게 아는 것이 중요합니다. 그 내용을 가르치는 것이 바로 사도신경입니다. 또한, 크리스천들은 삶의 이유와 방향을 올바르게 설정하는 것이 중요합니다. 그 방향을 알려주는 것이 주기도문입니다. 그리고 크리스천들은 하나님 나라의 백성으로서 하나님의 법에 순종하며 살아가는 것이 중요합니다. 그 기준과 지침이 담겨 있는 것이 바로 십계명입니다.

지루하고 힘들게 느껴지더라도, 가족과 사회의 구성원이 되기 위해 배우고 거쳐야 하는 과정이 있는 것처럼, 교회의 구성원으로서 건강한 신앙생활을 하기 위해서도 반드시 배우고 거쳐야 하는 과정이 있습니다. 그러나 이 과정은 생각보다 어렵지 않을 것이며, 생각보다 지루하지 않을 것입니다. 오히려 생각보다 더 큰 유익이 여러분을 기다리고 있을 것입니다. 그러므로 저와 함께 사도신경, 주기도문, 십계명을 배우며, 여러분의 신앙을 진리 위에 단단하게 세우는 공사 과정을 거치기를 권합니다. 이 책을 통해서 여러분과 여러분의 교회가 성경적인 믿음 위에 올바르고 견고하게 세워지기를 주님의 이름으로 축복합니다.

.

2025년 1월, 달라스 리스타트 교회 목양실에서
예수 그리스도를 주인으로 삼은 종 **박형용** 목사

# CONTENTS

# 사도신경

# 주기도문

# 십계명

# 사도신경

나는 전능하신 아버지 하나님
천지의 창조주를 믿습니다

나는 그의 유일하신 아들
우리 주 예수 그리스도를 믿습니다

그는 성령으로 잉태되어
동정녀 마리아에게서 나시고
본디오 빌라도에게 고난을 받아
십자가에 못 박혀 죽으시고
장사된 지 사흘 만에
죽은 자 가운데서
다시 살아나셨으며

하늘에 오르시어 전능하신 아버지
하나님 우편에 앉아 계시다가
거기로부터 살아 있는 자와
죽은 자를 심판하러 오십니다

나는 성령을 믿으며
거룩한 공교회와 성도의 교제와
죄를 용서받는 것과
몸의 부활과 영생을 믿습니다
아멘

# 사도신경

1강

## 성부 하나님에 대한 신앙고백

이제 이번 장부터는 사도신경에 대해 본격적으로 배우고자 합니다. 여러분, 사도신경이 무엇입니까? 먼저 "사도"라는 표현은 "예수님의 열두 제자"를 가리키는 말입니다. 예수님께서 이 땅에 오셔서 선택하시고 가르치셨던 열두 제자를 다른 말로 "열두 사도"라고 부릅니다. 그렇다면 "신경"이라는 단어는 무엇을 의미할까요? "신경"은 다른 말로 "신조"라고도 표현하며, 이 말은 라틴어 "크레도(Credo)"에서 유래한 단어입니다 (Credo는 "나는 믿습니다"라는 뜻입니다). 따라서 "신경"은 교회가 무엇을 믿고 있는지 요약하여 정리한 가르침을 뜻합니다. 우리가 예배 시간에 "사도신경으로 우리의 신앙을 고백하겠습니다"라고 말하는 이유는 바로 이것입니다. 성도들이 함께 예배할 때마다, 공동체가 함께 믿고 있는 신앙의 내용을 고백함으로써 예배를 시작하는 것이죠.

그렇다면 성도들에게 사도신경이 중요한 이유는 무엇일까요? 그 이유는 사도신경을 통해 우리 크리스천들이 무엇을 믿고 고백하고 있는지를 명확하게 알 수 있기 때문입니다. 이처럼 사도신경은 우리의 신앙의 내용을 체계적으로 정리해 줌으로써 우리가 믿는 바를 흔들림 없이 고백할 수 있도록 돕는 중요한 역할을 합니다.

> "우리가 다 하나님의 아들을 믿는 것과 아는 일에 하나가 되어 온전한 사람을 이루어 그리스도의 장성한 분량이 충만한 데까지 이르리니."
> 에베소서 4장 13절

믿음은 막연한 것이 아닙니다. 또한 감정의 변화에 따라 그 내용이 달라지는 것도 아닙니다. 믿음에는 분명한 "대상"이 있고, "내용"이 있습니다. 성경은 분명히 하나님의 아들을 "믿는 것"과 "아는 일"에 하나가 되어야 한다고 말합니다. 다시 말해, 크리스천들이 믿음 생활을 할 때는 "무엇을 믿고 있는지" 그 믿음의 내용을 올바르게 알고 믿어야 한다는 것입니다. 왜냐하면 믿음의 내용을 명확히 알아야 우리의 믿음을 굳건히 세울 수 있기 때문입니다.

물론, 믿음은 단순히 "아는 것"을 넘어서는 차원의 것입니다. 그러나 그렇다고 해서 아는 것을 배제한 믿음이 이루어질 수는 없습니다. 왜냐하면 우리가 믿는 믿음의 내용을 확실히 알아야만, 시험과 어려움이 닥칠 때에도 우리의 믿음을 견고히 지킬 수 있기 때문입니다. 특히 오늘날처럼 사이비와 이단들이 활개를 치는 시대에는, 사도신경을 통해 성경적인 신앙의 내용을 알고 믿는 것이 더욱 중요합니다. 왜냐하면 이단들도 겉으로는 하나님에 대해 이야기하고, 예수님을 믿는다고 말하기 때문입니다. 이러한 겉모습에 속지 않으려면, 크리스천들이 믿는 "믿음의 내용"을 올바르게 살피고 분별해야 합니다. 그렇지 않으면 얼마든지 이단들의 교리에 속을 위험이 있다는 사실을 반드시 알아야 합니다.

> "예수께서 빌립보 가이사랴 지방에 이르러 제자들에게 물어 이르시되 사람들이 인자를 누구라 하느냐. 이르되 더러는 세례 요한, 더러는 엘리야, 어떤 이는 예레미야나 선지자 중의 하나라 하나이다. 이르시되 너희는 나를 누구라 하느냐. 시몬 베드로가 대답하여 이르되 주는 그리스도시요 살아 계신 하나님의 아들이시니이다. 예수께서 대답하여 이르시되 바요나 시몬아 네가 복이 있도다 이를 네게 알게 한 이는 혈육이 아니요 하늘에 계신 내 아버지시니라."
>
> 마태복음 16장 13-17절

어느 날, 예수님께서 제자들에게 물으셨습니다. "사람들이 인자를 누구라 하느냐?" 그러자 제자들이 이렇게 대답했습니다. "어떤 사람들은 세례 요한이라고 하고, 또 어떤 이들은 엘리야, 혹은 예레미야나 선지자 중의 하나라고 합니다." 그러자 예수님께서 다시 물으셨습니다. "그러면 너희는 나를 누구라고 하느냐?" 여기서 예수님은 다른 사람들이, 부모님이나 친구들이 예수님을 어떻게 생각하는지가 아니라, "제자들이 예수님을 어떤 분으로 믿고 있는지"를 물으신 것입니다. 다시 말해, 예수님은 개인적인 신앙고백을 물어보신 것이었습니다.

오늘날에는 수많은 이단들이 정통 교단의 간판을 내걸고, 자신들이 마치 정통 교회인 것처럼 꾸미는 일이 많습니다. 그들도 예수님에 대해 이야기하고, 하나님이라는 이름을 부르며, 예배라는 행위를 하기 때문에 겉으로 보기에는 정통 교회와 큰 차이가 없어 보일 수 있습니다. 하지만 그들이 믿고 고백하는 "신앙의 내용"을 살펴보면, 성경에 뿌리를 둔 신앙과는 완전히 다르다는 것을 발견할 수 있습니다.

예를 들어, 여호와의 증인이나 몰몬교 같은 이단들은 예수님을 삼위일체 하나님으로 고백하지 않습니다. 그들에게 있어서 예수님은 단지 피조물 중 가장 뛰어난 존재일 뿐입니다. 그들 또한 예수님을 믿는다고 말하지만, 그 믿음은 예수님을 단순히 역사적으로 존재했던 인물이나 윤리적으로 훌륭한 선생님 정도로만 여기는 것입니다. 또한, 어떤 사람들은 예수님을 믿는다고 고백하면서도 그 내용을 들어보면, 예수님을 마치 소원을 들어주는 램프의 요정처럼 믿고 있는 경우도 있습니다. 여기서 제가 강조하고자 하는 포인트는 이것입니다: 그들 역시 예수님을 믿는다고 고백하지만, 그들의 "신앙의 내용"이 성경과 다르다는 것입니다. 이것은 성경이 요구하는 믿음이 아닐 뿐만 아니라, 성경이 말하는 참된 믿음의 대상도 아니라는 것입니다.

같은 교회에 있다고 해서, 반드시 같은 예수님을 믿는 것은 아닐 수 있습니다. 크리스천이라고 똑같이 이야기하더라도, 누군가는 성경에 기록된 예수님을 믿고 구원의 신앙을 가지고 있을 수 있지만, 또 다른 누군가는 사람들이 지어낸, 인간의 입맛에 맞춘 예수님을 믿고 있을 수도 있습니다. 그러므로 우리는 성경이 말하는 예수님을 올바르게 믿기 위해 "신앙의 내용", 즉 믿음의 내용을 올바르게 배워야 합니다.

지금까지 사도신경이 신앙의 내용을 담고 있다고 말씀드렸습니다. 그렇다면 사도신경은 누가 처음 만들었을까요? 아마도 사도신경이 성경에 그대로 기록되어 있지 않다는 사실에 놀라실 분들이 계실지도 모릅니다. 실제로 십계명(출애굽기 20장, 신명기 5장)과 주기도문(마태복음 6장, 누가복음 11장)은 성경에 명확히 기록되어 있지만, 사도신경은 성경에 그대로 등장하지 않기 때문입니다. 사도신경은 성경의 특정 본문에 나오는 내용이 아니라, 성경에 기록된 여러 내용을 교회가 요약하여 성도들이 믿어야 할 신앙의 골자로 정리한 것입니다. 하지만 사도신경의 뿌리는 분명히 성경이며, 사도신경에 담긴 모든 내용은 성경이 증거하는 진리입니다.

그러면 왜 교회는 사도신경을 정리하여 가르쳐 온 것일까요? 교회 역사 속에서 교리가 정리되고 교리 교육이 활성화된 이유는 크게 세 가지로 설명할 수 있습니다. 첫째, 세례 지원자들을 교육하기 위해서였습니다. 이제 막 복음을 받아들이고 크리스천이 된 사람들에게 교회는 반드시 신앙 교육을 해야 했습니다. 신앙의 기초를 배우고, 믿음의 핵심을 이해하도록 돕는 것이 필요했기 때문입니다. 둘째, 세례를 받고 교회의 멤버가 된 사람들의 신앙을 공식적으로 확인하기 위해서였습니다. 교회는 새 신자들이 성경에 근거한 올바른 신앙을 가지고 있는지를 확인하고, 이를 공동체의 일원으로 받아들이는 과정이 필요했습니다. 이 때문에 교회는 성경의 핵심 내용을 정리하여 세례 지원자들에게 교육했던 것입니다. 셋째, 초대 교회를 위협하던 이단들의 거짓 교리로부터 교회를 지키기 위해서였습니다. 교회는 이단들의 가르침을 분별하고, 성경에 뿌리를 둔 올바른 신앙을 지키기 위해 신앙의 내용을 체계적으로 정리하고 요약해야 했습니다.

이러한 이유로 교회는 교회가 믿고 있는 "신앙의 내용"을 핵심적으로 요약하여 "신경" 혹은 "신조"라는 형태로 가르쳤습니다. 물론 교회마다, 그리고 교파마다 강조하는 신앙의 내용이 약간씩 다를 수 있습니다. 그러나 교파와 교단을 초월하여, 성경을 하나님의 말씀으로 믿는 모든 크리스천들이 공통적으로 믿는 "보편적인 신앙의 내용"이 있습니다. 이러한 내용을 체계적으로 정리한 것이 바로 사도신경입니다.

사도신경의 모체가 되는 신앙고백은 AD 170년에서 180년경 로마 교회에서 세례식 때 사용되었던 "로마 신조(Symbolum Romanum)"라고 할 수 있습니다. 2세기 당시 로마 교회는 세례를 받기 원하는 사람들을 교육한 후, 부활절 세례식에서 세례 후보자들에게 성부, 성자, 성령 하나님에 대한 신앙을 문답한 뒤 세례를 베풀었습니다. 세례 후보자들에게 삼위 하나님에 대한 신앙을 물으면, 그들이 "믿습니다"라고 대답할 때마다 물로 세례를 주는 형식이었습니다. 이러한 형식은 당시 초대 교회에서 일반적으로 사용되던 세례 교육의 방법이었습니다. 이후, 이러한 신앙고백의 내용은 4세기경 교회에서 "선언식의 세례 신조"로 변화 되었습니다. 시간이 흐르며, 8세기경에는 오늘날 우리가 사용하는 사도신경의 내용이 거의 확정되었습니다.

그렇다면 사도신경은 어떤 구조와 내용으로 이루어져 있을까요? 사도신경은 크게 세 부분으로 나눌 수 있으며, 각 부분은 "나는 믿습니다"라는 신앙고백적 표현을 기준으로 구분됩니다. 사도신경의 첫 부분은 이렇게 시작됩니다: "나는 전능하신 아버지 하나님, 천지의 창조주를 믿습니다." 여기에서 주목해야 할 표현은 "나는 믿습니다"라는 고백입니다. 사도신경은 신앙을 고백하는 사람이 성부, 성자, 성령 하나님에 대한 내용을 "나는 믿습니다"라는 표현으로 고백하는 구조로 되어 있습니다.

사도신경은 크게 세 부분으로 나뉩니다. 첫 번째는 성부 하나님에 대한 신앙 고백, 두 번째는 성자 하나님(예수 그리스도)에 대한 고백, 세 번째는 성령 하나님에 대한 신앙 고백입니다. 다시 말해, 사도신경은 삼위일체 하나님에 대한 신앙을 고백하는 내용으로 구성되어 있으며, 고백의 핵심은 "내가 믿습니다"라는 선언입니다.

그러면 또 이런 질문을 할 수 있습니다. 왜 사도신경은 "나는 믿습니다"라는 표현으로 신앙을 고백하고 있을까요? 그 이유는 사도신경의 내용이 인간의 이성으로는 쉽게 받아들일 수 없는, 우리의 이성을 초월하는 내용을 담고 있기 때문입니다. 예를 들어, 십자가에 못 박혀 죽으신 예수님께서 장사된 지 사흘 만에 다시 살아나셨다는 사실이나, 하나님 우편에 앉아 계시다가 산 자와 죽은 자를 심판하러 다시 오신다는 내용은 과학적으로 입증되지 않으며, 이성적으로도 이해하기 어려운 내용입니다. 그렇기 때문에 우리는 이런 사실을 "이해했습니다"나 "그렇게 생각합니다"라고 고백하지 않고, "나는 믿습니다"라고 고백하는 것입니다. 성경은 믿음을 이렇게 정의하고 있습니다.

> "믿음은 바라는 것들의 실상이요 보이지 않는 것들의 증거니. 선진들이 이로써 증거를 얻었느니라. 믿음으로 모든 세계가 하나님의 말씀으로 지어진 줄을 우리가 아나니 보이는 것은 나타난 것으로 말미암아 된 것이 아니니라."
> 히브리서 11장 1-3절

믿음이란 보이지 않는 것을 믿고, 이해되지 않는 것을 믿는 것입니다. 평범한 상식으로는 납득이 되지 않더라도, 이 모든 일을 행하시고 말씀하신 분이 전능하신 하나님이시기에, 우리는 성경이 증거하는 모든 내용을 "나는 믿습니다"라고 고백하는 것입니다. 세상 사람들은 이 세상이 존재하게 된 이유를 여러 원인과 결과를 통해 증명하려 애씁니다. 하지만 우리는 모든 세계가 창세기 1장에 기록된 대로 하나님의 말씀으로 지어졌음을 믿고 고백합니다. 왜냐하면 그것이 성경이 증거하는 내용이기 때문입니다. 우리가 사도신경의 내용을 듣고 "나는 믿습니다"라고 고백하는 이유도 이와 같습니다. 사도신경의 내용은 성경이 증거하는 내용이며, 성경이 하나님의 말씀이기 때문에 우리는 거리낌 없이 "나는 믿습니다"라고 고백하는 것입니다.


## 창조주 하나님

사도신경은 성부, 성자, 성령 하나님에 대한 신앙 고백으로 이루어져 있습니다. 그중에서도 사도신경의 첫 부분은 성부 하나님에 대한 신앙 고백으로, 크리스천들은 성부 하나님을 "전능하신 창조주요, 우리의 아버지이신 하나님"으로 고백합니다. 인간이 살아가면서 던지게 되는 본질적인 질문들이 있습니다. "우리가 살고 있는 이 우주는 어떻게 생겨났을까?", "이 세상에 존재하는 생명체들은 어떻게 시작되었을까?", "인간은 어떤 존재이며 무엇을 위해 존재하는가?" 이러한 본질적이고 존재적인 질문에 대해 사람들은 철학적 사고와 종교적 접근을 통해 답을 찾으려 해왔습니다. 그런데 성경은 이러한 질문들에 대해 명확하고 단호한 답변을 제시합니다. 모든 것의 시작과 근원에 "하나님"이 계신다는 것입니다. 그래서 우리가 성경을 볼 때 고려해야 하는 아주 중요한 사실이 하나 있는데, 그것은 성경이 마태복음 1장 1절이 아닌, 창세기 1장 1절로 시작된다는 것입니다.

> "태초에 하나님이 천지를 창조하시니라."
>
> 창세기 1장 1절

성경은 온 세상이 시작되기 전에 이미 하나님이 계셨고, 하나님이 하늘과 땅에 있는 모든 것을 창조하셨다고 이야기합니다. 그래서 성경이 첫 번째 책에서 증거하는 하나님의 정체는 창조주이자 전능하신 하나님이라는 것입니다. 우리가 하나님이 전능하신 하나님이라는 사실을 믿을 수 있다면, 창세기 1장 1절 뒤에 기록된 내용들은 아무 문제가 되지 않습니다. 온 세상을 창조하신 하나님, 즉 전능하신 하나님이 소경의 눈을 뜨게 하시든, 죽은 자를 살리시든, 처녀의 몸에 성령으로 잉태되게 하시든, 그 모든 것은 문제가 되지 않습니다. 천지를 창조하신 하나님이 모든 것을 알고 계시고, 모든 곳에 존재하신다고 하시는 것도 하나님이 전능하신 분임을 믿는 사람들에게는 의심의 여지가 없습니다.

하지만 창세기 1장 1절을 믿지 않는 사람들에게는 성경의 뒷부분에 나오는 이야기도 당연히 믿을 수 없는 것이 됩니다. 그만큼 기독교 신앙에서는 성경의 첫 번째 구절인 "태초에 하나님이 천지를 창조하시니라"라는 말씀을 믿는 것이 중요합니다. 그렇기 때문에 사도신경의 첫 번째 고백이 우주와 인간의 기원에 대한 신앙 고백으로 이루어져 있는 것입니다. "나는 전능하신 하나님께서 이 모든 우주와 인간을 창조하셨다는 것을 믿는다"는 것입니다.

창세기 1장 2절 이후의 내용을 보면, 하나님께서 천지를 지으신 과정과 내용이 묘사되고 있습니다. 여기에서 이야기하는 첫째 날, 둘째 날의 시간 개념이 지금의 24시간인지, 아니면 진화론자들이 주장하는 오랜 시간인지 논쟁하는 것은 사실 무의미합니다. 하나님이 전능하신 하나님이라면, 24시간에 하나씩 만드시든, 24초에 만드시든, 숨을 내쉬는 대로 만드시든 우리의 믿음은 흔들릴 이유가 없습니다. 다만 이러한 논쟁이 벌어지는 이유는 하나님이 전능하신 하나님이라는 사실을 믿지 못하기 때문입니다.

창세기 1장은 "태초에 하나님이 천지를 창조하시니라"라는 구절로 시작됩니다. 여기에서 "태초에"라는 표현은 직접적으로 "기원"의 문제를 겨냥하고 있습니다. 고대 근동의 사람들은 다신론적 종교관을 가지고 있었고, 세계의 기원에 대해 자신들이 섬기는 신들에 근거해 다양한 설명을 하려 했습니다. 그러한 시대 속에서 창세기는 그 당시 고대 근동의 사람들에게 온 세계의 기원을 선포하며 시작하고 있는 것입니다. 이 세계는 다른 신들로부터 비롯된 것도 아니고, 우연히 발생된 것도 아닙니다. 온 우주의 분명한 기원은 "태초에 하나님이 천지를 창조하셨다"는 것입니다. 성경은 이러한 사실을 자명한 사실로 전제하며 이야기를 시작합니다.

창세기 1장을 천천히 읽어보면, 이 세계의 시작과 원인에 대해 "하나님이"라는 주격 표현이 반복적으로 사용되고 있음을 알 수 있습니다. 실제로 창세기 1장에서만 "하나님이"라는 표현이 스무 번 넘게 기록되어 있습니다. 이는 세상 만물을 하나님이 만드셨다는 것을 선포하는 것입니다. 고대 근동 사람들이 믿고 있던 신화 속의 신들이 아니라, 성경이 증거하는 전능하신 창조주 하나님이 그 모든 것을 만드셨다는 것입니다. 창세기 1장과 2장에 기록된 천지 창조 기사는 "하나님이 만드시니 그대로 되니라"라는 구조 아래 기록되어 있으며, 이는 우주 만물이 하나님의 뜻과 말씀대로 존재하게 되었다는 것을 확증해 주는 것입니다.

## 무(無)로부터의 창조

다음으로 우리가 살펴봐야 할 것은, "하나님이 천지를 창조하실 때 어떻게 창조하셨는가?"입니다. 창세기 1장을 보면, "하나님이 이르시되"라는 표현이 약 10번이나 기록되어 있습니다(창세기 1장 3, 6, 9, 11, 14, 20, 24, 26, 29절). 하나님이 말씀하시니 그대로 되었다는 것은, 천지 창조가 "하나님의 말씀"을 수단으로 이루어졌음을 보여줍니다.

하나님은 주어진 재료를 가지고 제작하시거나, 있는 재료를 정돈해서 세상을 만드신 것이 아닙니다. 아무것도 없는 곳에서, 아무 수단 없이 오직 "하나님의 말씀"만으로 천지를 창조하셨습니다. 성경은 이를 "무(無)로부터의 창조"라고 증거합니다. 시편 기자의 고백을 보겠습니다.

> "여호와의 말씀으로 하늘이 지음이 되었으며 그 만상을 그의 입 기운으로 이루었도다. 그가 바닷물을 모아 무더기 같이 쌓으시며 깊은 물을 곳간에 두시도다."
>
> 시편 33편 6-7절

시편 기자가 찬양한 것처럼, 여호와 하나님의 말씀으로 하늘이 지음을 받았고, 바다도 지음을 받았다는 것입니다. 그러므로 하나님의 말씀 외에는 그 어떤 수단도 하나님의 천지 창조에 동원되지 않았음을 알 수 있습니다.

## 하나님이 만드셨다

한 가지 더 중요한 사실을 살펴보겠습니다. 창세기 1장을 보면 6일간의 창조 이야기가 기록되어 있습니다. 하나님이 하늘과 땅을 창조하시고, 해와 달과 별, 동물과 식물을 만드셨다는 이야기가 나옵니다. 그런데 흥미로운 점은, 이렇게 나열된 대상들이 고대 근동 세계에서는 모두 "신적인 존재"로 여겨졌던 것들입니다. 하지만 성경은 이러한 것들에 신적 권위를 부여하지 않고, 단지 피조물이라고 일축하고 있습니다.

성경은 그 어떤 피조물에게도 신성을 부여하지 않고, 냉정하게 "하나님이 만드셨다"고 언급하며 끝을 냅니다. 이 사실은 당시 사람들에게 매우 충격적인 선포였습니다. 왜냐하면 창세기에 기록된 모든 피조물들은 고대 근동 사람들이 일상적으로 숭배하고 제사 드리던 신적인 존재들이었기 때문입니다. 그러므로 성경이 이러한 대상을 단지 피조물이라고 묘사하는 것은 그들에게 정서적인 불편함과 어색함을 불러일으켰을 것입니다. 이러한 배경을 가지고 창세기를 읽으면, 창세기의 메시지가 얼마나 충격적이고 파격적이었는지를 알 수 있습니다.

## 사람, 특별하게 만들어진 존재

창세기 1장을 보면, 천지를 지으신 하나님께서 당신이 지으신 천지 만물을 보시고 "하나님이 보시기에 좋았더라"라고 표현한 구절들을 찾을 수 있습니다(창세기 1장 4, 10, 12, 18, 21, 25, 31절). 이러한 표현을 통해 천지 만물이 하나님의 목적대로 완전하게 창조되었음을 알 수 있습니다. 그런데 이 천지 창조 과정에서 아주 독특하고 특별한 창조물이 있었습니다. 그것은 사람이었습니다.

"하나님이 이르시되 우리의 형상을 따라 우리의 모양대로 우리가 사람을 만들고 그들로 바다의 물고기와 하늘의 새와 가축과 온 땅과 땅에 기는 모든 것을 다스리게 하자 하시고. 하나님이 자기 형상 곧 하나님의 형상대로 사람을 창조하시되 남자와 여자를 창조하시고. 하나님이 그들에게 복을 주시며 하나님이 그들에게 이르시되 생육하고 번성하여 땅에 충만하라, 땅을 정복하라, 바다의 물고기와 하늘의 새와 땅에 움직이는 모든 생물을 다스리라 하시니라."

창세기 1장 26-28절

성경은 하나님께서 인간을 "하나님의 형상을 따라 지었다"고 이야기합니다. "하나님의 형상"이라는 것은, 하나님이 가지신 지혜와 능력처럼 인간 또한 하나님의 인격적인 특성을 가진 존재로 창조되었음을 의미합니다. 그리고 하나님께서 인간을 자기 형상대로 만드신 후, 그 인간을 통해 하나님이 창조하신 모든 것을 다스리라고 하셨습니다. 그러므로 인간은 하나님의 대리자로서, 하나님이 지으신 다른 피조물들을 통치하고 다스리는 사명을 받았다는 것을 알 수 있습니다. 이런 점에서 인간과 다른 피조물들은 구분됩니다.

고대 근동의 신화를 살펴보면 신들이 인간을 창조할 때 노예로 부리거나, 화풀이를 하거나, 이용하기 위해 창조했다고 묘사됩니다. 인간은 철저히 신들의 지배 아래에서 고통받고 눈치를 보는 열등한 존재로 그려집니다. 그러나 성경은 그러한 고대 근동의 신화와는 반대되는 이야기를 합니다. 인간은 하나님께서 지으신 특별한 피조물이며, 하나님이 사랑하여 하나님의 형상대로 지은 존재라는 것입니다.

그래서 하나님은 인간이 피조물의 지배를 받는 것이 아니라, 인간이 하나님이 지으신 피조물들을 다스리고 돌보는 권한을 주셨다고 선포하셨습니다. 창세기는 성경의 첫 구절부터 우리에게 선택을 요구합니다. 다른 신들의 노예로서 평생을 두려움 속에서 살 것인지, 아니면 전능하신 하나님의 존귀한 형상으로서 하나님만 섬기며 살 것인지 방향을 정해야 한다는 것입니다.

## 아버지 하나님

사도신경의 첫 번째 고백은 놀라운 고백을 담고 있습니다. 그것은 성부 하나님이 천지를 창조하신 창조주이며 전능하신 분이라는 고백과 동시에, 그분이 우리의 "아버지"라는 사실을 고백한다는 것입니다.

저에게는 아버지로서의 원칙이 하나 있습니다. 아무리 힘들고 지친 하루를 보냈다고 하더라도, 아이들이 자신의 능력으로 감당하지 못하는 일이 있을 때 아빠의 도움을 요청하면 반드시 응답한다는 것입니다. 어느 날 지친 상태로 잠들었을 때, 아들이 샤워실에서 저를 불렀습니다. "아빠, 저 좀 도와주세요." 가보니 샤워기의 높이가 너무 높아 아들의 손이 닿지 않았던 것이었습니다. 하지만 아빠는 키가 크고 팔이 길기 때문에 샤워기를 쉽게 내려줄 수 있었습니다. 또 어떤 날에는 아들이 물통 뚜껑을 열지 못해 제 이름을 불렀고, 저는 그 물통을 열어줄 수 있었습니다.

사도신경의 첫 번째 고백이 "전능하신 하나님"에 대한 고백으로 시작하며, 그분이 우리의 "아버지"가 되신다는 사실에는 놀라운 은혜가 담겨 있습니다. 하나님은 전능하신 분이십니다. 사람에게는 능력이 부족하거나 감당하기 어려운 일이 있을 수 있지만, 하나님께는 불가능한 일이 없습니다. 성경은 그러한 하나님이 우리의 "아버지"가 되신다고 증언합니다. 이 사실은 우리에게 큰 위로와 평안을 줍니다. 우리를 도울 능력이 충분히 있는 하늘 아버지가 계시기 때문입니다.

인생을 살면서 내 힘으로 할 수 없는 일이나 주저앉고 싶은 순간들이 찾아옵니다. 하지만 우리에게는 전능하신 하나님 아버지가 계십니다. 그러므로 우리는 믿음으로 신앙의 여정을 끝까지 걸어갈 수 있습니다. 초대교회의 성도들이 로마의 박해 가운데에서도 믿음을 지킬 수 있었던 이유도 여기에 있습니다. 아무것도 할 수 없는 어려운 상황에서도 우리의 사정을 아시고 도우실 수 있는 전능하신 하나님이 계시다는 것, 그리고 그분이 우리의 "아버지"가 되신다는 사실이 초대교회의 성도들을 든든하게 붙잡아 준 사도신경의 고백입니다.

> "내가 확신하노니 사망이나 생명이나 천사들이나 권세자들이나 현재 일이나 장래 일이나 능력이나. 높음이나 깊음이나 다른 어떤 피조물이라도 우리를 우리 주 그리스도 예수 안에 있는 하나님의 사랑에서 끊을 수 없으리라."
> 로마서 8장 38-39절

이것이 사도들의 가르침이며 성경의 가르침입니다. 우리에게는 천지 만물을 창조하신 전능하신 아버지가 계시니, 우리의 인생은 쉽게 망하지 않는다는 것입니다. 이것이 성경이 말하는 가르침입니다.

혹시 신앙생활 중 어렵고 힘든 상황에서 낙심하신 분들이 계시다면,

오늘 이 신앙고백을 통해 하나님이 여러분에게 어떤 존재가 되시는지, 그리고 여러분이 하나님께 어떤 존재인지 다시 한번 마음에 새기시기 바랍니다. 여러분은 하나님의 사랑받는 자녀입니다. 그리고 여러분을 사랑하시는 아버지는 전능하신 하나님이십니다. 우리 크리스천들은 바로 이 사실을 믿습니다.

# 사도신경

# 성자 예수님에 대한 신앙 고백

이번에는 사도신경의 두 번째 부분인 성자 하나님, 즉 예수 그리스도에 대한 신앙고백을 살펴보겠습니다. 사실 사도신경의 내용 중 가장 많은 부분을 차지하는 것이 바로 예수 그리스도에 대한 신앙 고백입니다. 사도신경 전체 열두 항목 중 여섯 개 항목이 예수님에 대한 신앙고백일 정도로, 예수님에 대한 고백의 분량은 방대합니다. 사도신경 속에 기록된 예수님에 대한 신앙고백은 크게 두 부분으로 나눌 수 있습니다. 첫째, "예수님은 어떤 분이신가?"라는 질문에 대한 답변과, 둘째, "예수님은 무엇을 하셨는가?"라는 질문에 대한 답변입니다.

사도신경이 예수님에 대해 첫 번째로 다루고 있는 질문은, "예수님은 어떤 분인가?"라는 질문입니다. 다시 말해, 예수님의 신분과 정체성에 대한 신앙고백이 기록되어 있습니다. 크리스천들은 예수님을 "하나님의 유일하신 아들, 우리 주, 그리스도"라고 믿습니다. 두 번째로 "예수님은 무슨 일을 하셨는가?"라는 질문에 대해서는, 예수님의 탄생, 죽음, 부활, 승천, 재림의 사역들이 기록되어 있습니다. 예수님께서는 성령으로 잉태되어 처녀 마리아에게서 나셨고, 본디오 빌라도에게 고난을 받으시고 십자가에 못 박혀 죽으셨으며, 장사된 지 사흘 만에 다시 살아나셨습니다. 또한 하늘에 오르셔서 하나님 우편에 앉아 계시다가, 장차 산 자와 죽은 자를 심판하러 오실 것이라고 고백합니다.

## 하나님의 유일하신 아들, 그리고 하나님

그러면 이 내용을 차근차근 살펴보겠습니다. 먼저 우리가 살펴볼 내용은 "그의 유일하신 아들 우리 주 예수 그리스도를 믿습니다"라는 부분입니다. 이 고백 속에는 세 가지 신앙고백이 담겨 있습니다. 첫째, 예수님은 "하나님의 유일하신 아들"이라는 것입니다. 둘째, 예수님은 우리의 "주님"이라는 것입니다. 셋째, 예수님은 우리의 죄를 담당하신 메시아, 즉 "그리스도"라는 것입니다.

사도신경이 예수님을 가리켜 누구의 유일하신 아들이라고 고백하고 있습니까? 전능하신 창조주, 하나님의 유일하신 아들이라는 것입니다. 성경은 분명히 예수님이 하나님의 유일하신 아들이라고 이야기합니다.

> "말씀이 육신이 되어 우리 가운데 거하시매 우리가 그의 영광을 보니 아버지의 독생자의 영광이요 은혜와 진리가 충만하더라."
>
> 요한복음 1장 14절

성경은 예수님이 하나님의 아들일 뿐만 아니라, "독생하신 하나님"이라고 증거합니다. 또 다른 성경 구절들을 살펴 보겠습니다.

> "하나님이 세상을 이처럼 사랑하사 독생자를 주셨으니 이는 그를 믿는 자마다 멸망하지 않고 영생을 얻게 하려 하심이라."
>
> 요한복음 3장 16절

> "하늘로부터 소리가 있어 말씀하시되 이는 내 사랑하는 아들이요 내 기뻐하는 자라 하시니라."
>
> 마태복음 3장 17절

이처럼 성경은 반복해서 예수님이 하나님의 아들이라는 사실을 증거하고 있습니다. 그렇다면 성자 하나님이 성부 하나님의 "아들"이라는 말은 어떤 뜻일까요? 성자 하나님이 성부 하나님의 아들이라는 말은 성부께서 성자를 낳았다는 뜻인데, 여기에서 "낳았다"는 표현은 사람이 자식을 낳을 때 나타나는 "한 가지 특징"이 성부와 성자의 관계에서 나타난다는 뜻입니다. 그 특징은 무엇일까요? 그 특징은, 낳은 어머니와 태어난 아들이 "본질"이 같다는 것입니다.

예를 들어, 어머니가 사람이면 그가 낳은 아들도 사람일 수밖에 없습니다. "사람"이라는 본질에 있어서 같은 존재가 나온다는 것입니다. 사람이 자식을 낳았는데 강아지가 나오는 경우는 없습니다. 사람 어머니의 몸에서는 반드시 사람이 나옵니다. 이것이 본질이 같다는 의미입니다. 이와 같이, 성부께서 낳은 아들이 성자라는 말은 성부와 성자가 "하나님"이라는 본질에 있어서 같다는 것을 이야기하는 것입니다.

## 예수 그리스도, 그 이름의 의미

계속해서 "예수"가 "주님"이시며 "그리스도"라고 고백하는 부분을 살펴보겠습니다. 사도신경에는 예수님의 이름과 신분에 대한 내용이 기록되어 있습니다. 가장 먼저 성자 하나님의 이름은 "예수"라고 이야기합니다. 그리고 그 뒤에 나오는 "유일하신 아들, 우리 주, 그리스도"라는 표현은 예수님의 신분을 가리키는 표현입니다. 가장 먼저 "예수"라는 이름은 마태복음 1장에 등장합니다.

> "아들을 낳으리니 이름을 예수라 하라 이는 그가 자기 백성을 그들의 죄에서 구
> 원할 자이심이라 하니라. 이 모든 일이 된 것은 주께서 선지자로 하신 말씀을 이
> 루려 하심이니 이르시되. 보라 처녀가 잉태하여 아들을 낳을 것이요 그의 이름은
> 임마누엘이라 하리라 하셨으니 이를 번역한즉 하나님이 우리와 함께 계시다 함
> 이라."
>
> 마태복음 1장 21-23절

이 말씀을 통해 "예수"라는 이름의 두 가지 의미를 알 수 있습니다. 첫째, 예수님은 하나님께서 구약 성경을 통해 보내주시겠다고 약속하셨던 "메시아(그리스도)"라는 사실입니다. 창세기부터 말라기까지 수천 년 동안 하나님께서 보내주시겠다고 약속하셨던 메시아가 바로 "예수"입니다. 간혹 "예수 그리스도"라는 이름을 예수님의 Full Name으로 알고 있는 분들이 있습니다. 성은 그리스도요, 이름은 예수라는 식으로 말이죠. 하지만 "예수 그리스도"라는 표현에서 "예수"는 이름을, "그리스도"는 예수님의 직분을 이야기합니다. 다시 말해서 "예수 그리스도"란, "예수는 그리스도이십니다"라는 뜻입니다.

그러면 예수님은 어떤 일을 하러 오셨을까요? "그리스도, 즉 메시아"의 직무를 담당하러 오셨다는 것입니다. 예수님이 이 땅에 오셔서 행하신 일은 "자기 백성을 그들의 죄에서 구원하는 일"이라는 것입니다. 이것이 예수님의 이름에 담긴 두 번째 의미입니다. "그리스도"라는 말은 헬라

어 "크리스토스(Χριστός)"의 음역입니다. 이 단어는 히브리어 "메시아" 를 번역한 단어로, "기름부음을 받은 자"라는 뜻을 가지고 있습니다. 병에 물과 기름을 함께 넣으면 기름이 물 위에 떠서 구별되는 것처럼, "기름부음을 받는다"는 것은 백성들 위에 구별된 존재라는 의미를 가집니다. 또한, 기름이 물 위에 떠 있는 것처럼, 하나님의 권세를 받으며 이스라엘 백성을 다스리고 지도하는 직분을 가리킬 때 사용되는 표현입니다.

우리가 그리스도, 즉 기름부음을 받은 자에 대해 이해하기 위해서는 구약 시대에 기름부음을 받았던 세 종류의 직분을 이해할 필요가 있습니다. 구약 시대에는 선지자, 제사장, 왕에게 기름을 부어 그 직분을 세웠습니다. 누군가에게 기름을 부었다는 것은 하나님께 임명장을 받았다는 뜻과 같았습니다. 그래서 왕과 제사장과 선지자는 모두 하나님께서 맡기신 직무를 수행하기 위해 특별히 임명된 사람들이었습니다.

가장 먼저, 선지자는 하나님의 계시의 말씀을 받아 하나님의 백성들에게 대신 전하고 가르쳤던 사람입니다. 신명기 18장을 보면, 하나님의 선지자로 오실 예수 그리스도에 대해 이렇게 예언하고 있습니다.

> "네 하나님 여호와께서 너희 가운데 네 형제 중에서 너를 위하여 나와 같은 선지자 하나를 일으키시리니 너희는 그의 말을 들을지니라."
>
> 신명기 18장 15절

모세가 예언했던 대로, 기름부음 받으신 예수님께서는 이 땅에 계시는 동안 수많은 설교와 가르침을 통해 하나님의 뜻과 계시를 하나님의 백성들에게 알리셨습니다.

다음으로 예수님께서 감당하신 사역은 대제사장의 사역이었습니다. 구약 시대의 대제사장은 희생제물의 피를 들고 지성소 안에 들어가야 했던 사람이었습니다. 그는 하나님 앞에 나아가 이스라엘의 죄를 용서해 달라고 간구하는 일을 담당해야 했습니다.

"우리에게 있는 대제사장은 우리의 연약함을 동정하지 못하실 이가 아니요 모든 일에 우리와 똑같이 시험을 받으신 이로되 죄는 없으시니라."

히브리서 4장 15절

"친히 나무에 달려 그 몸으로 우리 죄를 담당하셨으니 이는 우리로 죄에 대하여 죽고 의에 대하여 살게 하려 하심이라 그가 채찍에 맞음으로 너희는 나음을 얻었나니."

베드로전서 2장 24절

성경은 예수님께서 우리의 대제사장이 되시고, 친히 희생제물이 되셨다고 이야기합니다. 예수님이 속죄의 피를 십자가에서 흘리셨기 때문에 우리에게 구원 받을 길을 열어주셨습니다. 또한, 성경은 우리의 대제사장이신 예수께서 죽음을 이기시고 부활하신 후, 하늘 보좌 우편에 앉아 하나님과 인간들 사이를 계속해서 연결시켜 주시는 '중보자의 역할'을 담당하고 계시다고 증언합니다.

> "누가 정죄하리요 죽으실 뿐 아니라 다시 살아나신 이는 그리스도 예수시니 그는 하나님 우편에 계신 자요 우리를 위하여 간구하시는 자시니라."
>
> 로마서 8장 34절

지금 이 구절의 표현에 주의를 기울여 보시기 바랍니다. 성경은 "다시 살아나신 이는 예수시니"라고 이야기하지 않습니다. "다시 살아나신 이는 그리스도 예수시니"라고 이야기 하고 있습니다. 우리의 그리스도 이신 예수님께서, 기름부음 받은 대제사장께서 우리를 위한 중보자가 되어 끊임없이 간구해 주신다는 것입니다.

마지막으로, 그리스도의 세 번째 직분은 "왕의 직분"입니다. 구약 시대에는 왕에게 기름을 부어 그 직분을 감당하게 했습니다. 왕으로 기름부음을 받으신 예수님이 우리의 주님이 되신다는 것입니다. 그렇기 때문에 우리의 주님이자 왕이신 예수님이 성도들을 다스리시며 보호하신다는 것입니다. 그래서 성경은 예수님이 하늘과 땅의 모든 권세를 가진 왕이라고 증언합니다. 예수님은 그리스도시며 우리의 왕이라는 것입니다.

> "예수께서 나아와 말씀하여 이르시되 하늘과 땅의 모든 권세를 내게 주셨으니."
>
> 마태복음 28장 18절

## 예수님이 하신 사역

지금까지 예수님이 어떤 분인지에 대해 살펴보았으니, 이제부터는 "예수님이 하신 사역"에 대해 살펴보겠습니다. 사도신경은 "그는 성령으로 잉태되어 동정녀 마리아에게 나시고 본디오 빌라도에게 고난을 받아 십자가에 못박혀 죽으시고"라고 고백하고 있습니다. 예수님이 이 세상에 태어나셨고, 수난을 받으셨고, 죽으셨다고 고백함으로써 예수님의 지상에서의 생애를 요약하고 있는 것입니다.

예수님께서 이 땅에서 행하신 사역 중 가장 첫 번째로 이루어진 사역이자, 가장 신비로운 사역 중 하나는 창조주이신 하나님이 이 땅에 인간으로 오셨다는 "성육신" 사건입니다. 우선 오해를 풀고 넘어가고 싶습니다. 예수님께서 성육신하셨다는 말은 "거룩한 육신을 입고 오셨다"는 뜻이 아닙니다. 여기에서 사용된 "성"이라는 한자는 "이룰 성(成)"입니다. 예수님께서 우리와 같은 인간의 육신이 되셨다는 뜻이죠. 이러한 성육신 사건에 대한 신앙고백은 창조주 하나님이 완전한 인간이 되었다는 놀라운 사건에 대한 신앙고백입니다. 성자 하나님이신 예수님께서 처녀 마리아에게 성령으로 잉태되어 이 땅에 오심으로, 완전한 하나님인 동시에 완전한 인간이 되셨다는 신앙고백입니다.

방금 살펴 본 것처럼, 사도신경은 "전능하신 하나님"에 대한 신앙고백으로 시작됩니다. 삼위일체 교리가 증거하듯, 예수님이 하나님과 동등하신 분이라면 성육신 사건은 결코 불가능한 일이 아닙니다. 왜냐하면 예수님은 전능하신 하나님이시기 때문입니다.

그러면 왜 예수님은 처녀의 몸에서 태어나셔야 했을까요? 먼저, 예수님이 성령으로 잉태되셨다는 말은 예수님이 하나님이심을 증거하는 내용입니다. 성령으로 잉태되었으므로, 그 탄생의 기원이 성령 하나님이라는 것입니다. 그렇기 때문에 예수님은 죄가 없으신 하나님이십니다. 그래서 마태복음 1장을 보면, 예수님이 "요셉의 후손"이 아닌 "마리아에게서" 태어났다고 표현한 것입니다.

> "야곱은 마리아의 남편 요셉을 낳았으니 마리아에게서 그리스도라 칭하는 예수가 나시니라."
>
> 마태복음 1장 16절

예수님은 마리아의 몸 안에서 자라셨습니다. 이와 같은 태중에서의 성장 과정은 예수님이 우리 인간들과 같은 인성을 가지셨다는 것을 뜻합니다. 예수님의 탄생 이야기는 예수님이 신성과 인성을 동시에 가지신 분이라는 것을 강하게 증거하고 있습니다.

지금까지 살펴본 대로, 예수님의 한 인격 안에 완전한 신성과 완전한 인성이 함께 존재하고 있다는 것은 기독교 신앙의 가장 큰 신비이며 중요한 고백입니다. 이러한 내용들은 우리의 상식으로 받아들이기 어려운 것이기 때문에, "나는 믿습니다"라는 믿음의 표현으로 고백하는 것입니다. 또한 성경은 이러한 믿음이 하나님의 선물이자, 하나님의 은혜가 아니면 가질 수 없는 것이라고 이야기합니다.

### 예수님의 고난과 죽음

다음으로 사도신경이 고백하는 부분은 "예수님의 고난과 죽음"에 대한 부분입니다. 사복음서의 마지막 세 장 정도의 내용을 살펴보면, 예수님의 "고난"에 대해 생생하게 묘사하고 있는 것을 볼 수 있습니다. 구약에서 예언된 메시아께서 이 땅에 오셔서 죄의 포로된 자들을 자유롭게하기 위해 스스로 고난을 당하신 사실을 복음서는 증거하고 있습니다. 첫째, 예수님은 자신이 사랑하던 거의 모든 사람들로부터 버림을 받으셨습니다. 불과 얼마 전까지 오병이어 사건 때문에 환호하던 군중들, 종려나무 가지를 흔들며 예수님의 예루살렘 입성을 환영하던 무리도 예수님을 외면했습니다. 심지어 십자가 근처에 있었던 요한을 제외한 제자들 모두가 예수님을 배신하고 도망쳤습니다. 둘째, 예수님은 성부 하나님으로부터 버림을 받으셨습니다. 십자가에 달리시는 순간 예수님은 성부 하나님으로부터 철저히 외면을 당하셨습니다.

> "제구시쯤에 예수께서 크게 소리 질러 이르시되 엘리 엘리 라마 사박다니 하시니 이는 곧 나의 하나님, 나의 하나님, 어찌하여 나를 버리셨나이까 하는 뜻이라."
>
> 마태복음 27장 46절

십자가 위에서 예수님은 철저하게 하나님으로부터 버림을 받으셨습니다. 그렇기 때문에 예수님이 겟세마네 동산과 십자가 위에서 그토록 괴로워하셨던 것입니다. 할 수 있으면 십자가를 피하게 해달라고 기도하셨던 이유도 바로 거기에 있었습니다.

> "이르시되 아버지여 만일 아버지의 뜻이거든 이 잔을 내게서 옮기시옵소서 그러나 내 원대로 마시옵고 아버지의 원대로 되기를 원하나이다 하시니. 천사가 하늘로부터 예수께 나타나 힘을 더하더라. 예수께서 힘쓰고 애써 더욱 간절히 기도하시니 땀이 땅에 떨어지는 핏방울 같이 되더라."
>
> 누가복음 22장 42-44절

예수님께서는 하나님께 버림받으시는 것을 두려워하셨습니다. 그래서 이렇게 고통스러운 기도를 올리셨던 것입니다. 우리가 예수님의 고난을 생각할 때 주의해야 하는 것은, 예수님의 고난과 죽음이 단순히 인간으로부터 버림받는 것에 머무르지 않는다는 사실입니다. 예수님은 성부 하나님으로부터 버림받으셨고, 그것을 괴로워하셨다는 사실을 기억해야 합니다.

보통 우리가 그리스도의 고난에 대해 생각할 때, 그리스도의 신체적이고 육체적인 고통에 초점을 맞추는 경우가 많습니다. "손과 발에 못이 박히신 것이 얼마나 아프셨을까? 가시 면류관이 살점을 뚫고 들어갈 때 얼마나 고통스러우셨을까? 숨도 쉬기 어려운 십자가에 매달려 몇 시간 동안 피와 땀을 쏟으시는 것이 얼마나 힘드셨을까?" 이런 식으로 그리스도의 육신의 고통에만 주목하기도 합니다. 그래서 고난주간이 되면 The Passion of the Christ 같은 영화의 한 장면을 보며 예수님의 육신의 고통에 집중하려고 합니다. 그러나 성경을 주의 깊게 살펴보면, 십자가의 고난과 관련한 성경의 초점은 예수님께서 받으신 육체적 고난이 아니라 영적인 고난에 맞춰져 있다는 것을 발견할 수 있습니다. 그러므로 이 사실을 꼭 기억해야 합니다. 예수님께서 두려워하신 것은 육신의 고난이 아닌, 하나님으로부터의 단절과 외면이었습니다.

## 예수님이 죽으신 이유

자, 그러면 이제 이 부분에서 두 가지 질문을 해야 합니다. 첫 번째는 "그리스도께서 죽는 것이 왜 필요했습니까?"라는 질문이고, 두 번째는 "왜 하필 그리스도께서는 십자가에 못 박혀 죽으셔야 했습니까?"라는 질문입니다. 성경은 예수님에게 죄가 없다는 사실을 분명히 밝히고 있습니다. 예수님은 본래 하나님의 아들이시며, 인성을 취하신 뒤에도 무죄하신 분이시기 때문에 죽으셔야 할 이유가 전혀 없는 분이십니다.

> "우리에게 있는 대제사장은 우리의 연약함을 동정하지 못하실 이가 아니요 모든 일에 우리와 똑같이 시험을 받으신 이로되 죄는 없으시니라."
>
> 히브리서 4장 15절

이처럼 성경은 예수님이 죽으신 이유가 자신의 죄 때문이 아니라는 사실을 증언하고 있습니다. 그러면 예수님이 죽으신 이유는 무엇일까요? 성경은 예수님이 우리를 위해서, 우리의 죄를 대신해서 죽으셨다고 증언합니다.

> "그가 찔림은 우리의 허물 때문이요 그가 상함은 우리의 죄악 때문이라 그가 징계를 받으므로 우리는 평화를 누리고 그가 채찍에 맞으므로 우리는 나음을 받았도다. 우리는 다 양 같아서 그릇 행하여 각기 제 길로 갔거늘 여호와께서는 우리 모두의 죄악을 그에게 담당시키셨도다."
>
> 이사야 53장 5-6절

> "인자가 온 것은 섬김을 받으려 함이 아니라 도리어 섬기려 하고 자기 목숨을 많은 사람의 대속물로 주려 함이니라."
>
> 마가복음 10장 45절

예수님이 이 땅에 오신 이유는 자신의 목숨을 버려 많은 사람들의 생명을 살리는 "대속물"이 되기 위함이었습니다. 그리고 성경은 "하나님의 공의"가 우리의 죄에 대해 마땅한 형벌을 내림으로써 만족된다고 이야기합니다. 로마서는 이렇게 말합니다.

> "죄의 삯은 사망이요 하나님의 은사는 그리스도 예수 우리 주 안에 있는 영생이니라."
>
> 로마서 6장 23절

성경은 죄를 지은 사람이 그 죄의 값을 치러야 한다고 이야기합니다. 그리고 하나님께서 정하신 죄의 값은 "사망"이라고 합니다. 그런데 우리에게는 스스로 이러한 형벌을 담당할 능력도 없고, 우리를 위해 이 형벌을 담당할 다른 존재도 없습니다. 그래서 결국 이 일은 전능하신 하나님이 하셔야 하는 일이었습니다. 하나님의 아들이 이 땅에 우리와 같은 완전한 인간으로 오셔서, 완전한 인간으로서 죽음을 대신 담당하시는 것 외에는 우리의 죄에 대한 하나님의 형벌과 요구를 만족시킬 길이 없었습니다.

그래서 하나님께서는 자신의 공의를 만족시키기 위해, 자신이 직접 자신의 생명을 십자가에 못 박기로 결정하신 것입니다. 그렇게 하나님의 공의를 만족시키신 것입니다. 갈라디아서는 이렇게 증언합니다.

"그리스도께서 하나님 곧 우리 아버지의 뜻을 따라 이 악한 세대에서 우리를 건지시려고 우리 죄를 대속하기 위하여 자기 몸을 주셨으니."

갈라디아서 1장 4절

"그리스도께서 우리를 위하여 저주를 받은 바 되사 율법의 저주에서 우리를 속량하셨으니 기록된 바 나무에 달린 자마다 저주 아래에 있는 자라 하였음이라."

갈라디아서 3장 13절

그리스도께서 우리를 죄로부터 건지시기 위해 우리의 죄를 대신해서 죽으셨습니다. 또한 그리스도께서 우리를 위해 저주를 받으셨습니다. 그 이유는 율법이 요구하는 "죄의 값 = 사망"이라는 원리에서 우리를 속량하기 위해 저주를 받으셨다는 것입니다. 신명기를 보면, 이스라엘 사람들이 예수님을 그리스도로 믿는 것을 거리끼는 이유를 알 수 있습니다.

"사람이 만일 죽을 죄를 범하므로 네가 그를 죽여 나무 위에 달거든. 그 시체를 나무 위에 밤새도록 두지 말고 그 날에 장사하여 네 하나님 여호와께서 네게 기업으로 주시는 땅을 더럽히지 말라 나무에 달린 자는 하나님께 저주를 받았음이니라."

신명기 21장 22-23절

방금 우리가 읽었던 갈라디아서 3장 13절의 내용을 보면, 바울이 이 구절을 그리스도 안에서 어떻게 해석하고 있습니까? 원래는 하나님께 범죄한 자들이 받아야 했던 저주를 그리스도께서 받으셨다는 것입니다. 원래 그 나무에 달려 율법의 저주를 받아야 했던 자들은 우리인데, 그리스도께서 우리가 받아야 했던 율법의 모든 죄와 저주를 받으셨다는 것입니다. 베드로전서는 그리스도께서 우리를 위하여 죽으신 이유에 대해 조금 더 자세하게 이야기하고 있습니다.

> "그리스도께서도 단번에 죄를 위하여 죽으사 의인으로서 불의한 자를 대신하셨으니 이는 우리를 하나님 앞으로 인도하려 하심이라 육체로는 죽임을 당하시고 영으로는 살리심을 받으셨으니."
>
> 베드로전서 3장 18절

성경은 그리스도께서 불의한 우리를 대신하여 죽으심으로 우리가 하나님께로 인도함을 받게 되었다고 이야기합니다. 그것이 바로 그리스도께서 죽으신 목적이자 이유입니다. 그리고 이것을 상징하는 사건이 예수께서 돌아가실 때 성소의 휘장이 위로부터 아래까지 찢어진 사건입니다. 그리고 이 사건을 성경이 이렇게 해석하고 있습니다.

> "예수께서 큰 소리를 지르시고 숨지시니라. 이에 성소 휘장이 위로부터 아래까지 찢어져 둘이 되니라."
>
> 마가복음 15장 37-38절

> "그러므로 형제들아 우리가 예수의 피를 힘입어 성소에 들어갈 담력을 얻었나니. 그 길은 우리를 위하여 휘장 가운데로 열어 놓으신 새로운 살 길이요 휘장은 곧 그의 육체니라."
>
> 히브리서 10장 19-20절

결국 성소의 휘장이 찢어진 사건은 우리의 죄를 위해 찢기신 예수님의 육신을 상징하는 사건이었습니다. 우리의 죄를 용서하기 위해 십자가에서 흘리신 예수의 피로 인해 우리가 거룩하신 하나님이 계시는 성소에 다시 나아갈 수 있게 되었다는 것입니다. 이것이 바로 예수께서 십자가에 못 박혀 죽으셔야 했던 이유였습니다.

## 십자가에 죽으신 이유

그러면 지금부터는 "예수 그리스도께서 십자가에서 죽으신 이유"에 대해 생각해 보겠습니다. 예수님이 십자가에 달려 죽으신 이유는 무엇일까요? 단지 예수님이 로마가 통치하던 시대에 오셨기 때문에, 그 시대적 상황 속에서 로마인들이 정한 십자가 형벌을 "우연히" 받게 된 것일까요? 성경은 그렇지 않다고 이야기합니다.

> "참새 두 마리가 한 앗사리온에 팔리지 않느냐 그러나 너희 아버지께서 허락하지 아니하시면 그 하나도 땅에 떨어지지 아니하리라."
>
> 마태복음 10장 29절

성경은 참새 한 마리에게 일어나는 사소한 일조차도 하나님의 허락하심이 아니면 일어나지 않는다고 증언합니다. 그러므로 예수님께서 십자가에 달려 죽으신 사건이 우연히 일어난 일이 아니라는 것을 알 수 있습니다. 베드로는 설교 중에 이렇게 말했습니다.

> "그가 하나님께서 정하신 뜻과 미리 아신 대로 내준 바 되었거늘 너희가 법 없는 자들의 손을 빌려 못 박아 죽였으나. 하나님께서 그를 사망의 고통에서 풀어 살리셨으니 이는 그가 사망에 매여 있을 수 없었음이라."
> 사도행전 2장 23-24절

성경은 예수님이 "하나님의 정하신 뜻과 미리 아신대로 내어 준바 되었다"라고 증언합니다. 다시 말해, 예수님은 하나님의 계획 가운데 십자가 위에서 죽임을 당하셨다는 것입니다. 그 당시 사람들의 마음 속에도 왜 예수님이 그런 방식으로 십자가에 달려 죽어야 했는지에 대한 의문이 있었습니다. 그래서 사도들은 예수님께서 왜 십자가에 못 박혀 죽으셨는지 답변하려 했고, 성령 하나님께서 깨닫게 하신 구약 성경을 인용하여 예수님의 죽음을 해석해 냈습니다. 사도들이 깨달았던 진리는 하나님께서 그 일을 정하셨고, 예수님께서 십자가에 달려 죽도록 미리 계획하시고 내어 주셨다는 것이었습니다.

방금 읽었던 신명기 21장 말씀은 "나무에 달린 자는 하나님께 저주를 받았음이니라"라고 증언합니다. 그러므로 우리는 십자가 나무에 달린 예수님이 하나님께 저주를 받아서 죽임을 당하셨다는 사실을 알 수 있습니다. 그런데 갈라디아서 3장 13절은 예수님께서 십자가에서 죽으신 진짜 이유를 설명하고 있습니다. 그리스도께서 십자가에서 죽으신 것은 자신의 죄 때문이 아니라, 원래 우리가 받아야 했던 율법의 저주에서 우리를 속량하기 위함이었다는 것입니다. 그러므로 성경이 이야기하는 예수님의 십자가 죽음의 진정한 의미는, 모든 사람들이 하나님의 율법 지키기에 실패함으로 인해 받아야만 했던 저주를 예수께서 대신 받으셨던 사건이라는 것입니다. 예수님께서 우리의 죄를 대신해서 하나님의 저주를 받으셨고, 그로 인해 죽으셨다는 것입니다.

그런데 이 사건을 바라보는 데 있어서 유대인들과 크리스천들 사이에는 차이점이 있습니다. 유대인들은 예수님께서 저주를 받으신 이유를 "예수님 자신"에게서 찾는 반면, 사도 바울과 크리스천들은 그 이유를 "우리 자신"에게서 찾습니다. 핵심은 "그리스도께서 우리를 위하여 저주를 받은 바 되사"라는 구절에 있습니다. 예수님이 우리를 위해, 우리가 받아야 할 저주를 대신 받으셨다는 것입니다. 그래서 바울은 "예수님이 나를 위하여 대신 저주를 받으셨다"라고 감격스럽게 외칩니다. 왜냐하면 그 저주는 하나님이 우리를 얼마나 사랑하시는지, 자신의 죽음으로 보여주신 사건이기 때문입니다.

유대인들과 크리스천들은 모두 십자가에서 하나님의 저주를 봅니다. 하지만 유대인들은 그것을 자신들과 상관없는 것으로, 오히려 피해야 하는 저주로 봅니다. 반면 크리스천들은 그것을 자신들이 마땅히 감당해야 하지만 능히 감당할 수 없는 저주로 봅니다. 그래서 그 저주를 그리스도께서 대신 짊어져 주신 것에 대해 하나님께 찬송을 돌립니다. 또한 유대인들은 예수님께서 십자가에서 하나님의 저주를 받고 죽으신 것이, 그분이 참된 메시아일 수 없다는 증거라고 봅니다. 왜냐하면 나무에 달린 자는 하나님께 저주를 받은 것이기 때문입니다. 그러나 크리스천들은 그 십자가가 우리를 구원하는 하나님의 구원의 방법이라고 찬양합니다. 그래서 크리스천들은 십자가를 자랑해야 합니다. 그 십자가 위에서 우리를 대신하여 저주를 받으신 예수님의 사랑을 자랑하고, 죽기까지 사랑하신 예수님의 사랑을 사랑하지 않을 수 없는 것입니다.

## 부활하신 예수님

지금까지 살펴본 것처럼, 예수님은 우리를 위해 십자가 위에서 죽임을 당하셨습니다. 하지만 예수님의 사역은 그것으로 끝나지 않았습니다. 예수님은 무덤에 장사된 지 사흘 만에 다시 살아나셨고, 하늘에 오르셔서 하나님 보좌 우편에 앉으셨다는 것이 사도신경의 신앙고백입니다.

예수님의 부활에 대한 신앙은 예수님의 대속적 죽음과 함께 기독교 신앙의 초석을 이루고 있는 매우 중요한 신앙입니다. 만약 예수님의 부활이 없었다면, 기독교는 최고의 사기 집단이 되었을 것이고, 목사와 선교사들을 비롯한 모든 크리스천들은 거짓말쟁이가 되었을 것입니다. 그리고 사도 바울이 이야기했듯이, 예수님의 부활이 없다면 우리의 신앙은 헛것이 되고, 우리는 여전히 죄 가운데 있게 됩니다. 또한 예수님에 대한 사도신경의 나머지 신앙고백도 모두 거짓이 되어버리는 것입니다.

"그리스도께서 만일 다시 살아나지 못하셨으면 우리가 전파하는 것도 헛것이요 또 너희 믿음도 헛것이며. 또 우리가 하나님의 거짓 증인으로 발견되리니 우리가 하나님이 그리스도를 다시 살리셨다고 증언하였음이라 만일 죽은 자가 다시 살아나는 일이 없으면 하나님이 그리스도를 다시 살리지 아니하셨으리라."
고린도전서 15장 14-15절

예수님이 부활하지 않으셨다면, 예수님은 하늘에 올라갈 수 없었을 것이며, 예수님의 부활이 없었다면 하나님 보좌 우편에 앉아 계실 수도 없었을 것입니다. 또한, 예수님의 부활이 없었다면 예수님은 이 땅에 재림하실 수도 없을 것입니다. 이처럼 예수님의 부활 사건이 거짓이라면, 기독교의 진리는 송두리째 무너지고 말 것입니다. 그래서 예수님의 부활은 기독교 신앙의 핵심적인 부분입니다.

그렇다면 예수님이 부활하셨다는 증거가 있을까요? 성경을 보면, 예수님의 부활을 직접 목격했던 수많은 증인들의 증언이 기록되어 있습니다. 신약 성경은 예수님의 부활을 목격한 증인들의 사례를 열한 번 정도 기록하고 있습니다(마 28:8-10; 막 16:15-20; 눅 24:13-35, 24, 44-53; 요 20:11-18, 24, 26-29, 21:14; 행 1:3-9, 9:3-9; 고전 15:5-8). 성경은 이처럼 수많은 기록을 통해 많은 증인들의 증언을 남겨 놓고 있습니다.

그런데 성경이 이렇게 수많은 증인들의 이야기를 증언하고 있음에도, 그리고 그 당시 수많은 증인들이 있었음에도 불구하고 여전히 예수님의 부활을 믿지 못하는 사람들이 있었습니다. 그래서 사도신경은 예수님이 십자가 위에서 죽으셨다는 고백에다, 그분의 시신을 장사지냈다는 내용을 첨부하고 있습니다. 그 이유는 예수님의 죽음이 의문의 여지가 없는 확실한 죽음이었음을 밝히기 위함입니다.

오늘날 우리가 시신을 무덤에 안장할 때에도, 의학적이고 법적으로 그 사람이 완전히 죽었음을 확인한 후에야 비로소 무덤에 안장할 수 있습니다. 예수님 당시에도 무덤에 시신을 안치한다는 것은 동일한 기준을 가지고 있었습니다. 죽은 몸을 무덤에 안장한다는 것은 법적으로나 의학적으로 그 사람이 죽었으며 더 이상 소생의 가망이 없음을 공적으로 인정하는 의미였습니다. 그러므로 사도신경이 예수님이 십자가 위에서 죽으셨다는 고백뿐만 아니라, 장사 지낸 바 되었다는 고백까지 첨부한 이유는, 예수님의 죽음이 의문의 여지가 없는 죽음이라는 것을 분명히 하기 위함이었습니다.

이미 우리 주변에는 예수님께서 부활하셨다는 사실을 입증하기 위한 책들이 넘쳐나고 있습니다. 이 책에서는 그러한 내용 모두를 다루지는 않을 것입니다. 다만 한 가지 중요하게 살펴보아야 할 증거를 예수님의 제자들에게서 발견할 수 있습니다. 그것은 예수님이 십자가에 매달리기 전에 예수님을 버리고 도망갔던 제자들이 목숨을 걸고 예수님의 복음을 증거하는 제자의 모습으로 변화되었다는 사실입니다.

"그들을 불러 경고하여 도무지 예수의 이름으로 말하지도 말고 가르치지도 말라 하니. 베드로와 요한이 대답하여 이르되 하나님 앞에서 너희의 말을 듣는 것이 하나님의 말씀을 듣는 것보다 옳은가 판단하라. 우리는 보고 들은 것을 말하지 아니할 수 없다 하니."

사도행전 4장 18-20절

"즉시 사울의 눈에서 비늘 같은 것이 벗어져 다시 보게 된지라 일어나 세례를 받고. 음식을 먹으매 강건하여지니라 사울이 다메섹에 있는 제자들과 함께 며칠 있을새. 즉시로 각 회당에서 예수가 하나님의 아들이심을 전파하니. 듣는 사람이 다 놀라 말하되 이 사람이 예루살렘에서 이 이름을 부르는 사람을 멸하려던 자가 아니냐 여기 온 것도 그들을 결박하여 대제사장들에게 끌어 가고자 함이 아니냐 하더라."

사도행전 9장 18-21절

부활하신 예수님을 만난 예수님의 제자들은 이전의 모습과 180도 달라진 모습을 보였습니다. 예수님과 예수님의 교회를 박해하던 사울은 땅끝까지 복음을 전하는 바울로 변화되었으며, 다른 예수님의 제자들도 예수님의 사도로서 복음을 전하다가 순교를 당했습니다. 거짓되고 조작된 부활 신화가 베드로를 비롯한 제자들을 이렇게 변화시켰다는 것은 상상하기 어려운 일입니다. 예수님이 살아계실 때에도 겁쟁이였던 제자들이, 오히려 예수님이 죽은 뒤에 생명을 걸고 복음을 전하는 자들이 되었다는 것은 더더욱 말이 되지 않습니다. 그러므로 이러한 제자들의 변화는 예수님의 부활을 간접적으로 증언하는 증거가 되는 것입니다.

만약 예수님이 부활하시지 않고 십자가 위에서 죽으심으로 모든 것이 끝났다면, 기독교에서 2,000년간 전해온 모든 설교와 전하는 내용은 헛것이 되고 말 것입니다. 또한, 우리 크리스천들의 믿음도 헛것으로 판명되며, 크리스천들은 모두 거짓말쟁이요 사기꾼들이 될 것입니다. 그리고 바울이 이야기한 것처럼, 우리 크리스천들은 세상에 있는 모든 사람들 가운데 가장 불쌍한 사람들이 될 것입니다.

만약 그리스도의 부활이 없고 우리에게 부활의 소망이 없다면, 무엇때문에 이 세상에서 누려야 할 것들을 누리지 못하고 절제하며 살겠습니까? 우리가 왜 고난을 당해야 하며, 예수님을 위하여 우리의 시간과 물질과 에너지를 헌신하겠습니까? 만약 부활이 없다면, 차라리 이 세상에서 누릴 수 있는 것들을 전부 누리고, 즐길 수 있는 것들을 다 즐기며 사는 것이 지혜로운 인생일 것입니다. 하지만 성경은 예수님께서 부활하셨다고 이야기하며, 우리 또한 부활하게 될 것이라고 증언합니다.

> "그리스도께서 죽은 자 가운데서 다시 살아나셨다 전파되었거늘 너희 중에서 어떤 사람들은 어찌하여 죽은 자 가운데서 부활이 없다 하느냐. 만일 죽은 자의 부활이 없으면 그리스도도 다시 살아나지 못하셨으리라."
>
> 고린도전서 15장 12-13절

그렇다면 예수님의 부활은 우리 크리스천들에게 어떤 의미가 있을까요?

> "그러나 이제 그리스도께서 죽은 자 가운데서 다시 살아나사 잠자는 자들의 첫 열매가 되셨도다."
>
> 고린도전서 15장 20절

성경은 예수님의 부활이 "잠자는 자들의 첫 열매가 되셨다"고 이야기합니다. 여기에서 "잠자는 자들"이란 그리스도 안에서 죽은 성도들을 뜻합니다. 이 말은 예수님의 부활이 장차 예수님을 믿는 성도들이 부활할 것을 예고하며 확신시켜 주는 신호라는 뜻입니다. 예수님이 부활하셨으니 성도들도 부활할 것이고, 이 생이 끝이 아니라 영원한 부활의 삶이 있다는 것입니다.

얼마 전 제가 기르던 토마토가 첫 번째 열매를 맺는 것을 보며 한 가지 사실을 알 수 있었습니다. 그것은 첫 번째 열매가 시작이며, 앞으로 많은 토마토가 열릴 것이라는 사실입니다. 사도 바울이 이야기하는 "첫 열매의 비유"가 바로 이와 같습니다. 마치 토마토 줄기에 맺힌 첫 열매가 곧 이어서 열릴 수없이 많은 열매들의 등장을 예고하는 것과 같다는 것입니다. 부활의 첫 열매이신 예수님께서 부활하신 것처럼, 우리 크리스천들도 예수님을 따라 부활하게 된다는 것입니다.

## 예수님의 승천

사도신경은 예수님의 부활을 고백한 뒤, 부활하신 예수님이 하늘로 오르신 사건에 대해 증거하고 있습니다.

> "이 말씀을 마치시고 그들이 보는데 올려져 가시니 구름이 그를 가리어 보이지 않게 하더라."
>
> 사도행전 1장 9절

신약성경의 기록을 보면, 예수님께서는 감람산 자락에서 제자들이 보는 앞에서 하늘로 올라가셨다고 이야기합니다. 구름이 예수님을 가리워 더 이상 보이지 않게 하시는 방법으로 승천하셨다고 기록되어 있습니다. 여기에서 구름은 상징적인 의미를 가지고 해석해야 하는데, 구약 성경에서 "구름"은 하나님의 영광이 임재할 때 나타나는 표현입니다.

> "모세가 산에 오르매 구름이 산을 가리며. 여호와의 영광이 시내 산 위에 머무르고 구름이 엿새 동안 산을 가리더니 일곱째 날에 여호와께서 구름 가운데서 모세를 부르시니라. 산 위의 여호와의 영광이 이스라엘 자손의 눈에 맹렬한 불 같이 보였고. 모세는 구름 속으로 들어가서 산 위에 올랐으며 모세가 사십 일 사십 야를 산에 있으니라."
>
> 출애굽기 24장 15-18절

그러므로 예수님께서 하늘로 올라가실 때 구름이 가리워 더 이상 보이지 않게 했다는 말은, 예수님이 하나님의 영광 가운데 하늘로 승천하셨다는 것을 의미합니다. 예수님께서 하늘로 오르신 사건은 예수님의 지상에서의 생애와 사역이 끝나고, 천상에서의 생애와 사역이 시작되었음을 알리는 중요한 사건입니다. 이제 그분은 하늘에서 우리의 중보자로서, "대제사장"으로서의 사역을 시작하신다는 것입니다. 그리고 이미 예수님께서는 자신이 승천하실 것을 여러 차례 말씀하셨습니다.

> "예수께서 이르시되 나를 붙들지 말라 내가 아직 아버지께로 올라가지 아니하였노라 너는 내 형제들에게 가서 이르되 내가 내 아버지 곧 너희 아버지, 내 하나님 곧 너희 하나님께로 올라간다 하라 하시니."
>
> 요한복음 20장 17절

이전에 제자들에게 말씀하신 대로 예수님께서는 승천하셨습니다. 그리고 이 사건은 예수님의 제자들이 보는 앞에서 실제로 이루어졌습니다.

> "이 말씀을 마치시고 그들이 보는데 올려져 가시니 구름이 그를 가리어 보이지 않게 하더라. 올라가실 때에 제자들이 자세히 하늘을 쳐다보고 있는데 흰 옷 입은 두 사람이 그들 곁에 서서. 이르되 갈릴리 사람들아 어찌하여 서서 하늘을 쳐다보느냐 너희 가운데서 하늘로 올려지신 이 예수는 하늘로 가심을 본 그대로 오시리라 하였느니라."
>
> 사도행전 1장 9-11절

이 말씀은 예수님께서 실제로 승천하셨다는 기록과 다시 재림하실 것이라는 약속을 담고 있는 내용입니다. 사도행전의 저자 누가는, 예수님의 승천이 제자들이 "보는 가운데" 이루어졌음을 분명히 밝히고 있습니다. 이처럼 성경은 예수님의 승천이 신화나 조작된 이야기가 아니라, 역사적으로 실제로 일어난 사건임을 증언하고 있습니다.

### 하늘 보좌에 앉아계신 예수님

성경은 예수님께서 부활하시고 승천하신 뒤 하나님의 오른쪽에 앉으셨다는 사실을 증언합니다. 이 내용에 관해서는 성경의 여러 곳에서 증거하고 있는데, 시편 110편 1절을 읽어 보겠습니다.

> "여호와께서 내 주에게 말씀하시기를 내가 네 원수들로 네 발판이 되게 하기까지 너는 내 오른쪽에 앉아 있으라 하셨도다."
>
> 시편 110편 1절

우선, 지금 이 본문에서 "여호와"라고 하는 존재는 "성부 하나님"을 의미하며, "내 주"라고 표현된 존재는 "성자 하나님"이신 예수님을 뜻합니다. 그러므로 이 구절의 의미는 성부 하나님께서 예수님께 "내가 네 원수들로 네 발판이 되게 하기까지 너는 내 오른쪽에 앉아 있으라"고 말씀하셨다는 것입니다. 또한, "원수로 발판이 되게 한다"는 표현은 고대 세계에서 왕들이 전쟁에서 승리한 뒤 패배한 왕의 목을 발로 밟았던 관습에서 유래한 표현입니다.

그렇기 때문에 이 구절에서 성부 하나님께서 원수인 사탄을 발판이 되게 하는 날은, 사탄을 완전히 심판하시고 멸망시키는 날을 의미합니다. 쉽게 말해 마지막 심판의 날을 가리키는 표현이죠. 그러므로 그날까지 성부 하나님께서는 예수님을 자신의 오른편에 앉게 하시겠다는 것입니다. 계속해서 시편 110편 2절은 이렇게 이야기합니다.

> "여호와께서 시온에서부터 주의 권능의 규를 내보내시리니 주는 원수들 중에서 다스리소서."
>
> 시편 110편 2절

지금 이 구절은 1절을 보완 설명하는 구절입니다. 1절에서 이야기한 "오른쪽에 앉게 하신다"는 말이, 2절에서는 "권능의 홀"을 쥐어주고 "다스리게 하는 것"으로 설명되고 있습니다. 여기에서 이야기하는 "규"는

"'왕권'을 상징하는 물건입니다. 그러므로 1절과 2절을 연결해서 읽어 보면, 예수님이 하나님의 우편에 앉는다는 것은 결국 예수님이 왕으로 등극하여 왕권을 행사하는 자리에 오르신다는 뜻입니다.

> "예수께서 침묵하시거늘 대제사장이 이르되 내가 너로 살아 계신 하나님께 맹세하게 하노니 네가 하나님의 아들 그리스도인지 우리에게 말하라. 예수께서 이르시되 네가 말하였느니라 그러나 내가 너희에게 이르노니 이 후에 인자가 권능의 우편에 앉아 있는 것과 하늘 구름을 타고 오는 것을 너희가 보리라 하시니."
>
> 마태복음 26장 63-64절

> "그의 능력이 그리스도 안에서 역사하사 죽은 자들 가운데서 다시 살리시고 하늘에서 자기의 오른편에 앉히사. 모든 통치와 권세와 능력과 주권과 이 세상뿐 아니라 오는 세상에 일컫는 모든 이름 위에 뛰어나게 하시고. 또 만물을 그의 발 아래에 복종하게 하시고 그를 만물 위에 교회의 머리로 삼으셨느니라."
>
> 에베소서 1장 20-22절

이처럼 성경은 예수님께서 이 세상의 왕이 되시고, 또한 교회의 머리가 되셔서 세상과 교회를 통치하고 다스리고 계심을 증거하고 있습니다. 그러므로 성경의 이러한 증언들을 생각해 볼 때, "예수님이 하나님의 우편에 앉으셨다"는 표현은 단지 문자적으로 예수님이 성부 하나님의 오른편에 앉아 계신다는 것을 뜻하기보다는, 예수님이 교회와 우주의 왕으로서 통치권을 부여받았다는 의미로 받아들여야 합니다. 덧붙여 설명하면, 성경에서 "오른쪽"이라는 표현은 하나님의 권능과 왕의 권능을 이야기할 때 사용되는 표현입니다. 그러므로 예수님께서 하나님의 보좌 우편에 앉아 계신다는 것은, 하나님의 권능으로 이 땅을 통치하고 계시다는 것을 비유적으로 표현한 내용이라 할 수 있습니다.

## 다시 오실 예수님

승천하신 예수님께서는 하늘 보좌 우편에 앉아서 그리스도로서의 사역을 감당하고 계십니다. 우리를 위한 대제사장으로서, 선지자로서, 그리고 왕으로서의 사역을 감당하고 계신 것입니다. 또한 예수님께서는 장차 성도들이 거할 거처를 예비하고 계십니다.

> "내 아버지 집에 거할 곳이 많도다 그렇지 않으면 너희에게 일렀으리라 내가 너희를 위하여 거처를 예비하러 가노니. 가서 너희를 위하여 거처를 예비하면 내가 다시 와서 너희를 내게로 영접하여 나 있는 곳에 너희도 있게 하리라."
>
> 요한복음 14장 2-3절

그런데 성경은 예수님께서 성도들을 위한 거처를 예비하고 나면, 이 땅에 다시 와서 성도들을 영접하신다고 이야기합니다. 다시 말해, 성경은 "예수님의 재림"에 대해 약속하고 있다는 것입니다. 그러나 사도신경은 예수님께서 다시 오시는 날이 모든 사람에게 좋은 소식으로 들리지는 않을 것이라고 알려줍니다.

사도신경의 다음 내용은, 예수님께서 "거기로부터 살아있는 자와 죽은 자를 심판하러 오십니다"라고 고백함으로써, "다시 오실 예수님에 대한 믿음"을 고백하고 있습니다. 그런데 예수님이 다시 오실 때는 모든 사람들을 심판하는 "심판주"로 오실 것을 고백하고 있습니다. 사도신경이 말하는 "거기"는 "하나님의 보좌 우편으로부터"라는 뜻입니다. 예수님께서 하늘 보좌 우편에서 이 땅의 심판주로 재림하신다는 것이죠. 실제로 다시 오실 예수님에 대한 성경의 증언은 신약에서만 250번 이상 언급될 정도로, 성경이 반복해서 강조하는 진리입니다.

> "예수께서 이르시되 내가 그니라 인자가 권능자의 우편에 앉은 것과 하늘 구름을 타고 오는 것을 너희가 보리라 하시니."
>
> 마가복음 14장 62절

우리가 구약과 신약의 이야기를 한 줄로 요약하면, 구약은 "예수님이 오신다"라고 요약할 수 있고, 신약은 "예수님이 다시 오신다"라고 요약할 수 있습니다. 결국 성경은 예수님의 초림과 재림에 대해 예언하고 있는 책이라는 것입니다. 그리고 구약의 약속이 이미 성취된 것처럼, 신약의 약속 또한 곧 성취될 것입니다. 그것이 바로 성경에 기록된 예수님의 재림에 대한 약속입니다.

## 예수님이 재림하셔서 하실 일

자 그러면, 예수님께서 재림하셔서 하실 일은 무엇일까요? 성경과 사도신경이 고백하고 있는 내용은, "살아있는 자와 죽은 자를 심판하신다"는 것입니다. "살아있는 자와 죽은 자를 심판하신다"는 말은, 예수님께서 재림하실 때 살아 있을 자들뿐만 아니라, 그 이전에 죽은 모든 자들도 예수님의 심판을 받게 된다는 뜻입니다.

다시 말해서, 마지막 날에 있을 하나님의 심판으로부터 제외되는 사람은 그 어떤 역사의 순간 속에서도 단 한 사람도 존재하지 않는다는 것입니다. 그래서 성경은 예수님께서 재림하시는 날에, "살아있는 자와 죽은 자"의 모든 인생이 판단받게 되고, 그에 상응하는 형벌과 상급이 주어질 것이라고 이야기합니다.

> "한번 죽는 것은 사람에게 정해진 것이요 그 후에는 심판이 있으리니."
>
> 히브리서 9장 27절

> "이는 우리가 다 반드시 그리스도의 심판대 앞에 나타나게 되어 각각 선악간에 그 몸으로 행한 것을 따라 받으려 함이라."
>
> 고린도후서 5장 10절

우리가 이 땅에서 무엇을 했던, 그리고 어떻게 인생을 살았던 간에, 이 땅에서는 판단받지 않고 넘어갈 수 있습니다. 이 땅에서는 수많은 사람들을 학살했던 히틀러와 스탈린 같은 악인들도 얼마든지 평안하게 죽음을 맞이하는 것처럼 보일 수 있다는 것입니다. 그래서 지금은 하나님이 나를 심판하지 않는 것처럼 보여서, 마음대로 인생을 살아도 괜찮은 것처럼 오해할 수도 있습니다. 하지만 성경은 하나님이 우리의 모든 인생의 순간들을 심판하실 날이 온다고 이야기합니다. 그리고 우리 각 사람이 우리 주 예수 그리스도 앞에서 우리의 삶의 모든 순간들을 직접 고하게 되는 날이 올 것이라고 이야기합니다.

비록 지금은 악인들의 인생의 마지막이 평안하게 보일 수도 있습니다. 우리의 역사 속에서 불의가 난무하고, 방자하게 그 손길들을 펼치고 있을지도 모릅니다. 하지만 그렇다고 해서 하나님의 공의가 무너진 것은 아닙니다. 다만 하나님은 공의의 엄정한 집행을 잠시 미루고 계실 뿐이고, 인내하며 긍휼을 베풀고 계실 뿐입니다. 하지만 하나님은 오래 참으시지만, 끝까지 참지는 않으실 것입니다.

예수님의 재림의 때가 되면, 역사 속에서 보류되었던 모든 악과 불의와 폭력에 대하여 하나님의 준엄하고도 엄정한 심판이 시행될 것입니다. 그래서 그날에는 하나님 앞에 죄를 범한 모든 것들에 대해 "울며 이를 갊

이 있을 것이다"라고 성경이 반복해서 이야기하는 것입니다. 하나님의 오래 참으심으로 인해 역사 속에서 잠시 보류되었던 하나님의 공의는 반드시 우리 주님이 다시 오시는 그날에 남김없이 이루어질 것입니다.

"또 내가 크고 흰 보좌와 그 위에 앉으신 이를 보니 땅과 하늘이 그 앞에서 피하여 간 데 없더라. 또 내가 보니 죽은 자들이 큰 자나 작은 자나 그 보좌 앞에 서 있는데 책들이 펴 있고 또 다른 책이 펴졌으니 곧 생명책이라 죽은 자들이 자기 행위를 따라 책들에 기록된 대로 심판을 받으니. 바다가 그 가운데에서 죽은 자들을 내주고 또 사망과 음부도 그 가운데에서 죽은 자들을 내주매 각 사람이 자기의 행위대로 심판을 받고. 사망과 음부도 불못에 던져지니 이것은 둘째 사망 곧 불못이라. 누구든지 생명책에 기록되지 못한 자는 불못에 던져지더라."
요한계시록 20장 11-15절

성경은 분명히 생명책에 기록되지 못한 자들은 불못에 던져지고, 죽은 자들이 자기 행위를 따라 거기에 기록된 대로 심판받는다고 이야기합니다. 그러므로 마지막 심판의 날에는 지금까지 태어난 모든 사람들이 지위 고하를 막론하고 최후의 심판대 앞에 서게 될 것입니다. 예수님이 재림하시는 날, 의인들은 새 하늘과 새 땅에 들어가게 되고, 악인들은 영원한 불못에 들어가게 될 것입니다. 그리고 그 마지막 심판의 날은 예수님을 위해 십자가를 지고 살았던 성도들에게 기쁨과 보상의 날이 될 것입니다.

# 모든 사람은 부활하게 될 것입니다

> "이를 놀랍게 여기지 말라 무덤 속에 있는 자가 다 그의 음성을 들을 때가 오나니. 선한 일을 행한 자는 생명의 부활로, 악한 일을 행한 자는 심판의 부활로 나오리라."
>
> 요한복음 5장 28-29절

성경은 예수님이 재림하시는 날에 예수님을 믿는 자들이나 믿지 않는 자들 모두 부활하게 될 것이라고 이야기합니다. 그러므로 예수님을 믿는 자들은 부활하지만, 예수님을 믿지 않는 자들이 "무"로 돌아가거나 먼지처럼 사라진다는 생각은 성경의 가르침과 부합되지 않습니다. 비록 이 시대의 많은 사람들이 "욜로(You Only Live Once)"라는 말을 이야기하며 한 번 사는 인생을 즐기라고 말하지만, 성경은 이미 그러한 태도에 대해 경고를 주고 있습니다.

> "청년이여 네 어린 때를 즐거워하며 네 청년의 날들을 마음에 기뻐하여 마음에 원하는 길들과 네 눈이 보는 대로 행하라 그러나 하나님이 이 모든 일로 말미암아 너를 심판하실 줄 알라."
>
> 전도서 11장 9절

많은 사람들이 착각하는 부분이 바로 여기에 있습니다. "한 번 사는 인생"이라는 것입니다. 그러나 성경은 우리의 인생이 한 번이라고 이야기하지 않습니다. 물론 이 땅에서의 삶은 한 번입니다. 하지만 예수를 믿는 사람도, 믿지 않는 사람도, 예수님이 다시 오시는 날에는 모두 깨어나 영원한 시간을 마주하게 될 것입니다. 다만, 영원한 생명을 그리스도 곁에서 누리며 안식과 평화의 삶을 살 것이냐, 아니면 영원한 죽음을 맞이하고 영원한 심판 속에서 살 것이냐. 그것이 달라지는 것입니다. 사도행전은 이에 대해 아주 무서운 말을 기록하고 있습니다.

> "그들이 기다리는 바 하나님께 향한 소망을 나도 가졌으니 곧 의인과 악인의 부활이 있으리라 함이니이다."
>
> 사도행전 24장 15절

분명히 성경은 의인도 살아나고, 악인도 살아날 것이라고 이야기합니다. 그런데 여기에는 중요한 차이가 있습니다. 의인은 부활하여 영원한 생명에 참여하게 되고, 악인은 하나님의 심판을 받아 영원한 부끄러움에 떨어지게 된다는 것입니다. 다니엘은 이렇게 이야기했습니다.

> "땅의 티끌 가운데에서 자는 자 중에서 많은 사람이 깨어나 영생을 받는 자도 있겠고 수치를 당하여서 영원히 부끄러움을 당할 자도 있을 것이며."
>
> 다니엘 12장 2절

이처럼 성경은 모든 사람들이 부활로 나오게 될 것이라고 이야기합니다. 한 번 살고 끝나는 것이 아니라는 것입니다. 이 땅에서 범죄한 모든 것들은 하나님께서 공의의 심판으로 갚으실 것이며, 이 땅에서 예수 때문에 선을 행했던 모든 것들은 하나님께서 공의의 상급으로 갚으실 것입니다. 심지어 그것이 아주 사소해 보이는 것이라 해도, 하나님께서는 그것까지 일일이 다 갚으실 것입니다.

그렇기 때문에 예수님의 재림의 날은 우리 성도들에게 본격적으로 영원한 생명에 참여하는 날이 될 것입니다. 그리고 예수님과 더불어 임하는 새 하늘과 새 땅의 백성이 되어, 그 나라 안에 마련된 모든 축복에 참여하는 은혜를 받는 날이 될 것입니다. 사도 요한은 주님께서 다시 오시는 그날, 성도들이 맞이하게 될 하나님의 나라에 대해 이렇게 증거합니다.

> "또 내가 새 하늘과 새 땅을 보니 처음 하늘과 처음 땅이 없어졌고 바다도 다시 있지 않더라. 또 내가 보매 거룩한 성 새 예루살렘이 하나님께로부터 하늘에서 내려오니 그 준비한 것이 신부가 남편을 위하여 단장한 것 같더라. 내가 들으니 보좌에서 큰 음성이 나서 이르되 보라 하나님의 장막이 사람들과 함께 있으매 하나님이 그들과 함께 계시리니 그들은 하나님의 백성이 되고 하나님은 친히 그들과 함께 계셔서. 모든 눈물을 그 눈에서 닦아 주시니 다시는 사망이 없고 애통하는 것이나 곡하는 것이나 아픈 것이 다시 있지 아니하리니 처음 것들이 다 지나갔음이러라."
>
> 요한계시록 21장 1-4절

하나님께서 우리를 위해 준비하신 새 예루살렘의 풍경은 지극히 작은 일부분에 불과합니다. 온 우주를 창조하신 크신 하나님이 우리를 위해 새롭게 준비하신 하나님의 나라는 결코 우리를 실망시키지 않을 것입니다. 그러므로 성도들의 궁극적인 소망은 바로 그 하나님의 나라에 있어야 합니다. 성도들의 삶의 방향은 "욜로"가 되어서는 안 됩니다. 다시 오실 하나님의 나라에 소망을 두고, 영원한 삶을 준비하며 이 땅에서의 삶을 살아야 합니다.

언젠가 성도들 모두는 모든 인류와 마찬가지로 하나님의 공의의 심판대 앞에 서게 될 것입니다. 그때 우리가 어떻게 하나님의 공의의 심판을 통과할 수 있을까요? 그날 우리는 우리가 믿고 영접한 예수님을 의지하여 심판을 통과하게 될 것입니다. 언젠가 우리도 우리의 인생을 하나님 앞에 직고하게 되는 날을 마주하게 될 것입니다. 하나님 앞에서 얼굴조차 들기 어려운 부끄러운 죄악들이 마치 스크린에 쏘아지는 것처럼 속속들이 드러나기 시작할 것입니다. 그래서 우리 스스로 너무나도 부끄러워 스스로 지옥의 형벌을 받는 대열에 들어가야 한다고 생각할 때, 이전에 우리에게 전가되었던 예수 그리스도의 흠없는 의의 옷이 우리의 발걸음을 막아서서 우리의 부끄러움을 가려줄 것입니다. 그리고 하나님께서는 우리의 부끄러운 모습이 아닌, 우리를 감싸고 있는 예수님의 완전하고 흠없는 의의 옷을 보시고 우리를 의롭다고 판단하실 것입니다. 그렇게 우리는 그 나라에 참여하도록 허락받게 될 것입니다.

예를 들어, 돈의 가치를 모르는 어린아이가 5만 원을 용돈으로 받았다고 생각해 보시기 바랍니다. 그 아이는 아직 돈의 가치를 모르기 때문에, 자신이 가진 5만원짜리 지폐를 500원짜리 동전 10개와 바꿀 수 있을 것입니다. 왜냐하면 아이의 눈에는 더 많은 개수와 짤랑거리는 소리가 더 매력적으로 보일 수 있기 때문입니다. 하지만 시간이 지나 돈의 가치를 알게 되면, 더 이상 그러한 제안은 통하지 않을 것입니다. 왜냐하면 이제는 어떤 돈이 더 가치 있는지를 알게 되었기 때문입니다.

영원한 하나님의 나라를 소망하는 성도들의 선택도 같은 선상에서 이해할 수 있습니다. 성경을 보면 볼수록 우리에게 주어진 영원한 하나님의 나라의 가치를 알게 됩니다. 그리고 영원한 하나님의 나라는 잠시 잠깐이면 지나갈 이 땅의 장난감 같은 것들과 결코 비교할 수 없는 가치가 있다는 것을 알게 됩니다.

크리스천들은 미련해서 십자가를 지고 가는 사람들이 아닙니다. 오히려 지혜롭기 때문에, 올바른 가치를 알고 있기 때문에 현명한 선택을 한 사람들입니다. 그러므로 여러분의 영원한 시간을 예수님께 의탁하시길 바랍니다. 예수님을 잘 믿으시고, 장차 예수님이 다시 오시는 날에, 그 누구보다 환한 미소로 예수님을 맞이하게 되시길 주님의 이름으로 축복합니다.

# 사도신경

# 성령 하나님과 교회에 대한 신앙고백

사도신경은 성부 하나님과 성자 예수님에 대한 신앙 고백을 한 후에 "성령"에 대한 신앙 고백을 하고 있습니다. 이를 통해 우리 크리스천들이 "성령 하나님"을 믿고 있다는 것을 고백하고 있죠. 예전에는 대부분의 이단이 "기독론", 즉 "그리스도는 어떤 분인가?"의 문제에 걸려 있었다고 한다면, 현대에 심각하게 떠오른 이단들의 문제는 "기독론"뿐만 아니라 "성령론"의 문제에도 걸려 있습니다. 성령이 어떤 분이며, 어떤 사역을 하시는지에 대해서 비성경적인 이해를 가진 이단들이 많이 있다는 것입니다.

실제로 많은 사람들이 성령을 인격적인 하나님이 아닌, 어떤 "에너지의 근원이나 힘"으로 생각하는 경우가 있습니다. 그래서 "성령충만"이라는 개념을 이해할 때도 성령 하나님의 뜻에 순종하여 따라가는 것이 아닌, 마치 에너지가 충전되는 듯한 개념으로 오해하고는 합니다. 하지만 우리가 성령에 대해 알아야 하는 가장 중요한 사실은, 성령은 "인격적인 하나님"이라는 것입니다. 그리고 여기에서 "인격적"이라는 표현은 지, 정, 의를 가진 대상을 가리키는 표현입니다.

## 성령 하나님

우선 성경은 성령님이 "지성을 가진 인격자 하나님"이라는 것을 이야기합니다.

> "오직 하나님이 성령으로 이것을 우리에게 보이셨으니 성령은 모든 것 곧 하나님의 깊은 것까지도 통달하시느니라."
>
> 고린도전서 2장 10절

또한 성경은 성령께서 "감성을 가진 하나님"이라고 이야기합니다.

> "하나님의 성령을 근심하게 하지 말라 그 안에서 너희가 구원의 날까지 인치심을 받았느니라."
>
> 에베소서 4장 30절

그리고 성령은 "주권적 의지를 가진 하나님"이십니다.

> "이 모든 일은 같은 한 성령이 행하사 그의 뜻대로 각 사람에게 나누어 주시는 것
> 이니라."
>
> 고린도전서 12장 11절

이 외에도 성경은 여러 구절을 통해서 성령이 "인격적인 하나님"이라
는 것을 증거합니다. 그렇기 때문에 성령은 우리 마음대로 이용할 수 있
는 어떤 힘과 에너지 원이 아니라, 자신의 뜻에 따라 크리스천 각자에게
은사를 주시고 그들을 사용하시는 분이라는 것을 알아야 합니다. 그래서
성경을 보면, 성령 하나님이 지, 정, 의를 가진 인격적인 분으로서, 인격
을 가진 존재만이 할 수 있는 다양한 일들을 하시는 것을 볼 수 있습니다.

성령님은 말씀하시고(행 13:2), 성도들을 위로하시고, 도우시며, 사랑
하십니다(요 14:16; 16:6, 롬 15:30). 또한 성령님께서는 하나님의 말씀을
가르치시며(요 16:13-15), 성도들을 격려하시는 분입니다(행 9:31). 그
리고 때때로 성도들이 잘못된 길로 걸어갈 때 탄식하시기도 합니다(엡
4:30).

또한 성령 하나님은 삼위일체 하나님이시기 때문에, 하나님이 가진
본질적인 속성들을 모두 가지고 있습니다. 다시 말해서 성령 하나님은
모든 것을 하실 수 있는 하나님이고, 모든 것을 아는 하나님이며, 어디에
나 존재하시는 하나님이라는 것입니다.

## 성령 하나님의 역할

그러면 성령께서 하시는 역할은 무엇일까요? 물론 성령 하나님은 성부 하나님, 성자 예수님과 더불어 창조 사역을 함께 이루신 분입니다. 그리고 타락한 인간을 구원하는 사역도 함께 행하신 삼위일체 하나님이시죠. 하지만 그중에서도 성령이 하시는 가장 중요한 사역은, 예수님이 이루신 구원의 일을 구원받을 각 사람에게 적용시키시는 일입니다. 성령님은 예수님의 말씀을 가르치시며, 깨닫게 하십니다. 그리고 각 사람으로 하여금 예수님을 주로 고백하도록 믿음을 적용시킵니다.

> "그러므로 내가 너희에게 알리노니 하나님의 영으로 말하는 자는 누구든지 예수를 저주할 자라 하지 아니하고 또 성령으로 아니하고는 누구든지 예수를 주시라 할 수 없느니라."
>
> 고린도전서 12장 3절

이처럼 성경은 그 누구도 성령의 역사가 아니고서는 예수님을 주님으로 믿을 수도, 고백할 수도 없다고 이야기합니다. 그래서 종교개혁가 칼빈은 성령을 가리켜 "성도와 그리스도를 연합시켜 주는 끈"이라고 이야기했습니다. 성령은 예수님께서 이루신 구원을 적용시켜 주시는 동시에, 예수님과 연합해서 하나님의 자녀가 된 성도들을 매일매일 거룩하게 변화시킬 수 있도록 일하십니다. 또한 각 성도들이 구원의 확신을 가질 수 있도록 도우시는 분입니다. 그리고 성령님은 그리스도의 몸된 교회의 지체가 된 성도들에게 각종 은사를 선물로 주셔서 교회를 세우시는 분입니다.

그러므로 우리 성도들은 성령의 목소리에 귀를 기울여 하나님의 뜻대로 살기를 간구하며, 하나님의 성령을 근심하지 않게 하고 교회를 세우는 데 힘써야 합니다. 바로 이러한 성령과 성령의 사역을 사도신경이 "믿습니다"라고 고백하는 것입니다.

## 거룩한 공교회

다음으로 사도신경은 "교회"에 대한 신앙고백을 하고 있습니다. 그러면 성경이 이야기하는 교회의 가장 중요한 특징은 무엇이며, 여러분은 "교회"라는 말을 들을 때 어떤 특징이 가장 먼저 떠오르나요? 오늘 우리가 고백한 사도신경의 내용은 교회의 가장 본질적인 특징에 대해서 한 단어로 표현하고 있습니다. "거룩한 공교회"라는 것이죠.

학교는 학생들을 교육하는 곳입니다. 병원은 환자들의 병을 고쳐주는 곳이죠. 소방서는 화재를 진압하는 곳입니다. 이처럼 세상에 있는 어떤 단체들은 그 이름만 봐도 금방 그 특징을 알 수 있습니다. 그런데 성경이 교회에게 부여하는 가장 중요한 특징은 "거룩한 공교회"라는 것입니다.

교회의 역사를 보면, 325년부터 진행되어 381년에 완성된 니케아 신조라는 신앙고백에서 성경적인 교회에 대한 특징을 네 가지로 정리한 것을 볼 수 있습니다: 하나의 교회(單一性), 거룩한 교회(聖性), 보편적인 교회(普遍性), 사도적인 교회(使徒性)으로 성경적인 교리를 따르는 교회들은 교회의 가장 중요한 특징을 이렇게 네 가지로 요약하고 있는데, 하나하나 그 특징을 살펴보도록 하겠습니다.

### 교회의 가장 중요한 특징 1: 하나의 교회(單一性)

가장 먼저 살펴봐야 되는 교회의 특징은 "교회는 하나라는 것"입니다. 에베소서는 이렇게 이야기 합니다.

> "그러므로 주 안에서 갇힌 내가 너희를 권하노니 너희가 부르심을 받은 일에 합당하게 행하여. 모든 겸손과 온유로 하고 오래 참음으로 사랑 가운데서 서로 용납하고. 평안의 매는 줄로 성령이 하나 되게 하신 것을 힘써 지키라. 몸이 하나요 성령도 한 분이시니 이와 같이 너희가 부르심의 한 소망 안에서 부르심을 받았느니라. 주도 한 분이시요 믿음도 하나요 세례도 하나요. 하나님도 한 분이시니 곧 만유의 아버지시라 만유 위에 계시고 만유를 통일하시고 만유 가운데 계시도다."
> 에베소서 4장 1-6절

성경은 그리스도의 몸이 "하나"라는 것을 강조합니다. 그러므로 모든 성도들은 그리스도 안에서 모두가 하나라는 사실을 잊지 말고, 하나됨을 지켜 나가야 한다는 것입니다. 예전에 한국에서 어떤 큰 교회 앞을 지나

가고 있는데, 전도띠를 두른 여성 한 분이 저에게 전도지를 나누어 주었습니다. 그래서 저는 교회에 출석하고 있으니 다른 분에게 주시면 좋겠다고 했더니, 우리 교회가 더 좋으니 우리 교회로 옮기라고 하셨습니다. 부끄러운 이야기이지만, 이러한 모습은 그리스도의 교회가 하나라는 것을 생각하지 못한 데에서 나오는 모습입니다. 그러므로 우리는 각 지역 교회가 경쟁 관계에 놓여 있지 않다는 것을 명심하고, 함께 하나님의 나라 복음을 전하기 위해서 연합해야 하는 것입니다.

## 교회의 가장 중요한 특징 2: 거룩한 교회(聖性)

성경적인 교회의 첫 번째 특징은 "하나됨"이지만, 성경은 교회의 하나됨에도 방향이 있음을 가르치고 있습니다. 그것은 교회가 "진리와 사랑안에서" 하나가 되어야 한다는 것입니다. 성경은 우리가 각각의 교회들을 사랑으로 돌보고, 사랑으로 하나됨을 계획하되, 그것이 거룩한 진리에서 벗어나게 된다면 하나 될 수 없음을 가르칩니다.

"그리스도의 은혜로 너희를 부르신 이를 이같이 속히 떠나 다른 복음을 따르는 것을 내가 이상하게 여기노라. 다른 복음은 없나니 다만 어떤 사람들이 너희를 교란하여 그리스도의 복음을 변하게 하려 함이라. 그러나 우리나 혹은 하늘로부터 온 천사라도 우리가 너희에게 전한 복음 외에 다른 복음을 전하면 저주를 받을지어다. 우리가 전에 말하였거니와 내가 지금 다시 말하노니 만일 누구든지 너희가 받은 것 외에 다른 복음을 전하면 저주를 받을지어다."

갈라디아서 1장 6-9절

사도 바울이 활동하던 당시에는 율법주의, 천사 숭배 사상, 신비주의와 세상 철학 등 잘못된 기독교 이단 교리들이 교회 안으로 들어오고 있었습니다. 그래서 사도 바울은 이렇게 강하게 이야기할 수밖에 없었습니다. 바울은 "하나됨"을 강조했던 사도입니다. 그런데 바울은 그것이 진리를 거스르는 문제가 된다면 주저 없이 칼을 들었습니다. 왜냐하면 그것이 성도들을 죽이고 살리는 문제였기 때문입니다. 사도 요한도 같은 방향의 가르침을 주고 있습니다.

> "미혹하는 자가 세상에 많이 나왔나니 이는 예수 그리스도께서 육체로 오심을 부인하는 자라 이런 자가 미혹하는 자요 적그리스도니."
>
> 요한이서 1장 7절

"미혹하는 자"라는 존재는 얼토당토하지 않는 거짓말을 하는 사람이 아닙니다. 미혹이 되어야 미혹을 할 수 있는 것이죠. 비슷하고, 그럴싸하고, 그런데 끝이 다른 것. 그것이 바로 이단이라는 존재 아닙니까? 사도 요한의 별명은 "사랑의 사도"입니다. 사도 요한처럼 사랑에 대해서 많이 강조한 사람이 있겠습니까? 그런데 지금 사도 요한이 얼마나 강하게 이야기하고 있는지 보십시오. "예수 그리스도께서 육체로 오심을 부인하는 자는 미혹하는 자요, 적그리스도다"라고 분명한 선을 긋고 있습니다. 성경이 말하는 바를 살펴보겠습니다.

> "이단에 속한 사람을 한두 번 훈계한 후에 멀리하라."
>
> 디도서 3장 10절

> "누구든지 이 교훈을 가지지 않고 너희에게 나아가거든 그를 집에 들이지도 말고 인사도 하지 말라. 그에게 인사하는 자는 그 악한 일에 참여하는 자임이라."
>
> 요한이서 1장 10-11절

"하나됨"을 강조했던 사도 바울도, "사랑의 사도"라고 불리우는 사도 요한도 진리에 있어서 거짓 진리와 가짜 복음을 전하는 시도를 목격했을 때에는 "관용"이라는 이름으로 받아들이지 않았음을 우리는 알아야 합니다. 물론 우리는 "할 수 있는 대로" 하나됨을 지키고 "할 수 있는 대로" 모든 사람과 평화해야 합니다. 하지만 그것이 그리스도와의 화평을 깨뜨리는 일이라면 용납해서는 안 된다는 것입니다.

예를 들어, 교회에 너무 착한 남자 집사님이 있다고 가정해 보겠습니다. 이분은 싫은 소리도 못하고, 거절도 못합니다. 그런데 어느 날 예배가 끝난 뒤에 어떤 싱글 자매가 자기 타이어가 펑크 났다고 도와달라고 이 남자 집사님에게 전화를 했습니다. 그래서 이 남자 집사님이 혼자 가서 도와줬습니다. 자매가 고맙다고 혼자 사는 자기 집에 와서 저녁을 먹고 가라고 했다면 그 제안은 거절해야 하는 것입니다. 왜냐하면 그 문제가 아내와 가정의 평화를 깨뜨릴 수 있는 문제이기 때문이죠. 그러므로 그 자매가 서운하게 여긴다고 하더라도 그 제안은 들어줄 수 없는 것입니다.

물론 이것은 경우가 100% 맞지 않을 수도 있고, 지혜의 측면이라 볼 수도 있을 것입니다. 하지만 성경이 "교회의 하나됨"에 대해서 특별히 이야기할 때는, "사랑"이라는 측면과 더불어 항상 "옳은 것을 지키는, 진리를 지키는" 것을 중요하게 여기고 있다는 것을 알아야 합니다. 그렇기 때문에, 우리가 모든 교회와 성도들을 그리스도의 몸으로 여기고 귀하게 여겨야 하지만, 누군가가 가짜 복음을 전하고 성도들을 멸망의 길로 데리고 가고 있다면 그런 사람들과는 연합할 수 없다는 것을 알아야 합니다.

> "네 하나님 여호와께서 너를 인도하사 네가 가서 차지할 땅으로 들이시고 네 앞에서 여러 민족 헷 족속과 기르가스 족속과 아모리 족속과 가나안 족속과 브리스 족속과 히위 족속과 여부스 족속 곧 너보다 많고 힘이 센 일곱 족속을 쫓아내실 때에. 네 하나님 여호와께서 그들을 네게 넘겨 네게 치게 하시리니 그 때에 너는 그들을 진멸할 것이라 그들과 어떤 언약도 하지 말 것이요 그들을 불쌍히 여기지도 말 것이며. 또 그들과 혼인하지도 말지니 네 딸을 그들의 아들에게 주지 말 것이요 그들의 딸도 네 며느리로 삼지 말 것은. 그가 네 아들을 유혹하여 그가 여호와를 떠나고 다른 신들을 섬기게 하므로 여호와께서 너희에게 진노하사 갑자기 너희를 멸하실 것임이니라. 오직 너희가 그들에게 행할 것은 이러하니 그들의 제단을 헐며 주상을 깨뜨리며 아세라 목상을 찍으며 조각한 우상들을 불사를 것이니라."
>
> 신명기 7장 1-5절

왜 하나님이 가나안 족속들을 진멸하라고 하셨는지 자세히 읽어 보십시오. 그들을 내버려 두면, 그들이 우리와 우리의 자손들을 유혹해서,

결국 우리가 그들에게 물들어 하나님을 떠날 것을 하나님이 잘 알고 계셨기 때문입니다. 하나님이 답입니다. 하나님께서 진멸하라고 하시면 진멸하는 것이 맞고, 하나님께서 멀리하라고 하시면 멀리하는 것이 맞는 것입니다. 하나님께서 진리를 거룩하게 지키는 문제에 대해 이토록 강경하게 말씀하셨다면, 분명한 이유가 있는 것입니다. 그러므로 우리가 해야 할 일은 하나님의 주권을 인정하고 그 말씀에 순종하는 것입니다.

또 한 가지 살펴봐야 하는 내용은, 본래 "거룩성"이라는 것은 오직 하나님께만 사용될 수 있는 특성이라는 점입니다. 성경은 하나님의 거룩성에 대해 두 가지를 이야기합니다. 첫째, 하나님은 창조주로서 모든 피조물과 구별되는 분이라는 것입니다. 둘째, 하나님은 도덕적으로 완전하며 탁월하신 분이라는 것을 말합니다. 그런데 성경을 보면, 하나님의 거룩함을 사람이나 사물, 또는 장소에 적용할 때가 있습니다.

성경은 사물이나 사람이나 장소나 시간이 "거룩하신 하나님을 섬기기 위한 목적으로 구별될 때" 거룩하다는 표현을 합니다. 그래서 하나님께 예배드리기 위해 구별된 날을 "성일"이라고 하고, 하나님께 예배드리기 위해 사용되는 건물을 "성전"이라고 하며, 하나님께 예배드릴 때 사용되는 물건들을 "성물"이라고 하고, 하나님을 예배하고 섬기는 사람들을 "성도"라고 이야기합니다.

그렇기 때문에 교회의 두 번째 특징이 "거룩성"이라고 하는 것은, 우선적으로 교회가 "하나님을 섬기기 위해 구별된 존재"라는 것을 이야기할 때 쓰는 표현입니다. 또한, 하나님의 거룩성이 하나님의 윤리적인 완전함을 의미하듯이, 교회가 거룩하다는 것은 교회 또한 윤리적, 도덕적으로 거룩해져야 한다는 의미를 가진다는 것입니다. 에베소서는 이렇게 이야기합니다.

> "너희가 전에는 어둠이더니 이제는 주 안에서 빛이라 빛의 자녀들처럼 행하라."
> 에베소서 5장 8절

성경은 교회와 성도들을 "빛의 자녀, 거룩한 백성"으로 부르고 있습니다. 그래서 교회는 타락한 세상과 구별되어 거룩하게 살아야 하는 것입니다. 그래서 저는 이런 질문을 저희 성도들에게 자주 합니다. "여러분, 크리스천들이 무례하게 행하면 되겠습니까? 크리스천들이 자기가 화난다고 화나는 대로 다 뱉어내고, 마음에 안 든다고 마음에 안 드는 대로 다 엎어버리고, 성질이 난다고 해서 성질 나는 대로 행동해서 되겠습니까? 만약에 그렇게 살고 있다면, 그것은 두 가지 중 하나입니다. 아직도 미성숙하거나, 빛의 자녀가 아닌 것입니다."

물론 사람은 실수할 수 있습니다. 한두 번은 성숙하지 않아서 그렇게 할 수도 있습니다. 하지만 몇 년이 지나도록 계속해서 그 성질과 성품이 거룩하게 변화되어 가지 않는다면, 자신이 빛의 자녀가 맞는지 고민하고 생각해 보아야 하는 문제라는 것입니다.

### 교회의 가장 중요한 특징 3: 보편적인 교회(普遍性)

교회의 세 번째 특징은 "보편적"이라는 것입니다. 사도신경은 "거룩한 공 교회"라는 신앙 고백을 하고 있는데, 여기에서 "공(公)"이라고 번역된 한자는 "공공연하다"라는 뜻으로, "보편적"이라는 의미를 담고 있습니다. 이 말은 교회가 특정한 장소와 시대를 초월하여 존재하는 공동체라는 뜻입니다. 성경에 기록된 교회의 역사를 보면, 교회는 민족 중심적이었던 구약 시대의 형태와, 민족을 초월하는 신약 시대의 형태를 가지고 있다는 것을 알 수 있습니다.

이와 관련해, 교회가 신약 시대에 세워진 것이 아니냐는 질문을 하시는 분들도 계십니다. 그러나 교회를 하나님의 백성들의 총칭으로 이해한다면, 성경은 구약 시대의 이스라엘 공동체를 교회로 간주하고 있음을 알 수 있습니다. 성경은 구약의 이스라엘 공동체를 다음과 같이 부르고 있습니다.

> "시내 산에서 말하던 그 천사와 우리 조상들과 함께 광야 교회에 있었고 또 살아 있는 말씀을 받아 우리에게 주던 자가 이 사람이라."
>
> 사도행전 7장 38절

성경은 분명히 구약의 하나님의 백성들에게도 "교회"라는 표현을 사용하고 있습니다. 다만, 그들과 우리의 차이점은 구약의 이스라엘 백성들은 "이 땅에 오실 그리스도"를 기다리는 신앙을 가지고 있었고, 우리는 "이 땅에 다시 오실 그리스도"를 기다리는 신앙을 가지고 있다는 점에서 차이가 있는 것입니다. 또한 교회는 성경에서 묘사하는 관점에 따라 "눈에 보이는 교회(가시적 교회)"와 "보이지 않는 교회(비가시적 교회)"로 나뉩니다. 예를 들어, 그리스도의 교회를 통칭해서 이야기할 때는 전체 교회를 말할 수는 없지만, "고린도에 있는 하나님의 교회"라고 할 때는 특정한 교회를 언급하므로 우리가 눈으로 확인할 수 있는 가시적 교회를 의미합니다.

이처럼 하나님의 교회는 인류의 전 시대를 아우르며 존재해 왔습니다. 예를 들어, 100년 전에 예수님을 믿은 사람도 있고, 천 년 전에 믿은 사람들도 있으며, 앞서 언급했듯이 광야 교회에 속해 하나님의 약속을 기다렸던 사람들도 있습니다. 아담과 하와 때부터 주님이 재림하실 때까지, 전 시대를 걸쳐 믿는 사람들이 있는 것입니다. 다시 말해서, 교회는 모든 장소와 시대를 초월해 존재한다는 것입니다. 따라서 교회의 멤버들은 인류의 모든 계층에 걸쳐 있으며, 신분과 직업을 망라하여 구성된다는 것을 알아야 합니다.

그렇기 때문에 교회에서는 결코 차별이나 구별이 있어서는 안 되는 것입니다. 내가 이 교회를 얼마나 오래 다녔든지, 직업이 무엇이든지, 십일조를 얼마나 내던지, 교회 안에서는 특정한 사람의 목소리가 커져서는 안 됩니다. 교회의 주인은 오직 예수 그리스도 한 분뿐이기 때문에, 교회 안에서 차별이 있거나, 지역 감정이나 정치적인 색깔로 나뉘어서는 안 되는 것입니다. 그럼에도 불구하고 교회에서 누군가를 차별하거나 무시하는 일이 벌어진다면, 그것은 단순히 개개인의 문제로 끝나는 것이 아니라, 그리스도께서 피값을 주고 사신 하나님의 자녀를 무시하고 차별하는 죄라는 것을 알아야 합니다. 따라서 교회는 보편적인 모든 시대를 걸쳐, 보편적인 모든 성도들이 함께 모여 세워져 가는 공동체라는 사실을 우리는 이해해야 합니다.

## 교회의 가장 중요한 특징 4: 사도적인 교회(使徒性)

교회의 네 번째 특징은 "사도적인 교회"라는 것입니다. 이러한 특징은 교회가 2000년 전 사도들의 가르침에 뿌리를 두고 있다는 것을 의미하며, 교회의 성경적인 표지는 예수님의 사도들이 가졌던 신앙의 뿌리를 두어야 한다는 것입니다. 그런데 이러한 특징 또한 진리와 사랑이 함께 가야 한다는 이야기와 같은 맥락을 가지고 있습니다.

예를 들어 어떤 사람이 어느 날 환상을 보고, 성경에 없는 진리를 깨달았다고 해서 그의 가르침 위에 교회가 세워질 수 있는 것이 아닙니다. 누군가가 어느 날 산에 올라가 새로운 가르침을 들었다고 해서 새로운 복음을 전할 수 있는 것도 아닙니다. 사도 바울이 이야기한 것처럼 다른 복음은 없습니다. 하나님이 준비하시고 전하게 하신 예수 그리스도의 복음 외에, 새로운 복음을 발견했다고 이야기한다면 그것은 이단이라는 것을 우리는 알아야 합니다. 그렇기 때문에 오늘날 우리가 바른 교회로 세워지기 위해서는 사도들이 가졌던 신앙과 동일한 신앙을 가져야 하는 것입니다. 결국 이 말은 성경대로 믿어야 한다는 말과 동일하며, 성경이 말하는 복음을 믿어야 한다는 이야기와 같습니다. 사도 바울은 이렇게 말합니다.

> "너희는 사도들과 선지자들의 터 위에 세우심을 입은 자라 그리스도 예수께서 친히 모퉁잇돌이 되셨느니라."
>
> 에베소서 2장 20절

교회는 "사도들과 선지자들의 터 위에" 세워지는 공동체입니다. 이러한 표현은 구약성경과 신약성경의 가르침 위에 세워져야 한다는 뜻이며, 결국 "성경의 가르침" 위에 교회가 세워져야 한다는 것을 의미합니다. 그러므로 다른 신비적이고 자극적인 가르침을 쫓지 마십시오. 성경적인 교회는 기록된 66권 성경의 가르침 위에 세워져야 합니다.


## 성도의 교제

다음으로 사도신경은 "성도의 교제"에 대해서 가르치고 있습니다. 성경적인 교회의 가장 중요한 특징 중 하나는 "성도의 교제"인데, 여기서 이야기하는 "교제"란 단순히 함께 시간을 보내거나 노는 것을 의미하는 것이 아니라, "나눔"을 뜻합니다. 성도의 교제는 "하나님을 아는 지식"을 나누는 것이며, "하나님께 받은 은혜와 사랑"을 서로 나누는 것입니다. 그래서 사도 바울은 로마 교회 성도들에게 이렇게 말했습니다.

> "내가 너희 보기를 간절히 원하는 것은 어떤 신령한 은사를 너희에게 나누어 주어 너희를 견고하게 하려 함이니. 이는 곧 내가 너희 가운데서 너희와 나의 믿음으로 말미암아 피차 안위함을 얻으려 함이라."
>
> 로마서 1장 11-12절

사도 바울이 로마 교회의 성도들을 만나고자 했던 이유는 무엇입니까? 서로 간의 믿음의 교제를 통해서 평안함과 위로를 받기 위함이라고 합니다. 성도들 상호 간에 이루어지는 믿음의 교제, 이것이 바로 성도의 교제라는 것입니다. 사실, "몇 시에 만나서 어디로 놀러가자" 또는 "어디로 여행가자" 같은 활동은 세상 사람들도 할 수 있는 일입니다. 하지만 성도들의 교제는 하나님을 아는 지식과, 하나님께 받은 은혜와 사랑을 나누는 것이 반드시 동반되어야 합니다.

또한 성도의 교제는 "은사의 나눔"을 포함합니다. 이 말은 하나님께서 우리 각자에게 주신 은사를 각각의 성도들과 하나님의 교회를 위해 사용해야 한다는 뜻입니다. 사도 바울은 이에 대해 이렇게 이야기했습니다.

> "우리가 한 몸에 많은 지체를 가졌으나 모든 지체가 같은 기능을 가진 것이 아니니. 이와 같이 우리 많은 사람이 그리스도 안에서 한 몸이 되어 서로 지체가 되었느니라. 우리에게 주신 은혜대로 받은 은사가 각각 다르니 혹 예언이면 믿음의 분수대로, 혹 섬기는 일이면 섬기는 일로, 혹 가르치는 자면 가르치는 일로, 혹 위로하는 자면 위로하는 일로, 구제하는 자는 성실함으로, 다스리는 자는 부지런함으로, 긍휼을 베푸는 자는 즐거움으로 할 것이니라."
>
> 로마서 12장 4-8절

교회는 담임 목사의 은사를 보기 위해서 모이는 곳이 되어서는 안 됩니다. 또한 한두 사람의 은사만으로 세워지는 교회가 되어서도 안 됩니다. 하나님께서 각 성도에게 은사를 주셨다면, 각자의 은사를 활용해 하나님의 교회를 세우는 데 힘써야 합니다. 예를 들어, 악기를 다룰 수 있는 은사가 있다면 찬양팀으로 섬길 수 있을 것입니다. 섬기는 은사가 있다면 성도들을 섬기는 데 자신의 은사를 사용할 수 있을 것입니다. 가르치는 은사가 있다면 주일학교 교사로 아이들을 가르칠 수 있을 것입니다. 이러한 은사를 사용하는 일에 성도들이 성실함과 부지런함, 그리고 즐거움으로 감당할 때 교회는 아름답게 세워질 것입니다.

## 물질적인 나눔

한 걸음 더 나아가서, 성도들의 교제 속에는 "물질적인 나눔"까지 포함됩니다. 이는 하나님을 아는 지식을 나누고, 받은 은혜와 감사를 나누며, 은사를 나누는 것을 넘어서, 물질적인 나눔을 통해 사랑을 실천하는 것을 의미합니다. 이러한 나눔은 공산주의적 개념이 아니라, "사랑에서 비롯된 자발적인 나눔"입니다.

예를 들어, 첫째가 돈을 많이 벌고, 둘째가 경제적으로 어려움을 겪고 있다고 생각해 보십시오. 부모님의 입장에서, 첫째가 자신이 번 돈으로 풍요롭게 살 자격이 있다고만 여기고, 둘째가 자신의 책임을 홀로 짊어지도록 내버려 둔다면 부모님은 마음이 편치 않을 것입니다. 오히려 부모님은 첫째가 넉넉한 형편을 활용하여 어려운 둘째를 도와주기를 기대하실 것입니다.

초대 교회의 성도들도 이러한 상황 속에서 서로를 형제와 자매로 여기며, 물질적인 어려움에 처한 이들을 위해 자신의 재산을 기꺼이 나누었습니다. 이 나눔은 단순히 재산을 공유하는 것이 아니라, 그리스도 안에서의 사랑과 연합을 실천하는 행동이었습니다. 성도들의 이러한 나눔은 하나님의 사랑을 드러내고, 교회 공동체의 거룩함과 연합을 세우는 중요한 특징 중 하나였습니다.

> "믿는 무리가 한마음과 한 뜻이 되어 모든 물건을 서로 통용하고 자기 재물을 조금이라도 자기 것이라 하는 이가 하나도 없더라."
>
> 사도행전 4장 32절

성경에는 궁핍한 형제 자매들에 대한 책임을 지라는 말씀이 자주 나옵니다. 이는 그들이 단순히 우리의 이웃일 뿐만 아니라, 하나님께서 사랑하시고 마음을 쓰시는 자녀들이기 때문입니다.

> "땅에는 언제든지 가난한 자가 그치지 아니하겠으므로 내가 네게 명령하여 이르노니 너는 반드시 네 땅 안에 네 형제 중 곤란한 자와 궁핍한 자에게 네 손을 펼지니라."
>
> 신명기 15장 11절

많은 교회가 지역을 섬기기 위해 재정을 사용하고, 선교 활동을 위해 자금을 마련합니다. 그러나 일부 교회에서는 대외적인 활동에 치중하느라 교회 내부에 있는 어려운 형편의 형제자매들을 돌보는 데 소홀한 경우도 있습니다. 물론 대외적인 활동이 중요하고, 해야 할 일이 많다는 것을 압니다. 하지만 함께 신앙생활을 하는 형제자매들의 필요에 조금 더 관심을 가지고, 물질을 나눈다면 교회는 훨씬 더 따뜻하고 사랑이 넘치는 공동체로 세워질 것입니다.

성도는 세상과 구별되어야 합니다. 따라서 성도의 돈 씀씀이도 세상과는 달라야 합니다. 세상 사람들은 "어떻게 하면 돈을 모을까?"를 고민하지만, 성도들은 "어떻게 하면 돈을 하나님의 뜻대로 쓸 수 있을까? 어떻게 하면 하나님을 기쁘시게 할 수 있을까?"를 고민해야 합니다. 많은 돈을 벌어서 어떤 차를 탈지, 얼마나 큰 집에서 살지를 고민하기보다는, "어떻게 하면 더 많이 나누고, 더 많은 사람들을 섬기고 세울 수 있을까?"를 고민해야 하는 것입니다.

초대 교회는 물질적으로 가난한 이들이 생길 때마다 자신의 재산을 팔아 그들의 필요를 채웠습니다. 그 결과 초대 교회 안에는 궁핍한 사람이 없었습니다. 우리가 매주 사도신경을 통해 "성도의 교제"를 고백한다는 것은, 예수님을 믿기 전의 개인주의와 이기주의를 버리겠다는 결단의 표현입니다. 교회 공동체의 형제자매들의 유익을 생각하며 그들을 돌보겠다는 다짐을 하는 것입니다. 전도서는 공동체의 중요성을 다음과 같이 이야기합니다.

> "한 사람이면 패하겠거니와 두 사람이면 맞설 수 있나니 세 겹 줄은 쉽게 끊어지지 아니하느니라."
>
> 전도서 4장 12절

어떤 목사님이 교회에 나오지 않는 성도를 심방하러 갔습니다. 그 성도는 숯불을 피워놓고 불을 쬐고 있었습니다. 목사님이 다가가 대화를 나누자, 그 성도는 혼자 신앙생활을 하면 된다고 말했습니다. 그러자 목사님은 아무 말 없이 집게를 들고 모여 있던 숯을 하나하나 떨어뜨려 놓았습니다. 그리고 잠시 다른 대화를 나누고 있었는데, 얼마 지나지 않아 떨어져 있던 숯불이 모두 꺼져버렸습니다. 이 이야기가 주는 메시지는 무엇일까요? 모여 있던 숯은 활활 타오르지만, 떨어진 숯은 금방 꺼져버리는 것처럼, 성도의 교제도 이와 같다는 것입니다. 성도들도 함께 모일 때 신앙의 불이 타오르고, 혼자 떨어지면 신앙의 불이 쉽게 식어버린다는 것입니다. 그래서 히브리서는 이렇게 말합니다.

> "모이기를 폐하는 어떤 사람들의 습관과 같이 하지 말고 오직 권하여 그 날이 가까움을 볼수록 더욱 그리하자."
>
> 히브리서 10장 25절

그러므로 성도들과 함께 신앙생활을 하기 위해 공동체 안으로 들어가야 합니다. 성경공부를 할 때도, 기도생활을 할 때도, 나눔과 교제를 할 때도, 성도들과 함께 교제하며 신앙생활을 해야 합니다. 비록 Covid-19 팬데믹 이후로 많은 사람들이 교회를 떠나 온라인 예배에 익숙해진 것이 사실이지만, 성경적인 신앙생활에는 "성도의 교제"가 포함된다는 사실을 잊지 말아야 합니다. 여러분이 소속된 예수님의 몸된 교회 안에서 성도들과 뜨겁게 교제하며 신앙생활을 하시기를 바랍니다.

## 구원 받은 성도들이 받은 은혜 1: 죄 사함

사도신경의 마지막 부분은 "구원받은 성도들이 받은 은혜"를 고백하게 합니다. 하나님의 은혜로 예수 그리스도 안에서 죄 사함을 받은 성도들은 심판대에서의 정죄로부터 완전한 용서를 받게 되며, 그 사실에 대해 사도 바울은 분명하게 선포합니다.

> "그러면 이제 우리가 그의 피로 말미암아 의롭다 하심을 받았으니 더욱 그로 말미암아 진노하심에서 구원을 받을 것이니. 곧 우리가 원수 되었을 때에 그의 아들의 죽으심으로 말미암아 하나님과 화목하게 되었은즉 화목하게 된 자로서는 더욱 그의 살아나심으로 말미암아 구원을 받을 것이니라."
>
> 로마서 5장 9-10절

이뿐만이 아닙니다. 성경은 예수 그리스도 안에 있는 자들에게는 더 이상 정죄함이 없다고 이야기 합니다. 왜냐하면 예수 그리스도 안에 있는 생명의 성령의 법이 우리를 구원했기 때문입니다.

> "그러므로 이제 그리스도 예수 안에 있는 자에게는 결코 정죄함이 없나니. 이는 그리스도 예수 안에 있는 생명의 성령의 법이 죄와 사망의 법에서 너를 해방하였음이라."
>
> 로마서 8장 1-2절

그래서 구원받은 성도들은 더 이상 죽음을 두려워하지 않습니다. 이는 사망의 두려움이 그들을 지배하지 못한다는 것을 알기 때문입니다. 그리고 이러한 이유로 성도들은 죽음 이후의 삶에 대한 소망을 품게 되며, 이러한 소망에 대한 믿음을 사도신경은 "몸의 부활과 영생을 믿습니다"라는 고백으로 나타내고 있습니다.

또한, 이 모든 고백은 "아멘"이라는 외침으로 마무리됩니다. "아멘"이라는 말은 "확실히, 진실로, 그렇게 되기를 원합니다"라는 뜻입니다. 따라서 사도신경 마지막에 "아멘"이라고 고백하는 것은, 우리가 믿고 고백한 사도신경의 모든 내용이 이루어지기를 간절히 바란다는 의미를 담고 있는 것입니다.

### 구원 받은 성도들이 받은 은혜 2: 부활과 영생에 대한 믿음

마지막으로 구원받은 성도들이 받은 "부활과 영생에 대한 믿음의 고백"에 대해 조금 더 생각해 보겠습니다. 남녀노소 막론하고 모든 사람들은 죽음을 두려워합니다. 왜냐하면 죽음은 모든 사람에게 찾아오며, 통제할 수 없는 방향과 방법으로 다가오기 때문입니다. 이러한 이유로 많은 사람들이 죽음을 두려워하거나 죽음에 대한 잘못된 삶의 방식을 가지게 됩니다. 그래서 "쾌락주의"나 "허무주의"에 빠지게 되기도 합니다.

먼저 "쾌락주의"에 빠진 사람들은 인생의 모토를 "욜로(You Only Live Once)"라는 것에 두고 살아갑니다. 한번 사는 인생, 죽으면 끝이니 살아 있는 동안 최대한 즐기며 살자는 것이죠. 이와 정반대로 "허무주의에 빠진 사람들"은 죽으면 끝인데 더 살아서 무엇 하냐고 이야기합니다. 그래서 인생의 의미를 잃거나 자살로 죽음을 앞당기기도 합니다. 심지어 스위스에서는 자살을 원하는 사람들이 편하게 죽음을 선택할 수 있도록 'Suit'라는 캡슐을 만들어 자살을 부추기고 있으며, 2024년 9월 11일 기사에 따르면 영국인 커플이 함께 캡슐 안에서 자살하기로 결정을 했다고 합니다.

사진출처: https://abcnews.go.com/International/detained-after-americans-suicide-capsule-death-switzerland-police/story?id=113969554

죽음이 인생의 끝이라고 생각하는 사람들은 이 세상에서 방탕한 삶을 살거나 무기력하거나 무의미한 삶을 살 수밖에 없습니다. 왜냐하면 죽음 뒤에 새로운 삶이 있다는 확신이 없기 때문입니다. 하지만 크리스천들은 달라야 합니다. 왜냐하면 크리스천들은 죽음 이후에 영원한 삶을 살게 된다는 사실을 믿기 때문입니다. 성경은 우리의 영혼만 영원히 사는 것이 아니라, 장차 우리의 몸도 새로운 몸으로 부활할 것이라고 증언하고 있습니다. 그리고 사도신경의 내용을 믿음으로 고백하는 크리스천들은 이러한 "부활 소망" 또는 "천국 소망"을 가지고 신앙생활을 하는 것입니다.

　그러면 천국은 어떤 곳일까요? 예수님을 믿지 않는 사람들 중 일부는 천국을 세속적인 욕망을 만족시키는 곳으로 보기도 하고, 또 다른 이들은 천국의 삶이 매우 단조로울 것이라며 냉소적인 태도를 취하기도 합니다. 그래서 "천국에 가면 24시간, 365일 내내 성가대만 해야 하는 거 아니냐? 구름에 앉아서 기타만 쳐야 하는 거 아니냐?" 이렇게 천국을 아무 할 일이 없는 지루하고 단조로운 장소로 생각하는 사람들이 생각보다 많습니다. 그래서 골프를 치는 사람들 중에는 천국에서는 모두가 다 홀인원을 기록할 텐데 무슨 재미로 골프를 치겠냐고 이야기하는 사람들도 있고, 또 어떤 사람들은 고리타분한 신자들과 천국에 가느니 차라리 자기 친구들과 지옥에 가겠다고 이야기하는 사람들도 있습니다. 하지만 성경은 "지옥의 두려움"을 이야기하는 동시에, "천국의 영광스러움"에 대해서도 이야기하고 있습니다. 그런데 이 두 가지를 정확히 알지 못하기 때문에 사람들이 심판을 두려워하지 않는 것이고, 동시에 천국 소망을 가지고 살아가지 못하는 것입니다.

## 성경이 말하는 천국

성경이 말하는 "천국"은 "영원한 기쁨"이 있는 곳인데, 성경은 구원받은 성도들이 천국에서 하나님의 영광을 온몸에 받으며 인생의 참된 이유를 깨닫게 될 것이라고 이야기합니다. 물론 우리의 유한한 생각으로는 천국의 삶을 온전히 이해하기 어려우며, 타락한 인간의 부패한 생각으로는 완전히 의로운 상태보다 적당히 죄가 있는 것이 재미있다고 생각할 수도 있습니다. 하지만 성경은 천국에서의 우리의 삶이 지루하거나 단조로운 삶이 될 것이라고 이야기하지 않습니다. 오히려 그곳에서는 완벽한 삶이 이루어지고, 모든 성도가 서로 교제를 나눌 것이라고 이야기합니다. 또한 슬픔과 걱정과 눈물과 두려움과 고통이 전혀 없는 삶이 이루어질 것이라고 이야기합니다. 요한계시록의 기록을 살펴보겠습니다.

> "내가 들으니 보좌에서 큰 음성이 나서 이르되 보라 하나님의 장막이 사람들과 함께 있으매 하나님이 그들과 함께 계시리니 그들은 하나님의 백성이 되고 하나님은 친히 그들과 함께 계셔서. 모든 눈물을 그 눈에서 닦아 주시니 다시는 사망이 없고 애통하는 것이나 곡하는 것이나 아픈 것이 다시 있지 아니하리니 처음 것들이 다 지나갔음이러라."
>
> 요한계시록 21장 3-4절

세상에서 아무리 우리가 큰 영적인 축복을 누린다고 하더라도, 천국의 삶에 비하면 그것은 맛보기에 지나지 않습니다. 물론 성도들은 예수를 믿는 즉시 천국에 대한 약속을 가지고 영원한 삶을 살아가는 자들이 되지만, 장차 다가올 영광스러운 삶과는 비교할 수도 없다는 것이죠. 그래서 전도서는 이렇게 이야기했습니다.

> "좋은 이름이 좋은 기름보다 낫고 죽는 날이 출생하는 날보다 나으며."
>
> 전도서 7장 1절

성경은 우리의 죽는 날이 태어나는 날보다 낫다고 이야기합니다. 왜냐하면 죽음이 끝이 아니기 때문입니다. 오히려 성도들에게 "죽음"은 영원한 하나님의 영광을 누리는 삶에 동참하게 되는 "관문"이라는 의미가 있습니다. 그래서 바울은 이렇게 이야기했습니다.

> "우리가 담대하여 원하는 바는 차라리 몸을 떠나 주와 함께 있는 그것이라."
>
> 고린도후서 5장 8절

지금 이 말은 바울이 세상이 지겨워서 죽기를 갈망한다는 의미가 아닙니다. 바울은 이 세상의 삶이 마지막이 아님을 강조하고 있는 것입니다. 구원받은 성도들은 죽음을 맞이하는 그 순간에, 즉시 충만하고 온전하며 생명이 넘치는 주님이 계신 곳으로 가게 된다는 것입니다.

> "내가 그 둘 사이에 끼었으니 차라리 세상을 떠나서 그리스도와 함께 있는 것이 훨씬 더 좋은 일이라 그렇게 하고 싶으나. 내가 육신으로 있는 것이 너희를 위하여 더 유익하리라."
>
> 빌립보서 1장 23-24절

감옥 안에 갇혀 있었던 바울은 죽음을 두려워하지 않았습니다. 왜냐하면 바울은 세상을 떠나는 순간 그의 영혼이 그리스도와 함께 영원히 거하게 될 것이라고 믿었기 때문입니다. 성경은 분명히 성도들이 죽고 나서 예수님과 함께 거한다고 이야기합니다. 그뿐만 아니라 모든 수고를 그치고 휴식을 취하게 될 것이라고도 이야기합니다. 성경은 성도들의 죽음에 대해 한결같이 증언합니다. 세상을 떠난 "즉시" 의식이 있는 상태로 주님이 계신 곳에 가게 된다고 말이죠.

> "또 내가 들으니 하늘에서 음성이 나서 이르되 기록하라 지금 이후로 주 안에서 죽는 자들은 복이 있도다 하시매 성령이 이르시되 그러하다 그들이 수고를 그치고 쉬리니 이는 그들의 행한 일이 따름이라 하시더라."
>
> 요한계시록 14장 13절

또한 성경적인 교회의 신앙고백을 가르치고 있는 웨스트민스터 신앙고백서도 이렇게 이야기 합니다.

> "죽은 후에 인간의 몸은 흙으로 돌아가서 썩게 되지만, 영혼은 (죽거나 잠들지 않고) 불멸의 생명을 지닌 채, 즉시 주인이신 하나님께로 돌아간다. 온전히 거룩해진 의인들의 영혼은 하늘로 영접되어 그곳에서 빛과 영광 안에서 하나님의 얼굴을 뵈오며 몸의 온전한 구속을 기다린다."
>
> 웨스트민스터 신앙고백서 32장 1절

이처럼 성경은 죽음이 끝이 아니라고 가르칩니다. 그러므로 구원받은 성도들은 죽음을 두려워할 필요가 없습니다. 새 찬송가 246장 1절은 이러한 천국 소망을 가진 성도들의 신앙 고백을 이렇게 찬양합니다.

> 나 가나안 땅 귀한 성에 들어가려고 내 무거운 짐 벗어버렸네
> 죄 중에 다시 방황할 일 전혀없으니 저 생명 시냇가에 살겠네
> 후렴:길이 살겠네 나 길이 살겠네 저 생명 시냇가에 살겠네
> 길이 살겠네 나 길이 살겠네 저 생명 시냇가에 살겠네

성도들의 죽음은 죽음으로 끝나지 않습니다. 그토록 소망했던 천국에서 우리를 죽기까지 사랑해주신 하나님과 영원히 살게 됩니다. 그곳은 우리의 본향이며, 소망해야 하는 영원한 처소입니다. 그래서 성도들의 죽음을 기념하는 이 땅에서의 마지막 예배를 "천국 환송 예배"라고 부르기도 하는 것입니다.

2023년 9년 만에 미국에 있던 저희 가족이 한국에 다 같이 나갈 수 있는 기회를 얻게 되었습니다. 오랜만에 한국에 갔으니 먹고 싶은 것도 많고, 가고 싶은 곳도 많았죠. 그러면 2주간의 짧은 일정 동안 통장에 있는 돈을 다 쓰고, 할 수 있는 대로 즐거운 경험을 하고 집으로 돌아오면 되겠습니까? 당연히 안 됩니다. 왜냐하면 그 시간은 잠시 여행을 간 시간일 뿐, 다시 돌아와야 할 일상이 저희에게 존재했기 때문입니다.

이 책을 읽는 사람들 중에 잠깐 여행을 갈 때 전 재산을 허비하고 오는 분들이 계십니까? 두 번 다시 오지 않을 수도 있다며 전 재산을 쓰고 오는 분들이 계실까요? 아마도 아닐 것입니다. 돌아갈 곳이 있다는 것은, 돌아갈 날을 준비해야 한다는 뜻입니다.

마찬가지로 크리스천들에게는 돌아갈 본향이 있습니다. 그러므로 이 땅에서 허랑방탕하게 인생을 낭비하고 가는 것이 아니라, 주님 오실 날을 깨어서 준비해야겠습니다. 그리하여 신랑이 올 때를 기다리며 등불이 꺼지지 않게 기름을 미리 준비했던 슬기로운 처녀처럼, 그렇게 우리의 신랑되신 예수 그리스도를 만날 날을 준비하실 수 있기를 주님의 이름으로 축복합니다.

# 주기도문

하늘에 계신 우리 아버지.
아버지의 이름을 거룩하게 하시며
아버지의 나라가 오게 하시며
아버지의 뜻이 하늘에서와 같이
땅에서도 이루어지게 하소서.
오늘 우리에게 일용할 양식을 주시고,
우리가 우리에게 잘못한 사람을
용서하여 준 것 같이
우리 죄를 용서하여 주시고,
우리를 시험에 빠지지 않게 하시고
악에서 구하소서.
나라와 권능과 영광이
영원히 아버지의 것입니다.
아멘

# 주기도문

1강

# 주기도문의 핵심과 구조

지금까지 우리가 살펴본 사도신경은 크리스천들이 믿고 있는 "믿음의 내용"이 무엇인지를 가르쳐 주었습니다. 이어서 살펴볼 주기도문은 크리스천들이 어떻게 기도해야 하는지를 가르쳐 줄 뿐만 아니라, 성도들의 인생의 목적이 무엇이며 무엇을 위해서 살아야 하는지에 대해서 가르쳐 주고 있습니다.

## 주기도문을 주신 이유

"주기도문"은 "주님께서 가르쳐 주신 기도문"이라는 뜻입니다. 우리의 주님이신 예수님께서 직접 이 기도를 가르쳐 주셨기 때문에 우리는 주기도문을 통해 올바른 기도의 모델을 배울 수 있는 것입니다. 성경에서 주기도문은 마태복음 6장과 누가복음 11장에 기록되어 있는데, 특히 누가복음 11장의 본문은 예수님이 주기도문을 가르쳐 주신 이유와 함께 주기도문의 기원에 대해서도 가르쳐 주고 있습니다.

> "예수께서 한 곳에서 기도하시고 마치시매 제자 중 하나가 여짜오되 주여 요한이 자기 제자들에게 기도를 가르친 것과 같이 우리에게도 가르쳐 주옵소서."
>
> 누가복음 11장 1절

여느 때처럼 기도를 마치신 예수님께 제자 중 한 사람이 기도를 가르쳐 달라고 요청했습니다. 여기서 말하는 "요한"은 "세례요한"을 의미하는데, 세례 요한이 자기 제자들에게 기도를 가르쳐 준 것처럼 자신들도 기도를 가르쳐 달라는 것입니다. 예수님 당시 유대 사회에는 크게 세 가지 종파가 있었습니다(바리새파, 사두개파, 에세네파). 각 종파는 추구하는 비전과 사명이 달랐고, 그로 인해 그 당시 유대교 종파들은 자신들의 정체성과 비전을 기도문 속에 담아 교육을 했습니다. 따라서 그 당시 유대교 종파들의 기도문을 우리의 말로 바꾸어 말하면, 각각의 종파들의 "사명 선언문"이나 "비전 선언문"과 비슷한 성격을 가졌다고 할 수 있습니다. 그러므로 예수님의 제자들이 기도를 가르쳐 달라고 한 것은 단순히 기도 방법을 묻기 위한 것이 아니라, 하나의 공동체로서 사역의 중심된 방향을 알려 달라고 요청한 것이었습니다.

## 주기도문의 핵심

앞에서 주기도문은 예수님을 따르는 공동체의 "사명 선언문"이자 "비전 선언문"과 같은 기능을 한다고 말씀드렸습니다. 그렇다면 주기도문의 핵심은 무엇일까요? 그것은 "하나님의 나라"와 "하나님의 뜻"이 이 땅에서도 이루어지는 데 있습니다. 이것이 바로 크리스천들의 삶의 목표가 되어야 하고, 교회의 비전이 되어야 하며, 사역의 방향과 목표가 되어야 한다는 것입니다. 그래서 교회의 사명과 비전은 "하나님의 이름을 거룩하게 하는 것"이며, 각 지역 교회와 성도들을 통해 "하나님의 나라"와 "하나님의 뜻"이 이루어지게 하는 것입니다.

교회는 "하나님의 이름"이 거룩히 여김을 받게 하기 위해 존재하며, "하나님의 나라"가 임하게 하기 위해 존재합니다. 또한 교회는 "하나님의 뜻"이 이루어지게 하기 위해 존재합니다. 하나님의 교회인 각각의 성도들의 삶 또한 마찬가지입니다. 성도들의 삶의 궁극적인 목적이 바로 주기도문 전반에 기록되어 있다는 것입니다. 다시 말해, 성도들의 삶은 하나님의 이름과 하나님의 나라와 하나님의 뜻을 이루기 위해 사용되어야한다는 것입니다. 그런데 이러한 사실을 모르기 때문에 이 땅에서 자신의 나라를 세우기 위해 인생을 사용하고, 자신의 뜻을 이루기 위해 인생을 허비하게 되는 것입니다.

실제로 많은 사람들이 하나님의 소원과 뜻을 위해 기도하는 것이 아니라, 각자의 소원과 욕망을 이루기 위해 기도하고 있습니다. 하나님의 나라가 임하고, 하나님의 뜻이 이루어지기를 바라며 기도하는 것이 아니라, 자신의 필요와 행복을 위해서만 기도하고 있습니다. 그런데 사실 그런 기도는 지성을 드려 감사를 표하려는 무속 신앙과 전혀 차이가 없습니다. 절에 가거나 이방 종교의 신에게 기도하는 것과도 차이가 없습니다. 기도하는 장소만 교회로 옮겨졌고, 기도를 들어주기를 바라는 대상의 이름만 하나님으로 바뀐 것입니다.

실제로 한 사람의 기도 내용을 살펴보면 그 사람의 갈망과 삶의 방향이 어디에 있는지를 알 수 있습니다. 내가 하나님의 나라와 하나님의 뜻에 관심을 두고 사는지, 아니면 내 자신의 나라와 뜻을 위해 살고 있는지알 수 있습니다. 그러므로 여러분의 기도가 "하나님의 나라"와 "하나님의 뜻"을 이루는 데 초점을 두고 있는지 살펴보십시오. 그리고 이번 기회를통해 우리가 어떻게 기도해야 하는지를 정확히 배울 수 있기를 바랍니다.

## 주기도문의 구조

부름말: 하늘에 계신

하나님과 관계 된 기도

우리와 관계 된 기도

송영: 하나님께 영광과 찬송

---

**[마태복음 6장에 기록된 주기도문의 구조]**

**1) 기도의 대상 (9절)**
 - 하늘에 계신 우리 아버지

**2) 기도의 내용 (9-13절)**
 (1) 하나님과 관계 된 기도 (9-10절)
  - 아버지의 이름을 거룩하게 하시며
  - 아버지의 나라가 오게 하시며
  - 아버지의 뜻이 하늘에서와 같이 땅에서도 이루어지게 하소서

 (2) 우리와 관계 된 기도 (11-13절)
  - 오늘 우리에게 일용할 양식을 주시고
  - 우리가 우리에게 잘못한 사람을 용서하여 준 것같이 우리 죄를 용서하여 주시고
  - 우리를 시험에 빠지지 않게 하시고 악에서 구하소서

**3) 송영 (13절)**
 - 나라와 권능과 영광이 영원히 아버지의 것입니다. 아멘.

다음으로 주기도문의 구조를 살펴보겠습니다. 마태복음 6장에 기록된 "주기도문의 구조"를 살펴보면, 가장 먼저 우리가 "기도해야 하는 대상"에 대해 이야기하고 있다는 것을 알게 됩니다. 다시 말해, 주기도문이 강조하는 첫 번째 내용은 "기도하는 대상을 올바르게 알고 기도해야 한다"는 것입니다.

그러면 크리스천들이 기도하는 대상은 어떤 분입니까? "하늘에 계신 우리 아버지"입니다. 하나님은 하늘에 계신 분이시며, 동시에 우리의 아버지가 되신다는 것입니다. 이러한 점에서 크리스천들의 기도는 무속인들의 기도나 절에서 드리는 기도와 다르다는 것을 알 수 있습니다. 성경이 이야기하는 "기도"는 우리의 아버지이신 하나님과 나누는 인격적인 교제입니다. 아무 의미 없는 주문을 반복적으로 외우는 것이 아닙니다. 그렇기 때문에 예수님께서는 크리스천들이 기도할 때, 우리의 기도를 들으시는 분이 "우리의 아버지 되신 하나님"이라는 것을 먼저 알아야 한다고 말씀하신 것입니다.

주기도문이 두 번째로 다루는 것은 "기도의 내용"인데, 주기도문에 기록된 "기도의 내용"은 "하나님과 관련된 세 가지 기도"와 "우리와 관련된 세 가지 기도"로 나누어 생각해볼 수 있습니다. 마지막으로 이 모든 기도를 드릴 때마다 항상 하나님의 나라와 권세와 영광을 인정하는 찬송을 하나님께 올려드리는 것으로 주기도문은 마무리됩니다.

## 성경적이지 않은 두 가지 기도

또 한 가지 주목해야 할 내용은, 예수님께서 주기도문을 가르쳐 주시기 전에 "성경적이지 않은 기도의 두 가지 형태"를 먼저 가르쳐 주셨다는 것입니다. 다시 말해, 마태복음에 기록된 주기도문은 외식하는 사람들이나 이방인들의 잘못된 기도와 대비되어 "올바른 기도의 모델"로 제시되고 있다는 것입니다.

> "또 너희는 기도할 때에 외식하는 자와 같이 하지 말라 그들은 사람에게 보이려고 회당과 큰 거리 어귀에 서서 기도하기를 좋아하느니라 내가 진실로 너희에게 이르노니 그들은 자기 상을 이미 받았느니라. 너는 기도할 때에 네 골방에 들어가 문을 닫고 은밀한 중에 계신 네 아버지께 기도하라 은밀한 중에 보시는 네 아버지께서 갚으시리라. 또 기도할 때에 이방인과 같이 중언부언하지 말라 그들은 말을 많이 하여야 들으실 줄 생각하느니라. 그러므로 그들을 본받지 말라 구하기 전에 너희에게 있어야 할 것을 하나님 너희 아버지께서 아시느니라."
>
> 마태복음 6장 5-8절

예수님께서는 주기도문을 가르쳐 주시기 전에 두 가지 잘못된 기도의 형태를 지적하셨는데, 그것은 "외식하는 사람들의 기도"와 "이방인들의 기도"였습니다. 성경에서 말하는 "외식"이라는 단어의 뜻은 밖에 나가서 밥을 사먹는다는 뜻이 아니라, "연극하는 사람들처럼 가면을 쓰고 신앙생활을 한다"는 뜻입니다.

그래서 "외식하는 사람들"은 하나님께 기도하지 않습니다. 겉으로는 하나님의 이름을 부르는 것 같지만, 사실은 사람들을 의식해서 사람들에게 듣기 좋게 들리는 기도를 하는 것입니다. 또한, 외식하는 사람들은 사람들이 많이 있는 장소에서 기도하기를 좋아합니다. 왜냐하면 사람들이 많이 있는 곳에서 기도해야 자신이 기도하는 것을 보일 수 있고, 기도를 많이 하는 사람으로 인정받을 수 있기 때문입니다. 하지만 그런 기도는 하나님께 드리는 기도가 아닙니다. 연극을 하는 것이고, 하나님이 아닌 사람들이 듣기 원하는 기도를 하는 것입니다.

그래서 예수님께서는 먼저 "기도의 대상"을 분명히 알아야 한다고 말씀하신 것입니다. 우리의 기도는 "하늘에 계신 우리 아버지"께 드리는 기도라는 것이죠. 그렇기 때문에 예수님께서는 기도를 "골방"에서 하라고 하신 것입니다. 우리가 연약하다는 것을 아시기 때문에, 사람들을 의식하고 사람들에게 보여주고 들려주기 위한 기도생활을 할 것을 아시기 때문에, 하나님께만 기도할 수 있도록 "골방"에 가서 기도하라고 하신 것입니다. 그래서 성도들에게는 "기도의 골방"이 있어야 합니다. 물론 가족들이 많고 방이 적어서 기도하는 방을 따로 만들기 어려울 수도 있습니다. 하지만 "골방"이라는 것은 물리적인 장소만을 의미하는 것이 아닙니다.

제가 가장 좋아하는 기도의 골방은 자동차 안입니다. 특히 운동을 마치고 나서 힘이 다 빠져 있는 그 순간에 고요한 자동차 안에서 기도하는 시간을 가장 좋아합니다. 또한 이른 아침에 동네를 산책하며 읊조리듯이 하는 기도의 시간 또한 좋아합니다. 샤워하는 시간에도 기도할 수 있고 (저희 아내는 제가 샤워할 때마다 기도하는 소리를 듣고 깜짝 놀라곤 합니다). 자동차 안에서 혼자 기도하는 그 시간이 나의 골방이 될 수도 있고, 아무도 없는 공원 벤치가 나의 골방이 될 수도 있습니다. 식구들이 아직 일어나지 않은 조용한 새벽 시간에 거실에서 기도하는 시간이 나의 골방이 될 수도 있으며, 식구들이 다 자고 난 뒤에 조용히 거실에 나가서 기도의 골방을 찾을 수도 있습니다. 중요한 것은 공간이 어디인가가 아니라, 은밀히 하나님께만 기도하라는 데 있습니다.

또 한 가지 주의해야 할 점은, 이방인들처럼 중언부언해서는 안 된다는 것입니다. 어떤 사람들은 기도를 주문을 외우거나 공양을 드리는 것처럼 오해하는 경우가 있습니다. 그래서 3시간 기도해서 안 되면 10시간 기도하고, 그래도 안 되면 40시간 기도하고, 그래도 안 되면 100시간을 기도하면 기도가 응답된다고 오해하는 사람들이 있습니다. 하지만 그런 사람들은 예수님이 말씀하신 대로, "말을 많이 하여야 들으실 줄" 생각하는 것입니다. 하지만 "물리적인 시간"이 중요한 것이 아닙니다. 내가 하나님과 가장 친밀하게 기도할 수 있는 시간이 중요한 것이죠. 또한 "물리적인 공간"이 중요한 것도 아닙니다. 내가 하나님께 집중해서 기도할 수 있는 공간이 골방이 되는 것입니다.

기도는 하나님의 성품과 하나님과 우리의 올바른 관계를 이해하고 해야 하는 것입니다. 주기도문이 처음 어떻게 시작되는지 생각해 보십시오. 주기도문은 "하늘에 계신 우리 아버지여"라는 기도로 시작됩니다. 하나님은 우리를 가장 사랑하시는 하늘 아버지라는 것이죠. 그런데 그분이 우리가 오래 기도한다고 해서, 우리에게 해가 되는 것을 주시겠습니까? 반대로, 우리가 필요한 것을 구한다고 할 때 적절한 기도의 양과 시간을 채우지 않으면 그것을 주시지 않겠습니까? 예수님이 하신 말씀을 들어 보십시오.

> "그러므로 염려하여 이르기를 무엇을 먹을까 무엇을 마실까 무엇을 입을까 하지 말라. 이는 다 이방인들이 구하는 것이라 너희 하늘 아버지께서 이 모든 것이 너희에게 있어야 할 줄을 아시느니라."
>
> 마태복음 6장 31-32절

하늘에 계신 우리 아버지 하나님께서는 이미 우리에게 무엇이 필요한지 다 알고 계십니다. 그러므로 이 사실을 확실하게 알고 믿고 있는 사람들은 하나님 앞에 떼를 쓸 이유가 없습니다. 성경에 기록된 하나님의 속성 중에 "전지하심"이라는 속성이 있습니다. "전지"라는 말의 뜻은 모

든 것을 다 알고 계시다는 것입니다. 그러므로 혹시라도 하나님이 깜빡
하셨을까봐 반복해서 중언부언 하실 필요도 없고, 혹시라도 하나님이 듣
지 못하셨을까봐 소리를 지르실 필요도 없습니다(물론 간절함의 표현일
수도 있지만 말이죠). 기도는 하나님께 어떤 수단과 방법을 사용해서 무
엇인가를 얻어내는 수단이 아닙니다. 기도는 우리를 가장 사랑하시는 하
늘 아버지와의 인격적인 교제이고 대화입니다. 그래서 우리는 하나님이
어떤 분인지를 알아가야 하고, 하나님의 성품에 근거해서 기도하는 훈련
을 해야 하는 것입니다.

# 주기도문

## 하나님과 관계된 기도

**하늘에 계신 우리 아버지**

예수님 당시의 시대는 "로마"가 세계를 정복한 시대였습니다. 그 시대는 많은 신들을 섬기는 다신교 문화가 퍼져 있었고, 대부분의 사람들은 "어떤 신이든 자신들의 소원만 들어주면 된다"는 신을 섬기며 종교적 기도 생활을 했습니다. 그래서 사도 바울도 설교중에 이런 이야기를 했던 것입니다.

> "내가 두루 다니며 너희가 위하는 것들을 보다가 알지 못하는 신에게라고 새긴 단도 보았으니 그런즉 너희가 알지 못하고 위하는 그것을 내가 너희에게 알게 하리라."
>
> 사도행전 17장 23절

아마도 여러분 중에는 이렇게 기도하는 사람들을 보신 분도 계실 것입니다. "하나님, 부처님, 알라신이든 누구든 좋으니 제발 도와주세요~" 자신의 소원을 들어줄 수만 있다면 누구든 좋은 것입니다. 그래서 신을 만들다 만들다 못해 "알지 못하는 신에게"까지 정성을 드리고, 돌탑을 쌓고, 바위나 오래된 나무 앞에 물을 떠다 놓고 "지성이면 감천이다"는 식으로 기도를 드리는 것입니다. 그래서 예수님은 "기도의 대상"을 가장 먼저 강조하셨습니다. 우리가 누구에게 기도하고 있는지, 그리고 기도해야 하는지 "기도의 대상"을 올바르게 알고 기도해야 한다는 것입니다.

그러면 우리 예수님께서 가르쳐 주신 "올바른 기도의 대상"은 누구입니까? 그분은 "하늘에 계신 우리 아버지"라는 것입니다. 도대체 왜 예수님께서는 하나님이 우리의 "아버지"가 되신다는 것을 가장 먼저 강조하셨을까요? 그 이유는 크리스천들이 기도할 때 가장 중요하게 여겨야 하는 것이, 기도의 대상이신 하나님과 우리가 어떤 "관계"에 있는지를 올바르게 알고 기도해야 하기 때문입니다. 다시 말해, 우리가 하나님께 기도할 때 가장 먼저 인식해야 하는 것은, 우리와 하나님이 어떤 관계에 놓여 있는지를 알아야 한다는 것입니다. 예수님께서는 하나님과 우리의 관계가 "부모와 자식의 관계"에 놓여 있다는 것을 먼저 가르쳐 주고 있습니다. 다시 말해, 이 관계성을 먼저 전제로 하고 기도하라는 것입니다.

> "또 기도할 때에 이방인과 같이 중언부언하지 말라 그들은 말을 많이 하여야 들 으실 줄 생각하느니라. 그러므로 그들을 본받지 말라 구하기 전에 너희에게 있어 야 할 것을 하나님 너희 아버지께서 아시느니라."
>
> 마태복음 6장 7-8절

우리가 기도하기도 전에, 이미 우리의 아버지 되시는 하나님께서는 우리의 필요한 것을 아십니다. 그렇기 때문에 우리가 기도할 때, 우리의 기도 대상이 "하나님 아버지"라는 것을 알고 있다면 우리의 기도 방향과 특성은 완전히 달라지게 됩니다. 예를 들어, 우리가 하나님을 우리를 가장 사랑하시는 아버지로 알고 있다면, 우리는 하나님을 알지 못하는 사람들처럼 하나님께 무엇을 얻어내기 위해 안달하며 중언부언하는 기도를 드리지 않을 것입니다. 다시 말해, 하나님과 우리의 관계를 올바르게 이해하면 우리의 기도는 반드시 달라지게 됩니다. 필요할 때만 찾아가서 자신이 원하는 것을 얻어내기 위한 땡깡을 피우는 기도가 아니라, 하나님의 마음을 이해하고 하나님의 일에 공감하며 하나님의 나라와 의에 참여할 수 있는 영광스러운 소원을 가지게 되는 것입니다.

때때로 하나님을 아버지로 부르는 것을 어려워하시는 분들이 있습니다. 예를 들어, 어떤 분은 육신의 아버지로부터 받은 학대 때문에 "아버지"라는 표현을 부정적으로 느끼는 경우가 있습니다. 하지만 그것은 인간의 죄성 때문에 벌어진 일이기에, 그것이 꼭 우리 하늘 아버지의 모습과 같지는 않다는 사실을 말씀 드리고 싶습니다. 성경은 우리의 기도를 들으시는 하늘에 계신 우리 아버지가 우리를 가장 불쌍히 여기시고, 긍휼히 여기시는 선하신 분이라고 이야기합니다. 그러므로 하늘 아버지에 대한 오해를 푸셨으면 좋겠습니다. 하나님은 우리의 기도를 들으시는, 우리를 가장 사랑하시는 하늘 아버지이십니다.

## 아버지의 이름을 거룩하게 하시며

이사야 선지자는 하나님이 왜 하나님의 자녀들을 지으셨는지에 대해서 이렇게 이야기 합니다.

> "내 이름으로 불려지는 모든 자 곧 내가 내 영광을 위하여 창조한 자를 오게 하라 그를 내가 지었고 그를 내가 만들었느니라."
>
> 이사야 43장 7절

성경은 구원받은 성도들의 삶의 목적이 "하나님의 영광"이라고 이야기합니다. 다시 말해, 우리가 공부를 하는 것도, 직장에서 일을 하는 것도, 결혼을 하는 것과 자녀를 낳고 양육하는 것도, 그 뒤에 있는 궁극적인 목적이 "하나님의 영광"을 위해서 하는 것이지 그 자체가 목적이 아니라는 것입니다. 사도 바울은 이렇게 이야기합니다.

성경이 이야기하는 "크리스천들의 궁극적인 삶의 목적"은 "하나님의 영광"을 위해서 사는 것입니다. 먹든지, 마시든지, 공부를 하든지, 직장을 갖든지, 자녀를 기르든지, 성도들의 모든 삶의 목적은 "하나님의 영광"을 위해서 해야 하는 것입니다. 그리고 그것이 가장 중요한 것이기 때문에, 주기도문의 첫 번째 간구 내용도 하나님의 영광을 구하는 기도인 "(하나님 아버지의) 이름을 거룩하게 하시며"라는 기도인 것입니다. 하나님의 이름이 거룩하게 여김을 받는 것, 그것이 바로 성도들이 하나님께 영광을 돌리기 위해서 가장 먼저 구해야 하는 기도 제목이라는 것이죠.

그러면 왜 우리는 하나님의 이름이 거룩히 여김을 위해서 기도해야 하는 것일까요? 이 사실에 대해서 이해하려면, "이름"에 대해 생각해 보아야 합니다. "이름"이란 어떤 존재의 특성을 드러내기 위해서 붙이는 것인데, 우리가 무엇인가에 "이름"을 붙인다는 것은 그 이름을 붙였을 때 그 존재의 특성이 그 이름 안에 한정되는 특성이 있습니다.

예를 들어, 여기에 "수건"이 있다고 생각해 보겠습니다. 보통 수건은 얼굴이나 몸에 있는 물기를 닦기 위해 사용됩니다. 그런데 그것을 "걸레"

라고 이름을 붙이는 순간, 그것으로 얼굴을 닦으려는 사람은 없을 것입니다. 왜냐하면 걸레라는 이름이 그 사물의 특성을 "얼굴에 대서는 안 되는 것"이라고 그 존재를 한정시켜주었기 때문입니다. 이처럼 이름이라는 것은 그 존재의 특성을 드러내고, 그 존재의 특성을 한정시키는 역할을 합니다. 또한 이름은 어떤 존재 자체를 대표합니다. 예를 들어, 여러분이 대화를 하는 중에 "박형용 목사"라는 이름을 부르면 그 이름은 저를 가리키는 것이고, 저의 외모와 성품을 떠올리게 하는 기능을 합니다. 이처럼 이름은 어떤 존재 자체를 떠올리게 하고, 인식하게 하는 기능을 합니다.

그런데 주기도문의 내용을 보면, 하나님의 이름이 거룩히 여김을 받도록 성도들이 기도해야 한다고 가르쳐 주고 있습니다. 그러면 "거룩하다"는 표현의 뜻은 무엇일까요? 첫 번째로 "구별되다"라는 뜻이 있습니다. 하나님은 이 세상에 존재하는 그 어떤 피조물과도 다른 분이라는 것입니다. 하나님은 만들어진 피조물이 아니라, 그 모든 것들을 창조하신 창조주로서 피조물과 구분되는 분입니다. 두 번째로 "도덕적으로 완전하다"는 뜻이 있습니다. 하나님은 창조주이시면서 도덕적으로 완전하신 분이라는 것입니다. 그러므로 크리스천들의 삶은 거룩하신 하나님께 마땅한 영광을 돌려드려야 한다는 것입니다.

그러면 왜 하나님의 이름이 거룩히 여김을 받아야 할까요? 그 이유는 하나님의 이름이 거룩히 여김을 받기에 합당하기 때문입니다. 또한 하나님이 천지를 창조하신 목적과 우리를 구원하신 목적이, 하나님의 이름이 거룩히 여김을 받기 위한 것이기 때문입니다. 하나님은 자신의 이름에 대해 특별한 관심을 가지고 계시며, 자신의 이름이 더럽혀지는 것을 용납하지 않으십니다. 하나님은 자신의 이름이 거룩하게 여김을 받기를 원하시는 분입니다. 그래서 십계명의 세 번째 계명은 이렇게 말했습니다.

> "너는 네 하나님 여호와의 이름을 망령되게 부르지 말라 여호와는 그의 이름을 망령되게 부르는 자를 죄 없다 하지 아니하리라."
>
> 출애굽기 20장 7절

이처럼 하나님께서는 당신의 이름이 거룩히 여김을 받기를 원하셨습니다. 하지만 죄로 인해 타락한 인간은 "지성"과 "감성"과 "의지"에 관한 모든 부분이 완전히 타락해버렸기 때문에 하나님께 영광을 돌릴 수 없는 존재가 되어버렸습니다. 이러한 인간의 모습을 이사야 선지자는 이렇게 이야기합니다.

> "소는 그 임자를 알고 나귀는 그 주인의 구유를 알건마는 이스라엘은 알지 못하고 나의 백성은 깨닫지 못하는도다 하셨도다."
>
> 이사야 1장 3절

말 못하는 짐승들도 자신의 주인을 알고 순종하는데, 오직 인간만은 자신을 지으신 창조주를 부인하고 있다는 것입니다. 그리고 그 이유는 우리의 전인격이 죄로 인해 타락해버렸기 때문입니다. 그래서 시편 기자는 이렇게 이야기했습니다.

> "어리석은 자는 그의 마음에 이르기를 하나님이 없다 하도다 그들은 부패하며 가증한 악을 행함이여 선을 행하는 자가 없도다."
>
> 시편 53편 1절

죄로 인해 타락한 인간은 자신의 창조주이신 하나님을 부인하게 되었습니다. 그리고 자신이 원하는 신의 모습을 만들고, 자신의 욕망을 위해 살아가게 되었습니다. 그렇기 때문에 죄로 타락한 인간은 하나님의 영광과 하나님의 이름이 거룩히 여김을 받도록 기도하지 않습니다. 대신 하나님의 이름을 사용해 자신의 욕망이 이루어지기를 기도하고, 마치 램프의 지니처럼 하나님의 이름을 부르며 자신의 소원을 이루는 도구로만 사용하려는 것이 타락한 인간의 기도입니다. 하지만 거룩하신 하나님은 타락한 인간의 사용여하에 휘둘리는 분이 아니십니다. 그분은 결코 망령되이 자신의 이름을 부르는 것을 허락하지 않으십니다.

그러면 누가 하나님의 이름을 거룩하게 여김을 받게 할 수 있을까요? 그것은 오직 하나님만이 하실 수 있는 일입니다. 그래서 하나님께서는

자신의 이름을 거룩하게 하시기 위해, 자신의 아들인 예수 그리스도를
이 세상에 보내셨습니다.

> "아버지께서 내게 하라고 주신 일을 내가 이루어 아버지를 이 세상에서 영화롭게
> 하였사오니. 아버지여 창세 전에 내가 아버지와 함께 가졌던 영화로써 지금도 아
> 버지와 함께 나를 영화롭게 하옵소서."
>
> 요한복음 17장 4-5절

> "아버지여, 아버지의 이름을 영광스럽게 하옵소서 하시니 이에 하늘에서 소리가
> 나서 이르되 내가 이미 영광스럽게 하였고 또다시 영광스럽게 하리라 하시니."
>
> 요한복음 12장 28절

예수님이 이 땅에 오신 목적은 사람들로 인해 더럽혀진 하나님의 이
름을 거룩하고 영화롭게 하기 위함이었습니다. 또한 아버지의 이름을 사
람들이 올바르게 알게 하고, 거룩히 여김을 받게 하기 위한 목표가 있었
습니다. 그래서 예수님이 십자가에 달려 죽으신 이유에는 우리를 구원하
시고 하나님의 자녀로 삼아주시기 위한 목적도 있지만, 하나님의 이름이
거룩히 여김을 받게 하기 위한 목적도 있었다는 것을 알아야 합니다. 에
스겔 선지자의 글을 보면 하나님의 백성들이 "하나님의 이름"을 더럽혔
다고 책망하시는 말씀이 기록되어 있습니다.

> "그들이 이른바 그 여러 나라에서 내 거룩한 이름이 그들로 말미암아 더러워졌나니 곧 사람들이 그들을 가리켜 이르기를 이들은 여호와의 백성이라도 여호와의 땅에서 떠난 자라 하였음이라. 그러나 이스라엘 족속이 들어간 그 여러 나라에서 더럽힌 내 거룩한 이름을 내가 아꼈노라. 그러므로 너는 이스라엘 족속에게 이르기를 주 여호와께서 이같이 말씀하시기를 이스라엘 족속아 내가 이렇게 행함은 너희를 위함이 아니요 너희가 들어간 그 여러 나라에서 더럽힌 나의 거룩한 이름을 위함이라."
>
> 에스겔 36장 20-22절

성경은 하나님께서 이스라엘을 구원하신 이유를 이스라엘 백성들이 열국에서 더럽힌 하나님의 이름과 명예를 회복하기 위함이라고 이야기합니다. 물론 이방인들의 압제 아래서 고통 받는 이스라엘 백성들을 긍휼히 여기심도 있었겠지만, 그 무엇보다 중요한 것은 하나님의 이름 자체를 거룩하게 회복하기 위함이 먼저였다는 것입니다. 하나님이 약속하셨기 때문에, 하나님이 그들을 구원하시겠다는 언약을 주셨기 때문에, 비록 그들이 범죄했을지라도 하나님께서는 당신의 약속을 지키셨습니다. 언약을 지키시는 여호와 하나님의 이름을 회복하기 위해 심판받아 마땅한 그들을 구원하신 것입니다.

바로 이 부분을 우리가 올바르게 이해해야 합니다. 우리는 하나님의 사랑을 받는 자녀들이 맞습니다. 그런데 교만하고 오만한 인간의 본성은 하나님이 자기를 구원한 이유가 마치 하나님 나라에 자기가 없으면 안

돼서, 하나님이 우리에게 사정하고 매달려서 구원하신 것처럼 오해하는 사람들이 있습니다. 그래서 내가 어떻게 살든 하나님은 나를 사랑할 수밖에 없고, 사랑해야만 한다고 오해하는 사람들이 있습니다. 하지만 그러한 사람들은 자신이 구원받은 첫 번째 이유에 대해 오해하는 사람들입니다.

우리는 결코 사랑스러워서 구원받은 사람들이 아닙니다. 죄로 가득한 우리는 원래 하나님의 심판 대상이었으며, 하나님께서 멸망시키셨다고 해도 변명할 수 없었던 추악한 죄인들이었습니다. 하지만 우리는 하나님께서 자신이 주신 언약을 지키겠다고, 하나님의 이름을 걸고 약속해 주셨기 때문에 구원받을 수 있었던 것입니다.

그러므로 우리는 이 사실을 분명히 알아야 합니다. 우리는 자격이 있어서 구원을 받은 자들이 아닙니다. 우리는 하나님의 이름을 위해서, 하나님의 명예를 위해서, 하나님의 약속을 지키기 위해 구원을 받은 것입니다. 하나님이 우리를 사랑하신다는 것은 하나님 쪽의 이유이지, 결코 그것이 우리가 마음대로 살아도 된다는 것을 의미하지 않습니다.

"나는 사랑받을 만한 사람이니까, 나는 하나님이 사랑하는 자녀이니까, 내 마음대로 살아도 어차피 결국에는 하나님은 나를 구원하실 수밖에 없다"라고 생각하는 것은 성경이 말하는 구원의 문제에 대해 심각하게 오해하고 있는 것입니다. 우리가 구원받은 이유는 하나님이 약속을 지키시는 여호와 하나님이시기 때문이며, 우리의 구원이 취소되지 않은 이유도 우리를 구원하신 하나님의 이름에 자신의 명예가 걸려 있기 때문입니다. 그래서 우리의 구원이 유지되고 이루어져 갈 수 있는 것입니다.

예를 들어, 어떤 부모가 아이들의 생일이 되면 아이패드를 생일 선물로 사주겠다고 약속했다고 가정해 보겠습니다. 그런데 그 아이들이 계속 싸우고 부모님 보기에 나쁜 말과 행동만을 한다고 생각해 보십시오. 아마도 많은 분들이 "너희가 뭐가 예쁘다고 엄마 아빠가 선물을 사줘야 돼?"라고 할 것입니다. 또는 "너희도 엄마 아빠랑 한 약속을 안 지키는데, 엄마 아빠는 왜 너희에게 약속한 것을 지켜야 해?"라고 하면서 약속을 취소할지도 모릅니다. 하지만 하늘에 계신 우리 아버지 하나님은 우리가 행한 대로 갚지 않으시는 분입니다. 우리는 여전히 악하고 신실하지 못했지만, 하나님은 신실하게 당신의 약속을 지켜 주시는 분입니다. 심지어 구원받은 이후에도 우리는 여전히 죄 가운데 살고, 하나님과의 약속을 지키지 못하며 살았습니다. 그런데도 하나님은 우리를 구원하시고, 우리를 하나님의 자녀로 삼은 사실을 취소하지 않으셨다는 것을 기억해야 합니다.

그것은 우리가 사랑스러워서가 아닙니다. 우리가 하나님께 없으면 안 되는 존재라서 쩔쩔매는 것도 아닙니다. 그것은 하나님이 우리 같은 피조물과 다른 분이기 때문에 가능한 것입니다. 우리였다면 당장에 구원을 취소해버릴 수도 있었을 텐데, 우리 하나님은 피조물과 다른 거룩한 분이시기에, 오래 참으시고 긍휼이 무궁하신 분이기 때문에 우리의 구원이 안전한 것입니다. 예레미야는 이 사실에 대해 이렇게 이야기했습니다.

> "여호와의 인자와 긍휼이 무궁하시므로 우리가 진멸되지 아니함이니이다."
> 예레미야애가 3장 22절

성경은 하나님이 연약한 피조물과 다르기 때문에, 자비와 긍휼이 무궁하신 분이기 때문에 우리가 진멸되지 않을 수 있다고 이야기합니다. 이것이 바로 하나님의 하나님 되심을 이야기하는 것이며, 우리가 거룩하고 완전하신 하나님께 영광을 돌려야 하는 이유입니다. 그래서 사도들은 이렇게 부탁했습니다.

> "너희가 순종하는 자식처럼 전에 알지 못할 때에 따르던 너희 사욕을 본받지 말고. 오직 너희를 부르신 거룩한 이처럼 너희도 모든 행실에 거룩한 자가 되라. 기록되었으되 내가 거룩하니 너희도 거룩할지어다 하셨느니라."
> 베드로전서 1장 14-16절

우리는 하나님 나라에 소속된 사람이지만, 여전히 연약한 육신을 입고 있습니다. 그렇기 때문에 우리는 세상의 영향을 받을 수밖에 없습니다. 하지만 성경은 구원받은 성도들이 세상을 본받지 말고, 하나님의 영광을 위해 살아야 한다고 가르칩니다. 우리가 거룩하신 하나님 아버지의 자녀라면, 하나님의 자녀답게 거룩하게 살아야 한다는 것입니다. 세상 사람들은 자신의 이름과 명예를 위해 살아갑니다. 그리고 자신의 뜻을 이루기 위해 살아갑니다. 하지만 거룩한 하나님의 자녀들은 그들과 달라야 합니다. 하나님의 자녀들의 관심은 거룩하신 하나님의 이름이 높임을 받는 것입니다. 하나님의 나라와 하나님의 뜻과 하나님의 영광을 위해 살아가야 하는 것입니다. 그래서 예수님께서 가르쳐 주신 주기도문의 첫 번째 기도 내용이 "(하나님 아버지의) 이름을 거룩하게 하시며"인 것입니다.

## 아버지의 나라가 오게하시며

다음으로, 예수님께서는 "하나님 아버지의 나라"를 위해 기도하라고 말씀하셨습니다. 성경 전체를 관통하여 흐르는 주제 중 가장 중요한 것은 "하나님의 나라"인데, 그래서 우리 예수님의 사역의 핵심도 "하나님의 나라"를 전하는 것에 있었습니다.

> "이 때부터 예수께서 비로소 전파하여 이르시되 회개하라 천국이 가까이 왔느니라 하시더라."
>
> 마태복음 4장 17절

지금 한글 성경에 "천국"이라는 단어로 번역된 단어는 말 그대로 "하늘 나라"로 번역할 수 있습니다. 여기에서 "하늘 나라"라는 것은 물리적으로 "하늘에 있는 나라"를 이야기하는 것이 아니라, "하늘에 계신 우리 아버지"께서 다스리시는 "나라"라는 뜻입니다. 그런데 예수님께서는 "하나님 나라가 가까이 왔으니 회개해야 한다"고 선포하셨습니다. 마가복음은 또 이렇게 말합니다.

> "이르시되 때가 찼고 하나님의 나라가 가까이 왔으니 회개하고 복음을 믿으라 하시더라."
>
> 마가복음 1장 15절

"복음"이란 "좋은 소식"을 이야기합니다. 그러면, 어떤 "좋은 소식"을 이야기하는 것일까요? 하나님의 나라가 가까이 왔으니, 하나님의 아들께서 하나님의 나라를 회복시키기 위해 이 땅에 오셨다는 것입니다. 예수님은 하나님 나라의 기쁜 소식인 "복음"을 전하러 오셨습니다. 그렇기 때문에 하나님의 나라와 예수님의 사역은 긴밀하게 연결되어 있습니다.

실제로 예수님의 설교들을 살펴보면, 예수님의 설교의 주제는 온통 하나님의 나라와 관련된 설교였다는 것을 알 수 있습니다. 예수님이 설교 때 사용하신 비유들도 대부분 하나님의 나라에 관한 비유였고, 산상수훈의 메시지 또한 하나님 나라에 대한 이야기였습니다. 그리고 팔복에 대한 메시지와 주기도문 또한 하나님 나라에 관한 메시지를 주고 있습니다. 심지어 사도행전을 보면, 예수님께서 부활하시고 40일 동안 지상에서 마지막으로 제자들에게 가르치신 메시지도 하나님 나라에 대한 것이었습니다.

"그가 고난 받으신 후에 또한 그들에게 확실한 많은 증거로 친히 살아 계심을 나타내사 사십 일 동안 그들에게 보이시며 하나님 나라의 일을 말씀하시니라."
사도행전 1장 3절

덧붙여서, 예수님이 행하신 기적 또한 하나님 나라가 도래했다는 사실과 관련이 있습니다. 실제로 성경을 보면, 예수님이 병을 고치시고 귀신을 내쫓으신 일은 단순히 사람들을 불쌍히 여기신 사건이 아니라는 것을 알 수 있습니다. 오히려 그것은 하나님의 나라가 이미 도래했다는 사실을 보여주는 사건들이었습니다.

> "그러나 내가 하나님의 성령을 힘입어 귀신을 쫓아내는 것이면 하나님의 나라가 이미 너희에게 임하였느니라."
>
> 마태복음 12장 28절

예수님이 이 땅에 계실 동안 사람들의 병을 고쳐 주시고 귀신을 쫓아내신 사건들은, 이 땅의 권세를 잡고 있었던 사탄의 나라가 망하고 하나님의 나라가 임했다는 증거가 되었습니다. 다시 말해서, 성경은 예수님의 능력으로 병이 떠나가고 귀신이 쫓겨난다는 것을 "하나님의 통치가 회복된다"는 것을 상징적으로 표현하고 있는 것입니다. 또한 예수님의 죽음과 부활의 사건은 죄로 인해 사망에 붙잡혀 있는 사람들을 마귀의 권세로부터 해방시키는 결정적인 사역을 보여주는 것입니다. 그리고 예수님께서 다시 오실 때에는 죄와 죽음과 사탄의 권세를 완전히 멸망시키고 하나님 나라를 완성시키실 것을 성경은 이야기합니다. 결국 "하나님 나라"는 성경 전체를 관통하는 주제이며, 예수님의 사역과 설교, 그리고 그분의 생애를 이해하는 핵심적인 주제가 된다는 것을 우리는 이해해야 합니다.

## 하나님의 나라를 위한 기도

그러면 하나님의 나라는 무엇을 이야기하는 것일까요? 학창 시절 우리는 "국가를 이루는 세 가지 중요한 요소"에 대해 배웠습니다. 국민, 영토, 주권 이 세 가지가 "국가의 3요소"입니다. 이 세 가지 요소 중 어느 한 가지가 없으면, 그것은 완전한 의미에서 국가라고 부를 수 없습니다. 그런데 국가를 구성하는 세 가지 요소 중에서 가장 중요한 것은 무엇일까요? 그것은 "주권"입니다. 아무리 땅이 있고, 국민이 있어도 "주권"을 잃어버리면 나라를 잃어버린 것이 됩니다. 예를 들어, 일제 식민지 시대를 생각해 보세요. 그때도 우리나라 "땅"은 있었고, 우리나라 "백성들"도 있었습니다. 하지만 우리는 나라를 빼앗겼다고 말했습니다. 왜냐하면 "주권"을 잃어버렸기 때문입니다.

세계 역사를 보면, 주권을 누가 가지고 있는지에 따라 나라의 형태가 달라지는 것을 알 수 있습니다. 예를 들어, "왕정 국가"는 주권이 왕에게 있는 나라를 이야기하고, "귀족 국가"는 주권이 소수의 귀족들에게 있는 나라를 이야기합니다. 그리고 "민주 국가"는 주권이 국민 전체에게 있는 나라를 이야기합니다. 그러면 하나님의 나라는 어떤 정치 형태를 가진 나라일까요? 하나님의 나라는 하나님의 백성들이 주권을 가지고 계신 하나님의 통치를 받는 곳입니다. 하나님이 다스리시며, 하나님이 왕이 되셔서 하나님의 뜻이 온전히 이루어지는 나라를 말합니다.

"주권"이라는 것은 크게 "입법권", "행정권", 그리고 "사법권"의 권한으로 구분됩니다. "입법권"은 법을 만드는 권한을 말하고, "행정권"은 만든 법을 지키도록 관리하고 감독하는 권한을 이야기합니다. 그리고 "사법권"은 재판과 법의 시행을 통해 법의 질서를 유지하는 권한을 뜻합니다. 그러므로 하나님 나라의 주권이 하나님께 있다는 말은, 이 세 가지 권한이 모두 하나님께 속해 있다는 뜻입니다.

그렇다면 하나님 나라의 법은 누가 정하실까요? 하나님이 정하십니다. 하나님 나라는 누가 다스리고 감독하실까요? 그 역시 하나님이 하십니다. 그리고 하나님 나라의 재판은 누가 담당하십니까? 하나님이 하십니다. 따라서 "하나님 나라의 주권을 하나님이 가지고 계시다는 말"은 하나님이 입법자이시며, 통치자이시며, 동시에 재판관이시라는 뜻입니다. 성경의 첫 번째 구절은 하나님의 통치가 어디에서부터 어디까지 영향을 미치는지에 대해 이렇게 이야기합니다.

> **"태초에 하나님이 천지를 창조하시니라."**
> 창세기 1장 1절

하나님이 다스리는 나라의 영역은 하나님이 만드신 온 우주에 걸쳐 적용됩니다. 왜냐하면 그 모든 것이 하나님이 만드신 것이기 때문입니다. 다시 말해, 우리가 살고 있는 지구에 있는 모든 것뿐만 아니라, 우리

눈으로 볼 수 없는 우주에 있는 수많은 별들과 행성들 모두가 하나님의 것이며, 하나님의 다스림을 받는 것입니다.

그러면 하나님 나라의 백성들은 어떤 사람들을 가리키는 것일까요? 하나님 나라의 백성들은 하나님 나라에 속하여 하나님의 법을 지키고, 하나님의 통치를 받는 구원받은 성도들을 이야기합니다. 그렇기 때문에 하나님 나라의 영토는 물리적인 우주 만물에만 한정되지 않습니다. 하나님 나라의 영토는 하나님의 다스림을 받는 성도들의 모든 삶의 영역까지 포함하는 것입니다. 그래서 크리스천들이 "하나님의 나라가 임하기를 기도해야 한다"는 것은 우리가 행동하고, 선택하고, 살아가는 모든 인생의 순간에서 하나님의 말씀에 순종하며 살 수 있도록 기도해야 한다는 것을 의미합니다. 하나님을 왕으로 삼고, 하나님이 명하신 말씀대로 순종하며 살 수 있도록 기도해야 한다는 것이죠.

앞서 이야기했듯이, "하나님 나라에 속한다"는 것은 하나님의 법을 지키고 하나님의 말씀에 순종하며 사는 것을 말합니다. "나의 뜻"이 아니라 "하나님의 뜻"을 위해 살고, "나의 나라"를 세우는 것이 아니라 "하나님의 나라"를 위해 사는 것을 의미합니다. 그래서 예수님께서는 회개하고 복음을 믿으라는 메시지를 "하나님 나라가 가까웠다"는 메시지와 연결시켜 말씀하셨던 것입니다.

> "이르시되 때가 찼고 하나님의 나라가 가까이 왔으니 회개하고 복음을 믿으라 하시더라."
> 마가복음 1장 15절

예수님께서는 하나님 나라가 가까이 왔으니 어서 회개하라고 하셨습니다. 그러면 한 가지 질문을 드리겠습니다. "회개"란 무엇입니까? 성경이 말하는 "회개"라는 것은 자신이 만든 왕국에서 스스로 왕 노릇을 하려다가 죄와 사망의 노예가 되었던 사람들이, 하나님 나라의 통치를 받기 위하여 하나님 쪽으로 방향을 틀고 돌아오는 사건입니다. 그렇기 때문에 누군가가 "회개했다"는 것은 더 이상 세상 나라에 속하지 않았다는 것을 의미하며, "하나님 나라에 속했다"는 것은 하나님 나라의 법을 지키고 하나님의 통치 아래 순종하며 살아가는 하나님 나라의 백성이 되었다는 것을 이야기하는 것입니다.

우리가 구원받았다는 것은 단순히 누군가가 나누어주는 "천국행 티켓"을 받은 것을 의미하지 않습니다. 예를 들어, 우리가 미국에서 시민권을 받았다고 생각해 보겠습니다. 그러면 이제 시민권을 받았으니 내 멋대로 살아도 되는 것일까요? 당연히 아닙니다. 우리가 어느 나라의 시민권을 받을 때는 그 나라의 모든 법적인 의무와 책임을 다하겠다는 서약을 하고 시민권을 받는 것입니다. 그 나라의 법을 지키고, 그 나라의 법과 제도에 순종하겠다는 서약을 하고 받는 것이죠. 그리고 시민권을 받는 순간부터 그러한 의무와 책임도 함께 주어지는 것입니다.

그런데 우리가 "복음"을 잘못 이해했기 때문에 "하나님 나라"에 대한 개념도 오해하며 살아온 경우가 많습니다. 복음을 천국행 티켓 정도로 이해하고, 이 땅에서 자유롭게 살 수 있는 자유이용권을 받은 것 정도로 생각해왔기 때문에 구원받았다는 사실을 오해하게 된 것입니다. 사도 바울은 이렇게 이야기합니다.

> "그가 우리를 흑암의 권세에서 건져내사 그의 사랑의 아들의 나라로 옮기셨으니 그 아들 안에서 우리가 속량 곧 죄 사함을 얻었도다."
>
> 골로새서 1장 13-14절

한 사람이 구원을 받았다는 것은 죄와 사망의 통치에서 해방되었다는 것을 의미합니다. 동시에 그 사람의 국적이 바뀌었다는 것을 이야기합니다. 하나님 나라의 백성이 된 사람들은 더 이상 죄와 사망의 다스림을 받지 않습니다. 구원받은 그 순간부터 하나님 나라의 다스림을 받으며, 죄로부터 거듭난 순간부터 하나님 나라에 속하여 하나님의 법을 지키고, 하나님의 주권을 인정하며, 하나님의 뜻에 따라 살아가는 것입니다.

앞서 언급했듯이, "천국"은 "하나님의 나라"를 이야기합니다. 예수님께서 오심으로 이미 천국이 이 땅에 도래했다고 말씀하셨습니다. 그러나 많은 사람들은 천국을 죽어서야 갈 수 있는 물리적인 공간으로 오해합니다.

하지만 하나님 나라는 죽은 뒤에만 누릴 수 있는 곳이 아닙니다. 예수님을 믿고 거듭난 순간부터 들어가게 되는 나라입니다. 다시 말해, 천국은 죽어서 가는 물리적 공간이 아니라, 통치권과 다스림이 일어나는 영역을 의미합니다. 크리스천들은 이 땅에서 회개하고 복음을 받아들인 그 순간, 거듭난 하나님의 백성이 된 순간부터 천국에 속하게 됩니다. 이처럼 성도들이 살고 있는 세상과 천국은 단절이 아닌 연속성이 있습니다. 플라톤과 같은 철학자들이 주장하는 육신과 영혼, 이 세상과 사후 세계를 나누는 개념은 성경이 말하는 천국과 다릅니다. 예수님을 믿고 거듭난 사람들은 거듭난 날부터 천국의 통치를 받는 것입니다.

그러나 많은 사람들이 천국을 단순히 고통과 불행이 없고 행복과 기쁨만 있는 "Good Place"로 오해하는 경향이 있습니다. 한때 미국에서 인기 있었던 "Good Place"라는 드라마는 사람들이 자신이 좋아하는 대로 천국을 상상하도록 묘사합니다. 자신이 좋아했던 집, 음식, 취미 등을 무한히 즐길 수 있는 곳으로 그립니다. 그러나 이러한 Good Place 개념은 성경이 말하는 천국과 전혀 다릅니다.

성경이 말하는 "천국"은 거룩하신 하나님의 다스림이 있는 곳입니다. 그런데 이 땅에서 죄와 결별하지 못하고, 죄를 혐오하지 않으며, 하나님 말씀에 순종하기를 거부하며 살던 사람들이 정말로 하나님의 임재 가운데에서 영원히 하나님의 법을 지키며 살기를 원할까요? 이 땅에서 하나님의 통치를 거부하고 자기 뜻대로 살던 사람들이 과연 하나님의 통치를 영원히 견딜 수 있을까요? 많은 교인들이 막연히 천국에 가기를 원한다고 말하지만, 이는 자신을 속이는 오해이거나 천국에 대한 잘못된 이해에서 비롯된 것입니다.

　　"복음"은 이 땅에서 하나님의 통치를 거부한 채 제멋대로 살아도 죽은 후에 천국행을 보장해 주는 면죄부가 아닙니다. "복음"은 하나님 나라에 속하여 하나님의 통치에 순종하며 살아가는 자들에게만 주어지는 좋은 소식입니다. 그리고 이 복음을 효력 있게 만드는 "믿음"은 하나님 백성들이 살아가는 삶의 원리이자 방편입니다. 하박국 선지자는 하나님 나라 백성들의 모습을 이렇게 말했습니다.

> "보라 그의 마음은 교만하며 그 속에서 정직하지 못하나 의인은 그의 믿음으로 말미암아 살리라."
>
> 하박국 2장 4절

　　구약에서 말하는 "의인"은 "구원받은 하나님의 백성"을 의미합니다. 그리고 성경은 의인이 살아가는 원리와 방편이 "믿음"이라고 이야기합니다. 하박국이 이 말씀을 들을 때는 세상이 악으로 가득 차 있었던 때였습니다. 악한 자들이 하나님의 백성들을 박해하고 있었던 상황에서, 하나님께서는 이렇게 말씀하셨습니다. "너희가 하나님 나라의 백성이라면 나의 통치를 믿어라. 내가 여전히 다스리고 있다는 것을 믿어라!" 이것이 바로 믿음으로 사는 것입니다.

하나님의 법대로 살면 손해를 볼 것 같고, 하나님의 뜻에 순종하며 살면 미련해 보일지라도, 그것이 하나님의 말씀이고 하나님 나라의 법이며 원리라면 기꺼이 그렇게 사는 것이 믿음으로 사는 것입니다. 믿음은 단순히 "하나님이 이것을 놓치면 더 좋은 것을 주실 거야"라는 수준에 머무르는 삶의 지혜가 아닙니다. "믿음"은 내가 하나님 나라의 백성이기 때문에, 내가 원하는 대로 하지 않으서도 하나님의 통치에 순종하겠다는 하나님 나라 백성들의 생활 원리입니다.

> "비록 무화과나무가 무성하지 못하며 포도나무에 열매가 없으며 감람나무에 소출이 없으며 밭에 먹을 것이 없으며 우리에 양이 없으며 외양간에 소가 없을지라도. 나는 여호와로 말미암아 즐거워하며 나의 구원의 하나님으로 말미암아 기뻐하리로다. 주 여호와는 나의 힘이시라 나의 발을 사슴과 같게 하사 나를 나의 높은 곳으로 다니게 하시리로다 이 노래는 지휘하는 사람을 위하여 내 수금에 맞춘 것이니라."
>
> 하박국 3장 17-19절

내 눈으로 보기에는 불의한 이 현실이 이해되지 않지만, 나는 하나님 나라의 백성입니다. 그러므로 하나님의 통치하심을 믿고, 하나님 나라와 하나님의 뜻이 이루어지기를 기도할 수 있습니다. 그래서 크리스천들이

"믿음으로 산다"는 것은 내가 믿음을 가진 그 순간부터 하나님 나라 백성답게 살겠다고 결단하는 것입니다. 하나님 나라의 법대로, 방식대로 살겠다는 것을 의미합니다. 이전에는 돈을 의지하고, 권력을 의지하고, 내 커리어를 의지하며 무엇인가를 만들고 쥐고 쌓아두지 않으면 견딜 수 없었지만, 이제는 하나님만 의지하며 살겠다고 결단하고, 하나님의 통치에 순종하며 사는 것이 "믿음으로 사는 것"입니다.

"하나님 나라에 속한 자들"은 "하나님의 통치를 받는 자들"을 의미하며, "하나님의 주권 아래 순종하는 자들"을 뜻합니다. 그러므로 크리스천들이 하나님의 나라를 위해 기도한다는 것은 우리가 하나님의 통치에 순종하게 해달라는 기도이며, 우리 가정과 교회와 성도들이 하나님의 통치에 순종하며 살아가는 하나님 나라 백성이 되게 해달라는 기도를 드리는 것입니다. 그래서 사도 바울은 로마 교회의 성도들에게 이렇게 이야기했습니다.

> "하나님의 나라는 먹는 것과 마시는 것이 아니요 오직 성령 안에 있는 의와 평강과 희락이라."
>
> 로마서 14장 17절

하나님의 나라를 위해 기도하는 성도들은 이 땅에서 무엇을 먹고 마시며, 어디에서 살고, 무엇을 누리는지에 대해 관심을 두지 않습니다. 오직 하나님의 뜻에 순종하고, 하나님의 통치에 순복할 수 있기를 바라고 애쓰며 살아갑니다. 그리고 그것을 위해 기도합니다. 또한 하나님 나라의 왕이신 하나님의 통치를 받는 자들은 하나님의 뜻을 바꾸기 위해 기도하지 않습니다. 그들의 소원은 하나님의 마음을 알기를 원하며, 하나님의 법을 지키고 하나님 나라에 순종하며 사는 사람으로 변화되는 것입니다.

## 아버지 하나님의 뜻을 위한 기도

그러면 "하나님의 뜻"을 위해 기도한다는 것은 무엇을 의미할까요? 이를 이해하기 위해 크리스천들의 기도와 다른 종교에서 말하는 "기도 행위"의 차이점을 먼저 생각해볼 필요가 있습니다. 단도직입적으로 말해서, 크리스천들의 기도와 다른 종교의 기도에는 본질적인 차이가 있습니다. 세상 미신이나 세속 종교를 따르는 사람들은 기도를 "자신들의 소원을 이루기 위한 도구"로 사용합니다. 그러나 크리스천들의 기도는 자신의 소원을 성취하기 위한 것이 아니라, "하나님의 소원", 즉 "하나님의 뜻"이 이루어지기를 바라며 드리는 것입니다. 다시 말해, "하나님의 뜻"을 바라는 기도란 성도들이 하나님의 뜻에 동의하고, 인정하고, 동참하는 기도를 의미합니다.

모든 사람은 죄의 영향으로 인해 타락했기 때문에, 각자의 뜻과 소원, 그리고 의지가 악하고 불완전합니다. 그러므로 성도들이 "자신의 뜻"이 아닌 "하나님의 뜻"대로 이루어지기를 기도한다는 것은, 하나님만이 완전하시고, 하나님께서 나보다 더 좋은 길로 인도하신다는 믿음의 행위입니다. 물론 때로는 하나님을 설득하여 하나님의 뜻을 바꾸려는 기도를 드리는 사람들도 있습니다. 그러나 그러한 기도는 우리가 하나님보다 더 옳은 길을 알고 있다는 잘못된 전제를 기반으로 합니다. 이는 곧 "적어도 이 문제에 대해서는 하나님이 틀렸으니, 하나님이 생각을 바꾸시면 좋겠다"는 마음에서 비롯된 것입니다.

실제로 많은 사람들이 "하나님의 마음을 바꾸는 법"과 같은 주제를 다루는 세미나를 찾아다니고, 그러한 책들을 읽으며 "기도의 비법"을 배우려 합니다. 심지어 어떤 이들은 "이렇게 기도하면 하나님도 꼼짝 못하신다"는 무지한 말을 하기도 합니다. 하지만 세상에 누가 감히 전능하신 창조주를 꼼짝 못하게 할 수 있겠습니까? 누가 하나님보다 더 지혜로워서 그런 말을 할 수 있겠습니까? 사실 그러한 내용을 가르치고 배우는 사람들은 하나님의 거룩하심과 위대하심을 제대로 이해하지 못하기 때문에 그런 이야기를 합니다. 만약 하나님의 뜻이 나의 계획과 뜻보다 선하다는 것을 알고 있다면, 그런 기도를 드리지 않을 것입니다. 이에 대한 이사야 선지자의 증언을 살펴보겠습니다.

하나님을 정말로 신뢰하는 크리스천들은 "자신의 뜻대로"가 아니라, "하나님의 뜻대로" 이루어지기를 기도합니다. 또한 자신의 뜻대로 이루어지지 않는다고 해서 실망하지 않습니다. 왜냐하면 자신의 뜻보다 하나님의 뜻이 완전하다는 사실을 인정하며, 자신의 뜻이 이루어지는 것보다 하나님의 뜻이 이루어지는 것이 훨씬 더 선하다는 것을 신뢰하기 때문입니다.

방금 전에 살펴본 이사야 55장 11절을 보면, 성경이 "형통하리라"라는 단어를 사용했습니다. 그런데 히브리 성경에서 "형통"이라는 단어는, 모든 것이 하나님의 섭리대로 잘 이루어져 가는 상태를 표현할 때 쓰이는 단어입니다. 때때로 "하나님의 뜻"이 "나의 뜻"과 맞지 않아 보일 때도 있습니다. 하지만 분명하게 말씀드리자면, 하나님의 뜻과 나의 뜻에 마찰이 생긴다면, 그것은 100% 내가 틀린 것임을 인정할 수 있어야 합니다.

우리 주변을 살펴보면 많은 사람들이 하나님 앞에서 자신의 자유의지를 주장하는 것을 중요하게 여기는 것을 봅니다. 하지만 저 개인적으로는 오히려 저의 자유의지가 없었으면 좋겠다고 생각할 때가 많습니다. 왜냐하면 인생을 살아오면서 제 자신이 얼마나 연약한 존재인지를 똑똑히 보았기 때문입니다.

여러분 우리가 지금까지 얼마나 많은 후회를 하며 살아왔습니까? 얼마나 많은 시행착오를 겪었습니까? 그래서 저는 차라리 하나님이 "한국으로 가라!", "미국에 있어라!", "이것을 해라!", "이것을 하지 말라!"라고 하시면 좋겠습니다. 지금 제가 로봇이 되고 싶다는 뜻으로 말씀드리는 것이 아닙니다. 극단적으로 보일 수도 있지만 제가 이렇게 말씀드리는 이유는, 하나님이 저보다 완전하시고 저를 가장 사랑하시는 하나님의 뜻이 이루어지는 것이 가장 선하다는 것을 성경을 통해서, 그리고 짧은 인생 경험을 통해 배웠기 때문입니다.

저는 저를 믿지 않습니다. 연약하고 부족한 저의 육신을 믿지 않고, 저의 부족한 지혜를 믿지 않습니다. 하지만 전능하신 하나님은 신뢰합니다. 하나님은 전지하신 분이며, 실수가 없으신 분입니다. 그리고 그분은 나를 가장 사랑하시는 선하신 하늘 아버지입니다. 그러니 그런 하나님보다 제 뜻이 옳다고 하거나, 제 뜻을 더 신뢰해야 할 이유가 없는 것입니다. 구원받은 성도들은 바로 그 사실을 믿는 사람들입니다. 그래서 "나의 뜻"이 아닌 "하나님의 뜻"이 이루어지기를 위해 기도해야 하는 것입니다.

기도는 우리의 뜻 앞에 하나님의 뜻을 굽히게 하는 과정이 아닙니다. 또한 하나님의 마음을 바꾸고 하나님의 뜻을 변하게 하기 위한 도구도 아닙니다. 오히려 기도는 우리 안에 있는 죄성을 치우고, 하나님의 온전하신 말씀 앞에 순종하기 위해 "하나님께 설득되는 과정"입니다. 기도는 내 안에 있는 부패한 생각과 의지를 내려놓고, "나의 뜻이 아닌 아버지의 뜻대로 이루어지게 해달라"라고 외치는 순종의 싸움입니다. "나의 뜻"을 이루기 위해 금식하는 것이 아닙니다. "하나님의 뜻"을 이루기 위해 금식하는 것입니다. "나의 뜻"을 위해 작정 기도를 하고, 철야 기도를 하는 것이 아닙니다. "하나님의 뜻"에 순종하기 위해 작정 기도와 철야 기도를 하는 것입니다.

기도는 결코 내가 원하는 것을 얻어내기 위한 싸움이 아닙니다. 하나님 나라 백성으로서 하나님의 뜻에 동의하고, 그 뜻대로 살아가기 위한 순종의 싸움을 하는 과정입니다. 그래서 성도들의 기도는 미신적인 기도와 다릅니다. 무엇을 달라, 무엇을 이루어 달라, 내 뜻대로 해달라는 요구로 이루어지는 것이 아니라, "아버지 하나님, 내 뜻대로 하지 마시고 하나님 뜻대로 해주십시오. 그리고 내가 그 뜻에 순종할 수 있도록 믿음을 주십시오~"라는 순종의 싸움을 하는 시간입니다.

성도들의 기도는 하나님의 뜻을 변하게 하기 위해 하나님과 씨름하는 시간이 아닙니다. 나의 죄악된 옛사람의 본성과 씨름하여 하나님의 뜻에 순종하기 위해 씨름하는 시간이 바로 성도들의 기도입니다. 그러므로 하나님의 뜻을 위해 기도하십시오. 하나님은 우리보다 훨씬 더 잘 아십니다. 하나님은 우리보다 훨씬 더 잘하십니다. 이것을 믿는다면, 굳이 우리의 뜻을 위해 하나님의 뜻을 꺾으려고 하지 않을 것입니다.

# 우리와 관계된 기도, 그리고 송영

하나님을 위한 세 가지 기도 내용(아버지의 이름, 뜻, 나라)을 위해 기도하라 하신 예수님께서는, 이어서 우리를 위한 세 가지 기도 내용(일용할 양식, 죄 사함, 시험에 들지 않도록)을 위해 기도하라고 명하셨습니다. 그중에서도 예수님이 첫 번째로 명령하신 기도는 "오늘 우리에게 일용할 양식을 주시고"라는 기도입니다.

## 일용할 양식에 대한 기도

"일용할 양식"에 대한 기도를 살펴보기 위해서는, 각 단어를 분석해서 살펴볼 필요가 있습니다. 주기도문에서 예수님이 말씀하신 "양식"이라는 단어는 헬라어로 "아르톤(ἄρτον)"이라는 단어를 사용하고 있는데, 이 단어는 이스라엘 사람들의 주식인 "빵"을 뜻합니다. 우리말로 바꾸어 말하면 "밥"이라고 할 수 있겠지요. 그런데 여기서 우리가 알아야 할 사실은, 예수님께서 말씀하신 "아르톤"이라는 단어가 단순히 밥이나 빵 같은 "음식"만을 이야기하는 표현이 아니라는 것입니다. 오히려 이 단어는 사람이 세상에서 살아가는 데 필요한 모든 기본적인 조건들을 가리키는 표현입니다. 다시 말해, 우리가 살아가는 데 필요한 기본적인 모든 것들을 달라고 하는 기도인 것입니다. 다음으로 살펴봐야 할 단어는 "일용할"입니다. 여기서 사용된 "일용할"이라는 단어는 헬라어로 "에피우시온(ἐπιούσιον)"입니다. 이 단어는 "한 사람의 생존을 위해 필요한, 24시간 동안 필요한 양식"이라는 뜻입니다.

그러면 왜 예수님께서는 우리에게 일용할 양식을 위해 기도하라고 하신 것일까요? 예수님이 "일용할 양식을 달라"고 기도하라고 하신 배경에는 출애굽기 16장에 기록된 만나 사건이 있습니다. 출애굽 당시, 이스라엘 백성들 중 스무 살 이상 된 남자만 60만 명이었으며, 여자들과 어린 아이들까지 합하면 훨씬 더 많은 숫자였을 것으로 추정됩니다. 그런데 그렇게 많은 사람들이 40년 동안 하루도 굶지 않고 광야에서 살았다는 것은 놀라운 기적이었습니다. 그들은 농사를 짓지도 않았고, 그들이 있던 곳은 황량한 광야였습니다. 광야에서 그 많은 사람들이 먹으려면 매일 얼마나 많은 음식이 필요했을까요? 신명기는 이렇게 기록하고 있습니다.

> "이 사십 년 동안에 네 의복이 해어지지 아니하였고 네 발이 부르트지 아니하였느니라."
>
> 신명기 8장 4절

하나님께서는 40년 동안 매일같이 만나와 메추라기로 이스라엘 백성들을 먹이셨고, 그들의 옷과 신발이 헤어지지 않게 하셨습니다. 하나님의 돌보심이 없었다면, 이스라엘 백성들이 광야에서 어떻게 자신들을 보호할 수 있었겠습니까? 하나님이 아니었다면 이스라엘 백성들은 광야에서 생명을 보존 할 수 없었을 것입니다 그러나 하나님께서는 이스라엘이 광야에 있는 40년 동안 그들을 만나로 먹이시고, 또 보호해 주셨다는 것입니다.

> "그 때에 여호와께서 모세에게 이르시되 보라 내가 너희를 위하여 하늘에서 양식을 비 같이 내리리니 백성이 나가서 일용할 것을 날마다 거둘 것이라 이같이 하여 그들이 내 율법을 준행하나 아니하나 내가 시험하리라."
>
> 출애굽기 16장 4절

지금 이 구절을 보면, 백성이 나가서 "일용할 것"을 날마다 거둘 것이라고 말씀하고 있습니다. 여기에서 이야기하는 "일용할 것"이라는 단어가 바로, 주기도문에서 다루는 "일용할 양식"과 같은 의미의 단어입니다. 그러므로 하나님께서는 이스라엘 백성들이 매일 만나를 거두어 먹고 살았던 것처럼, 신약 시대를 살아가는 하나님의 성도들도 매일 하나님이 주시는 만나를 거두어 들이며 살아야 한다고 말씀하시는 것입니다. 그리고 이러한 사실을 통해 우리는 매일 하나님이 주시는 일용할 양식이 없으면 살 수 없다는 중요한 교훈을 배워야 합니다.

구약 성경에 기록된 이스라엘 백성들의 이야기를 자세히 읽어보십시오. 하나님께서는 이스라엘 백성들이 40년 동안 광야에서 매일 만나를 먹게 하심으로써, 날마다 하나님만을 의지하게 하셨습니다. 하나님이 공급해 주지 않으면 그들이 생명을 유지할 수 없다는 것을, 40년 동안 매일같이 가르쳐 주신 것입니다. 그러나 이스라엘 백성들이 만나를 주울 때에는 "몇 가지 조건과 법칙"이 있었습니다. 첫 번째는, 매일 정해진 분량만큼, 각 사람의 숫자대로 필요한 만큼만 거두어야 한다는 것이었습니다. 두 번째는, 해 뜨기 전 아침에 거두어야 한다는 것이었습니다. 세 번째는, 그날 하루 먹을 분량만 거두어야 한다는 것이었습니다. 그리고 안식일 전날에는 이틀 치 만나를 주서서, 안식일을 지킬 수 있도록 하셨습니다. 이처럼 만나를 통해 하나님께서는 그분의 백성들에게 의존과 순종을 가르치셨습니다.

이스라엘 백성들이 하나님의 명령대로 순종하여 일용할 양식만을 구했을 때는 만나에 벌레가 생기지 않고 썩지도 않았습니다. 그러나 탐욕을 부려 하나님의 말씀에 순종하지 않고 더 많은 분량을 쌓아두었을 때는 그 양식이 썩고 벌레가 생겼습니다. 그러면 하나님께서 "만나 사건"을 통해 40년 동안 이스라엘 백성들에게 가르치고자 하신 내용은 무엇일까요? 그들이 여분의 양식을 쌓아둔다는 것은, 하나님이 내일도 자신들을 돌보실 것이라는 사실을 신뢰하지 못하는 불신앙에서 비롯된 것입니다. 또한, 이는 하나님의 명령보다 자신들이 쌓아둔 재물과 식량을 의지하는 불순종의 모습을 보여주는 것입니다. 바로 그러한 모습을 고치고 훈련시키기 위해 하나님께서는 "만나"를 통해 40년 동안 이스라엘 백성들을 훈련시키신 것입니다.

하나님은 미리 한 달 치 양식도 주실 수 있고, 일 년 치 양식도 주실 수 있는 분입니다. 평생 먹을 양식을 미리 주시고도 그것이 썩지 않게 하실 수 있는 분이십니다. 그런데 왜 하나님께서는 이러한 훈련을 시키셨을까요? 그 이유는 우리가 살아가면서 하나님만을 의지하고, 하나님의 말씀만을 신뢰하며 살아가기를 원하셨기 때문입니다.

이러한 사실을 통해 우리가 무엇을 배울 수 있을까요? 하나님의 백성들이 살아가는 이유는 매일 하나님이 양식을 주시기 때문이고, 오늘을 살 수 있는 은혜와 생명력을 불어넣어 주시기 때문에 우리가 살아갈 수 있다는 것입니다. 우리가 공부를 잘해서 이만큼 살 수 있는 것이 아닙니다. 하나님이 공부할 수 있는 환경과 건강을 주시고, 오늘까지 지켜주셨기 때문에 우리가 그 능력을 힘입어 오늘을 살 수 있는 것입니다. 내가 남들보다 열심히 살아서 우리 집이 이만큼 살고 있는 것이 아닙니다. 그것은 하나님의 은혜를 모르는 교만한 사람들의 말입니다. 매일매일 하나님이 주시는 생명이 없이는 우리는 살 수 없습니다. 예레미야 선지자는 이렇게 이야기했습니다.

> "여호와의 인자와 긍휼이 무궁하시므로 우리가 진멸되지 아니함이니이다. 이것들이 아침마다 새로우니 주의 성실하심이 크시도소이다."
> 예레미야애가 3장 22-23절

간혹 어떤 사람들은 "자신들이 언제 죽을 것인지"는 불확실한 사실이라고 말하면서, "내일 아침에 눈을 뜨는 것"은 확실한 사실처럼 오해하며 살아갑니다. 하지만 이것은 오히려 거꾸로 된 인식입니다. 오히려 "우리는 분명히 죽는다"는 것이 확실한 사실입니다. "진짜 불확실한 것"은 "내일 아침에 우리가 눈을 뜰 수 있을까?" 하는 문제입니다. 우리가 아침마다 눈을 뜰 수 있는 것은 하나님의 은혜 때문입니다. 우리의 교만한 삶을 보시면서도 여전히 우리에게 자비와 긍휼을 베푸시고, 새롭게 하루를 살아갈 수 있도록 은혜를 주시는 하나님의 은혜 때문에 우리가 살아갈 수 있는 것입니다.

그러므로 "오늘 우리에게 일용할 양식을 주시고"라는 기도에는 이런 뜻이 담겨 있습니다. 하나님께서 광야에서 이스라엘 백성들에게 만나를 주시지 않았다면 그들이 살 수 없었던 것처럼, 우리 또한 하나님께서 은혜를 주시지 않으면 단 하루도 살 수 없다는 것을 고백하며 살라는 것입니다. 다시 말해, "일용할 양식"에 대한 기도는 단순히 음식을 위해 기도하라는 것이 아닙니다. "우리 삶의 주인이 누구인지 알고 고백하라"는 것입니다. 자신의 능력과 노력으로 이룬 삶이라는 교만한 태도를 버리고, 우리가 살아가는 모든 것이 하나님의 은혜로 이루어진 것임을 고백하고 살라는 것입니다. 그래서 일용할 양식을 위한 기도는 우리 삶의 모든 것이 하나님으로부터 왔으며, 하나님 없이는 하루도 존재할 수 없다는 것을 고백하는 거룩한 기도인 것입니다.

## 죄 용서에 대한 기도

계속해서 예수님께서는 "우리가 우리에게 죄 지은 자를 사하여 준 것같이 우리 죄를 사하여 주시옵고"라는 "죄 용서에 대한 기도"를 요청하십니다. 이러한 기도는 '하나님 나라 백성들이 어떻게 하면 시험에 들지 않고 믿음 생활을 할 수 있는지'를 가르쳐 줍니다. 서로 용서하고, 서로 용서받으며 우리가 어떻게 살아가야 하는지를 가르쳐 주는 기도입니다. 그런데 때때로 이 기도를 잘못 이해하는 분들이 있습니다. "우리가 우리에게 죄 지은 자를 사하여 준 것 같이"라고 할 때, "같이"라는 표현을 "비율의 의미"로 해석하여, 우리가 주변 사람을 한 번 용서하면 우리도 한 번 용서받을 수 있고, 두 번 용서하면 두 번 용서받을 수 있다는 식으로 오해하는 경우가 있다는 것입니다. 하지만 이는 자기 자신에 대한 오해에서 발생한 잘못된 이해입니다.

여러분, 정말로 우리가 다른 사람들을 용서한 횟수가, 다른 사람들에게 용서를 빌어야 할 횟수보다 많을까요? 아마도 그렇지 않을 것입니다. 사람은 모두 이기적인 죄성을 가지고 있어서 자신이 한 일은 잊어버리는 경향이 있습니다. 그래서 다른 사람들은 이미 자신이 내뱉은 말 때문에 상처를 입고 괴로워하는데도, 자신은 뒤끝이 없는 쿨한 사람이라고 말하기도 합니다. 하지만 그런 사람은 뒤끝이 없을 수밖에 없을 것입니다. 자신의 말로 상처받은 사람들이 이미 다 쓰러져 있는데, 그것을 보지 못한 채 자신은 휭하고 돌아서 나왔기 때문입니다. 방금 전에도 말씀드렸듯이, 우리는 서로에게 상처를 주며 살아갑니다. 그리고 단언하건대, 우리가 용서하는 일보다 용서받아야 할 일들이 훨씬 더 많습니다. 그러면 오늘 기도에 기록된 "~같이"라는 표현의 뜻은 무엇일까요? 예수님께서는 일만 달란트 빚진 자의 비유를 통해 그 의미를 설명하는 힌트를 주셨습니다.

> "이에 주인이 그를 불러다가 말하되 악한 종아 네가 빌기에 내가 네 빚을 전부 탕감하여 주었거늘. 내가 너를 불쌍히 여김과 같이 너도 네 동료를 불쌍히 여김이 마땅하지 아니하냐 하고."
>
> 마태복음 18장 32-33절

이 비유의 내용을 간단히 설명하겠습니다. 한 사람이 임금에게 "일만 달란트"의 빚을 졌는데, 임금이 그를 불쌍히 여겨 그 큰 빚을 탕감해 주었습니다. 그런데 임금의 은혜를 입은 그 사람이 집으로 가던 중에 자기에게 "백 데나리온"의 돈을 빚진 사람을 만나 빚을 갚으라고 독촉하였고, 그가 갚지 못한다고 하자 감옥에 가두었다는 것입니다. 그 소식을 들은 임금이 진노하여 그를 감옥에 가두고 빚을 갚도록 처벌하였습니다.

"1데나리온"은 당시 성인 남성의 하루 일당을 의미합니다. 계산하기 쉽게 하루 일당을 10만 원으로 계산한다면, "100데나리온"은 약 천만 원에 해당하는 금액입니다. 결코 작은 돈이라고 할 수 없을 것입니다. 그러나 임금으로부터 빚을 탕감받은 사람의 빚은 얼마였습니까? "일만 달란트"였습니다. "1달란트"는 "6000 데나리온"을 의미하며, 이는 6000일 동안 일해야 벌 수 있는 금액입니다. 계산해 보면, "1달란트"는 약 6억 원에 해당합니다. 그런데 성경은 이 사람이 탕감받은 빚이 "1달란트"가 아니라 '일만 달란트'라고 말합니다. 다시 말해, 예수님께서 비유에서 이야기하신 금액은 천문학적인 숫자를 상징적으로 표현하신 것입니다. 이는 우리가 하나님으로부터 갚을 수 없는 큰 빚을 탕감받았음을 비유로 말씀하신 것입니다.

하지만 임금에게 큰 빚을 탕감받은 이 종은, 자기에게 "백 데나리온"을 빚진 사람을 용서하지 못하고, 그를 감옥에 가둡니다. 이 모습을 본 임금이 다시 그를 감옥에 집어넣었다는 것입니다. 이 비유는 우리가 하나님께 받은 은혜와 죄 사함에 대해 매우 중요한 가르침을 줍니다. 이에 대해 사도 바울은 우리가 하나님께 죄 사함을 받은 이유에 대해 이렇게 설명합니다.

"너희는 그 은혜에 의하여 믿음으로 말미암아 구원을 받았으니 이것은 너희에게서 난 것이 아니요 하나님의 선물이라."

에베소서 2장 8절

우리가 하나님께 지은 모든 죄를 사함 받고 죄 사함을 받을 수 있었던 이유는, 우리가 하나님께 지은 모든 죄 값을 다 치렀기 때문이 아닙니다. 성경은 분명히 우리에게는 구원을 얻을 만한 능력이 없으며, 우리가 하나님께 손해를 입힌 빚을 갚을 능력이 없다고 이야기합니다. 성경은 우리가 오직 하나님의 자비와 은혜로만 구원을 받는다고 말합니다. 사도 바울은 우리의 죄 값을 대신 갚아주시기 위해 하나님이 행하신 일에 대해 이렇게 증언합니다.

> "너희 안에 이 마음을 품으라 곧 그리스도 예수의 마음이니. 그는 근본 하나님의 본체시나 하나님과 동등됨을 취할 것으로 여기지 아니하시고. 오히려 자기를 비워 종의 형체를 가지사 사람들과 같이 되셨고. 사람의 모양으로 나타나사 자기를 낮추시고 죽기까지 복종하셨으니 곧 십자가에 죽으심이라."
>
> 빌립보서 2장 5-8절

하나님의 아들께서 우리를 구원하기 위해, 우리의 죄 값을 갚아주시기 위해 이 땅에 오셨습니다. 연약한 사람의 육신을 입으시고 죽기까지 복종하시며 우리의 빚을 대신 갚아주셨습니다. 그래서 성경은 우리에게 "그리스도 예수의 마음을 품으라"고 말합니다. 예수님 "같이", 예수님 "처럼" 긍휼한 마음을 품으라고 가르칩니다. 우리의 구원은 값비싼 구원입니다. 일만 달란트와 같이 그 값어치를 매길 수 없는 창조주 하나님의 생명값으로 주어진 구원입니다. 우리의 왕이신 하나님께서 그 이름과 영광에 손해를 입으시며 우리를 구원하신 엄청난 사건입니다. 그러므로 이 은혜를 아는 사람들은 결코 자신의 인생의 주인이 자기라고 주장하지 않습니다. 고작 백 데나리온의 손해로 인해 하나님이 명령하신 자비를 행하는 데 주저할 수는 없는 것입니다. 왜냐하면 서로의 죄를 용서하라는 예수님의 명령은 예수님의 생명값을 통해 우리에게 주어진 명령이기 때문입니다.

마태복음 18장에 기록된 일만 달란트 빚진 자의 비유를 다시 한번 생각해 보십시오. 일만 달란트라는 비용은 임금에게도 큰 액수였습니다. 예수님이 일만 달란트라는 큰 금액을 말씀하신 이유는, 이 빚을 탕감해 주는 것이 임금에게도 엄청난 손해를 감수해야 하는 일임을 알려주기 위함이었습니다. 임금은 그 손해를 감수하고도 이 사람의 빚을 탕감해 주었습니다. 그를 용서해 주었습니다. 그 이유는 그가 용서받을 만한 자격이 있어서가 아닙니다. 갚을 만한 일을 해서도 아니고, 갚을 능력이 보여서도 아닙니다. 오로지 임금이 갚을 능력이 없는 종을 불쌍히 여겼기 때문입니다. 이것이 우리 구원의 핵심 원리이며, 이 비유의 핵심 포인트입니다.

"내가 너를 불쌍히 여김과 같이 너도 네 동료를 불쌍히 여김이 마땅하지 아니하냐 하고."

마태복음 18장 33절

바로 이 구절에서 주기도문에 등장한 "같이"라는 표현의 뜻을 올바르게 발견할 수 있습니다. 이 표현은 우리가 하나님의 은혜를 알았다면, 그 은혜를 아는 자답게 다른 사람을 용서하라는 뜻입니다. 다시 말해, "내가 다른 사람을 용서해 주었으니 하나님도 저를 용서해 주셔야 됩니다"라는 조건적인 개념이 아니라, 내가 받은 용서와 죄 사함의 크기를, 그리고 그 은혜를 먼저 알아야 한다는 것입니다.

우리가 다른 사람을 용서해야 하고, 용서할 수 있는 근거는 그 사람의 죄악이 용서받을 만해서가 아닙니다. 우리에게 그러한 능력이 있어서 용서하라는 것도 아닙니다. 다른 사람들을 용서하기 위해서는, 먼저 우리가 탕감받은 죄의 값이 얼마나 큰지를 알아야 한다는 것입니다. 저는 지금 다른 사람들이 여러분에게 지은 죄가 하찮다고 말하는 것이 아닙니다. 그것이 백 데나리온이라 할지라도 현실적으로 큰 금액이고, 우리에게 실제로 큰 데미지를 입힌 것이 맞습니다. 그래서 성도들에게 요구되는 "용서"는 결코 쉬운 일이 아닙니다. 그것은 우리에게 실제적인 고통과 아픔을 동반하기 때문입니다. 그러나 예수님이 가르쳐 주신 기도는, 우리가 우리에게 죄를 지은 자들을 용서할 수 있는 방법이 있다는 것을 알려주려는 것입니다.

그러면 언제, 어떻게 우리가 우리에게 죄 지은 자들을 용서할 수 있을까요? 그것은 우리가 탕감받은 빚의 크기가 얼마나 큰지를 알 때입니다.

다시 말해, 우리가 용서받은 죄의 크기를 올바르게 알고, 하나님의 은혜를 깨달을 때, 비로소 다른 사람의 죄도 용서할 수 있다는 것입니다.

여러분은 정말 예수님을 사랑하십니까? 정말 그 은혜를 아십니까? 여러분을 살리기 위해 창조주 하나님이 감당하셔야 했던 수치와 모욕을 이해하십니까? 만약 그렇다면, 그 말씀대로 살기를 소원하게 될 것입니다. 그리고 그 말씀대로 살기를 소원하는 사람들에게 요구되는 덕목이 바로 "용서"입니다. 용서는 그 사람이 용서받을 만해서 용서하는 것이 아닙니다. 우리에게 베풀어 주신 그 은혜 때문에, 우리도 은혜를 베푸는 것입니다.

물론 때로는 용서하기 힘든 사람이 있을 수 있습니다. 저 또한 용서하기 힘들어 기도의 자리에서 씨름하는 사람이 있습니다. 그래서 우리에게는 하나님의 은혜가 필요한 것입니다. 누군가가 우리에게 잘못을 저질렀을 때 화가 나는 것은 당연하고 자연스러운 일입니다. 어쩌면 그 일은 우리에게 백 데나리온의 손해를 보게 할지도 모릅니다. 그러나 그럴 때마다 우리는 하나님의 마음을 이해할 기회를 얻게 됩니다. "하나님, 나에게 백 데나리온의 아픔을 준 이 일도 내가 견디기 힘든데, 하나님은 어떻게 나를 참으셨습니까? 일만 달란트 빚진 자와 같은 나의 죄를 어떻게 견디셨습니까?" 이렇게 기도하며, 하나님의 마음을 이해하게 되는 것입니다.

그러므로 하나님의 은혜를 입은 여러분이 그 은혜를 아는 자답게 살기를 바랍니다. 그리고 그것이 잘되지 않는다면, 하나님 앞에 나아가 부르짖어 기도하십시오. 나 같은 죄인에게 부어주신 하나님의 은혜를 깨닫게 해달라고, 더 큰 은혜를 부어달라고, 나에게 손해를 입힌 사람을 품을 수 있을 만큼의 은혜를 구하십시오. 하나님께서는 그러한 기도를 들으시고 우리에게 용서할 수 있는 은혜를 베풀어 주실 것입니다.

## 시험과 악에서 구원하소서

예수님께서는 죄와 용서에 대해 기도해야 한다는 사실을 가르쳐 주신 뒤에, 시험과 악으로부터 구원해 달라는 기도를 해야 한다고 가르치셨습니다. 그러면 성경이 말하는 시험은 어떤 시험이며, 예수님께서 "시험에 들지 않게 기도하라"고 하신 그 시험은 무슨 시험을 이야기하는 것일까요? 이 질문에 답하기 위해 우리는 먼저 "하나님은 우리를 시험하시는 분인가?"라는 질문을 생각해 볼 필요가 있습니다. 이 사실을 이해하기 위해서 아브라함의 이야기를 예로 들어보겠습니다.

> "그 일 후에 하나님이 아브라함을 시험하시려고 그를 부르시되 아브라함아 하시니 그가 이르되 내가 여기 있나이다."
>
> 창세기 22장 1절

성경은 분명히 하나님께서 아브라함을 "시험하시려고" 부르셨다고 이야기합니다. 그런데 또 다른 말씀을 보면 이와 모순되어 보이는 말씀을 발견하게 됩니다.

> "사람이 시험을 받을 때에 내가 하나님께 시험을 받는다 하지 말지니 하나님은 악에게 시험을 받지도 아니하시고 친히 아무도 시험하지 아니하시느니라."
> 야고보서 1장 13절

지금 읽은 구절에 따르면, 하나님은 아무도 시험하지 않으신다고 합니다. 이 두 구절만 봐도 알 수 있지만, 성경의 어떤 부분에서는 하나님이 시험하시는 것처럼 이야기하고, 어떤 부분에서는 하나님이 시험하지 않는다고 이야기합니다. 그러면 이러한 사실을 우리는 어떻게 이해해야 할까요? 성경에 모순이 있는 걸까요? 하나님은 시험하시는 분일까요, 아니면 시험하지 않는 분일까요? 이 부분에 대한 대답은, "하나님은 시험하시는 분"인 동시에 "시험하지 않는 분"이라는 것입니다.

그런데 이러한 질문들에 대해 우리가 전제해야 하는 내용이 있습니다. 그것은 우리 인간의 언어로는 하나님을 다 이해할 수도 없고, 다 설명할 수도 없다는 것입니다. 쉽게 말해, 우리는 "시험"이라는 한 단어로 하나님의 행동을 정의하려고 하지만, 그 단어만으로는 하나님을 온전히 설명할 수 없다는 것입니다. 그래서 이 개념에는 충분한 설명이 필요한 것입니다.

먼저, 하나님은 당신의 사람들을 시험하시는 분입니다. 그리고 마귀도 하나님의 사람들을 시험하는 존재입니다. 하지만 하나님과 마귀의 시험은 그 목적에 있어서 전혀 다른 방향을 가지고 있습니다. 쉽게 말해, 하나님이 주시는 시험은 테스트(Test)의 성격을 가지고 있습니다. 여러분, 테스트의 목적이 무엇입니까? 우리가 모의고사 같은 시험을 보는 것이 그 사람을 괴롭히기 위한 것입니까? 아닙니다. 그 사람이 얼마만큼 알고 있는지, 그 내용을 올바르게 이해하고 있는지, 다음 단계로 넘어가도 될지를 그 사람의 수준을 알게 하고 체크하기 위해 시험을 보는 것입니다. 이것이 바로 하나님이 주시는 시험의 목적입니다. 그런데 마귀가 주는 시험의 목적은 테스트(Test)가 아니라 유혹(Temptation)의 성격을 가지고 있습니다. 예수님께서는 마귀의 목적에 대해 이렇게 이야기하셨습니다.

> "도둑이 오는 것은 도둑질하고 죽이고 멸망시키려는 것뿐이요 내가 온 것은 양으로 생명을 얻게 하고 더 풍성히 얻게 하려는 것이라."
>
> 요한복음 10장 10절

마귀는 우리를 수시로 시험합니다. 그런데 마귀의 시험이 하나님의 시험과 다른 이유는, 하나님의 시험은 우리로 생명을 얻게 하고 더 풍성히 얻게 하기 위한 반면, 마귀의 시험은 우리를 멸망시키기 위해 존재한다는 점입니다. 사도 베드로는 마귀에 대해 이렇게 이야기합니다.

> "근신하라 깨어라 너희 대적 마귀가 우는 사자 같이 두루 다니며 삼킬 자를 찾나니."
>
> 베드로전서 5장 8절

지금 성경이 마귀를 가리켜 무엇이라고 부르고 있습니까? "너희 대적 마귀"라고 표현하고 있습니다. 마귀는 우리를 대적하는 자입니다. 겉으로는 우리를 위하는 광명의 천사처럼 위장하여 나타나지만, 사실 마귀가 우리를 시험하는 목적은 우리를 유혹하여 하나님 곁에서 떠나 멸망에 이르게 하기 위함입니다. 바로 이러한 점이 "하나님의 시험과 마귀의 시험의 차이"입니다. 그러므로 우리가 분명히 알아야 하는 것은, 성경이 "하나님이 시험하셨다"라고 이야기하더라도, 하나님은 죄의 원인도 아니며, 사람들로 하여금 유혹받도록 만드시는 분도 아니라는 것입니다. 야고보서는 우리가 시험 속에서 유혹받는 일에 대해 이렇게 이야기합니다.

> "오직 각 사람이 시험을 받는 것은 자기 욕심에 끌려 미혹됨이니."
>
> 야고보서 1장 14절

지금 이 말씀이 이야기하는 대로, 하나님은 우리가 받는 유혹의 원인이 아닙니다. 우리가 시험 속에서 유혹받는 것은 오로지 우리의 욕심 때문에 일어나는 일입니다. 이 개념을 설명하기 위해, 성경에서 처음 시험을 받은 사람들의 이야기를 생각해 보겠습니다.

> "그런데 뱀은 여호와 하나님이 지으신 들짐승 중에 가장 간교하니라 뱀이 여자에게 물어 이르되 하나님이 참으로 너희에게 동산 모든 나무의 열매를 먹지 말라 하시더냐. 여자가 뱀에게 말하되 동산 나무의 열매를 우리가 먹을 수 있으나. 동산 중앙에 있는 나무의 열매는 하나님의 말씀에 너희는 먹지도 말고 만지지도 말라 너희가 죽을까 하노라 하셨느니라. 뱀이 여자에게 이르되 너희가 결코 죽지 아니하리라."
>
> 창세기 3장 1-4절

어느 날 마귀가 뱀을 통해 여자를 시험하려고 슬쩍 말을 떠보았습니다. "하나님이 참으로 너희더러 동산 모든 나무의 실과를 먹지 말라 하시더냐?" 그런데 그 말을 듣고 여자가 이렇게 대답했습니다. "동산 중앙에 있는 나무의 열매는 하나님의 말씀에 너희는 먹지도 말고 만지지도 말라 너희가 죽을까 하노라 하셨느니라."

지금 여자의 말에서 잘못된 점은 무엇입니까? 첫째, 여자는 하나님의 말씀을 있는 그대로 듣지 않았습니다. 둘째, 하나님의 말씀에 자신의 의견을 더하고, 빼고, 뒤틀어서 이야기했습니다. 창세기 2장 16절과 17절을 보면, 하나님께서 원래 어떻게 말씀하셨는지에 대해 이렇게 기록되어 있습니다.

> "여호와 하나님이 그 사람에게 명하여 이르시되 동산 각종 나무의 열매는 네가 임의로 먹되. 선악을 알게 하는 나무의 열매는 먹지 말라 네가 먹는 날에는 반드시 죽으리라 하시니라."
>
> 창세기 2장 16-17절

하나님은 분명히 선악을 알게 하는 나무의 열매를 "먹지 말라"고 말씀하셨습니다. 그러나 "만지지도 말라"고는 말씀하지 않으셨습니다. 또한 그것을 먹는 날에는 "정녕 죽으리라, 반드시 죽으리라"고 말씀하셨지, "죽을까 하노라, 또는 죽을 수도 있다"라고 말씀하지 않으셨습니다. 선악을 알게 하는 나무의 열매를 먹으면 죽게 되는 이유는 그 열매에 독이 들었거나 특별한 저주가 담겨 있어서가 아닙니다. 이에 대해 사도 바울은 이렇게 이야기합니다.

> "죄의 삯은 사망이요 하나님의 은사는 그리스도 예수 우리 주 안에 있는 영생이니라."
>
> 로마서 6장 23절

성경이 말하는 "죄"는 하나님의 말씀을 어긴 것을 뜻합니다. 다시 말해, "죄"는 "불순종"을 의미합니다. 그러므로 선악과를 따먹은 것은 단순히 과일 하나를 훔쳐 먹은 일이 아닙니다. 그것은 하나님의 나라에서, 하나님 나라의 백성이, 하나님이 명하신 하나님 나라의 법을 어긴 것을 말하는 것입니다.

하나님 나라의 법은 그것을 "죄"라고 정하셨습니다. 그리고 그 죄를 범하면 반드시 그 죄 값으로 인해 죽게 된다고, "사망"이라는 대가를 정하셨습니다. 그럼에도 불구하고 여자는 그 열매를 따먹었습니다. 다시 말해, 하나님의 법을 어긴 것입니다. 그런데 여기에서 우리가 주목해야 할 또 다른 장면이 있습니다. 창세기 3장 4절을 보면, 하나님은 반드시 죽을 것이라고 말씀하셨음에도 불구하고, 마귀는 "절대로 죽지 않을 것이다"라고 거짓말을 했습니다. 마귀는 왜 이런 거짓말을 했을까요?

> "너희는 너희 아비 마귀에게서 났으니 너희 아비의 욕심대로 너희도 행하고자 하느니라 그는 처음부터 살인한 자요 진리가 그 속에 없으므로 진리에 서지 못하고 거짓을 말할 때마다 제 것으로 말하나니 이는 그가 거짓말쟁이요 거짓의 아비가 되었음이라."
>
> 요한복음 8장 44절

마귀의 별명은 "거짓말쟁이"요 "거짓의 아비"입니다. 그래서 그는 거짓말을 하여 아담과 하와를 죽음으로 이끌었습니다. 죄를 짓게 하고 사망이라는 대가를 얻게 한 것이죠. 그러므로 창세기 3장에서 우리는 "두 존재의 시험"이 있었다는 것을 알 수 있습니다. 첫 번째는 하나님의 시험입니다. 하나님은 선악과를 주시고 그것을 먹지 말라는 시험을 주셨습니다. 그 명령과 시험에 통과한다는 조건 아래에서 사람은 모든 것을 누릴 수 있었습니다. 그러나 그들은 그 시험을 통과하지 못했습니다. 어째서 그랬습니까? 그들에게 찾아온 또 다른 존재의 시험, 즉 마귀의 시험 때문입니다. 마귀의 시험은 그들로 하여금 하나님의 법을 어기게 하고, 하나님을 떠나 멸망에 이르게 하는 데 목적이 있었습니다. 바로 이 시험에서 아담과 하와가 실패하였고, 마귀의 목적대로 무너졌기 때문에 에덴에서 쫓겨나 영원한 사망의 대가를 치르게 되었습니다.

자, 여기까지 개념을 정리해 보겠습니다. 아브라함의 이야기를 통해 보았듯이, 하나님은 당신의 백성들을 시험하시는 분이십니다. 하지만 그 시험의 목적은 선한 것입니다. 하나님은 우리를 푸른 초장으로 이끌어 가시고, 하나님을 깊이 아는 믿음의 수준으로 연단시키기 위해 시험하십니다. 반면에 마귀는, 하나님이 시험하시는 과정 속에 악한 목적으로 끼어들어 우리의 욕심을 부추기고, 거짓말로 우리를 유혹하여 타락하도록 만듭니다. 다시 말해, 하나님의 시험에는 연단, 거룩함, 선한 목적이 있는 반면, 마귀의 시험에는 멸망과 하나님으로부터의 분리를 초래하려는 사악한 목적이 있습니다. 이 개념을 잘 설명해 주는 성경이 바로 "욥기"입니다. 우스 땅에 욥이라는 사람이 살았습니다. 그는 하나님을 사랑하고 경외하는 삶을 살았기 때문에, 하나님께서는 그의 존재를 만방에 자랑하셨습니다.

> "하루는 하나님의 아들들이 와서 여호와 앞에 섰고 사탄도 그들 가운데에 온지라. 여호와께서 사탄에게 이르시되 네가 어디서 왔느냐 사탄이 여호와께 대답하여 이르되 땅을 두루 돌아 여기저기 다녀왔나이다. 여호와께서 사탄에게 이르시되 네가 내 종 욥을 주의하여 보았느냐 그와 같이 온전하고 정직하여 하나님을 경외하며 악에서 떠난 자는 세상에 없느니라."
>
> 욥기 1장 6-8절

욥은 하나님의 자랑이었습니다. 하나님께서는 욥을 가리켜 "순전하고, 정직하며, 하나님을 경외하고, 악에서 떠난 자가 세상에 없다"고 자랑하셨습니다. 그런데 마귀는 무엇을 하는 존재입니까? 그는 온 땅을 두루 다니며 하나님의 사람들을 유혹하고 시험합니다. 그들이 죄를 짓게 되면, 하나님의 율법을 근거로 하나님 앞에 와서 그들을 고발합니다. 이렇게 마귀는 하나님의 백성들이 심판받고 멸망에 이르게 하려는 일을 합니다. 그래서 요한계시록은 이렇게 말합니다.

> "내가 또 들으니 하늘에 큰 음성이 있어 이르되 이제 우리 하나님의 구원과 능력과 나라와 또 그의 그리스도의 권세가 나타났으니 우리 형제들을 참소하던 자 곧 우리 하나님 앞에서 밤낮 참소하던 자가 쫓겨났고."
>
> 요한계시록 12장 10절

마귀는 하나님의 자녀들을 밤낮 참소하는 일을 합니다. 욥기 1장에 기록된 그 날도, 마귀는 온 세상을 두루 다니며 하나님의 백성들을 참소하기 위해 정죄거리를 찾으려고 돌아다니고 있었습니다. 수많은 사람들을 시험하고 유혹하여 하나님의 품에서 떨어져 나가게 하기 위해 돌아다니다가, 그 대상이 "욥"으로 정해졌던 것입니다. 마귀는 이제 욥을 타겟으로 삼아, 그를 시험하여 멸망시키려 했습니다.

"사탄이 여호와께 대답하여 이르되 욥이 어찌 까닭 없이 하나님을 경외하리이까. 주께서 그와 그의 집과 그의 모든 소유물을 울타리로 두르심 때문이 아니니이까 주께서 그의 손으로 하는 바를 복되게 하사 그의 소유물이 땅에 넘치게 하셨음이니이다. 이제 주의 손을 펴서 그의 모든 소유물을 치소서. 그리하시면 틀림없이 주를 향하여 욕하지 않겠나이까. 여호와께서 사탄에게 이르시되 내가 그의 소유물을 다 네 손에 맡기노라 다만 그의 몸에는 네 손을 대지 말지니라 사탄이 곧 여호와 앞에서 물러가니라."

욥기 1장 9-12절

지금 이 장면을 주목해서 보십시오. 욥의 시험은 누구로 인해 시작되었습니까? 마귀의 충동질로 인해 시작되었습니다. 그런데 여기에서 주의해서 봐야 할 중요한 점이 있습니다. 마귀는 하나님의 허락 없이는 하나님의 자녀들을 시험할 수 없다는 것입니다. 그러면 하나님이 그 시험을 허락하셨으니, 결국 욥에게 마귀를 통한 시험을 주신 분은 하나님일까요? 맞지만, 그렇지 않습니다.

먼저 분명히 밝혀야 할 것은, 하나님은 악의 원인이 아니시라는 것입니다. 하나님은 우리에게 선한 것을 주시는 분이지, 마귀와 내기를 하거나 게임을 하기 위해 우리를 시험 속에 던져놓는 분이 아니십니다. 또한 하나님께서 우리를 시험하실 때는 우리를 그냥 버려두시는 것이 아니라, 우리가 견딜 수 있는 "울타리"를 주십니다. 욥기 1장 12절을 보면, 하나님께서 마귀가 욥을 시험하도록 허락하셨지만, 욥의 몸에는 손을 대지 못하도록 한계선을 분명히 정해 주셨습니다. 그런데 욥이 마귀의 유혹에도 불구하고 신앙을 잘 지키지 않았습니까? 그러자 마귀는 다시 하나님을 찾아와 욥을 정죄하며 또다시 시험하도록 요구합니다.

> "사탄이 여호와께 대답하여 이르되 가죽으로 가죽을 바꾸오니 사람이 그의 모든 소유물로 자기의 생명을 바꾸올지라. 이제 주의 손을 펴서 그의 뼈와 살을 치소서 그리하시면 틀림없이 주를 향하여 욕하지 않겠나이까. 여호와께서 사탄에게 이르시되 내가 그를 네 손에 맡기노라 다만 그의 생명은 해하지 말지니라."
>
> 욥기 2장 4-6절

마귀가 욥을 시험했음에도 불구하고 욥은 이렇게 고백했습니다. "주신 자도 하나님이시요, 찾으신 자도 하나님이시오니, 하나님 영광 받으십시오!" 이렇게 찬송으로 응답했습니다. 그 모습에 분노한 마귀는 욥에게 더 큰 시험을 허락해 달라고 하나님께 간청했습니다. 그런데 이번에도 하나님은 욥을 시험하도록 허락하시면서, 한 가지 울타리를 세워 주셨습니다. 욥기 2장 6절을 보면, "다만 그의 생명은 해하지 말지니라."라고 하시며 시험의 한계선을 분명히 그어 주셨습니다.

욥기의 이야기를 세세히 살펴보면, 욥이 받은 시험에 하나님과 마귀가 관여되어 있다는 사실을 분명히 확인할 수 있습니다. 하지만 우리가 종종 놓치는 것은 "하나님과 마귀는 우리를 시험하는 목적에서 전혀 다른 목적과 이유를 가지고 있다"는 점입니다. 첫째로, 마귀의 목적을 보겠습니다. 욥기 2장 5절을 보면, 마귀의 목적은 단순히 욥을 괴롭히는 데 있는 것이 아닙니다. 마귀의 목적은 욥이 하나님을 욕하고 떠나게 만드는 데 있습니다. 아담과 하와의 경우도 마찬가지입니다. 마귀가 그들을 시험하고 유혹한 목적은 그들을 단순히 괴롭히려는 것이 아닙니다. 하나님께 서운한 마음을 품게 하고 죄를 짓게 하여, 하나님과 그들 사이를 멀게 만드는 데 목적이 있었습니다.

> "욥이 재 가운데 앉아서 질그릇 조각을 가져다가 몸을 긁고 있더니. 그의 아내가 그에게 이르되 당신이 그래도 자기의 온전함을 굳게 지키느냐 하나님을 욕하고 죽으라."
>
> 욥기 2장 8-9절

욥의 아내가 한 말은 단순히 화가 나서 내뱉은 말이 아닙니다. 그 말 속에는 마귀의 목적이 담겨 있습니다. 다시 말해, 욥의 아내는 욥과 함께 마귀의 시험을 받았을 때, 마귀가 원하는 말을 욥에게 대신 전해주는 "마귀의 도구"로 사용되고 있었습니다. 마귀의 목적은 단순히 욥을 죽이거나 괴롭히는 것이 아닙니다. 마귀의 최종 목적은 하나님이 자랑하시고 하나님을 사랑하는 욥을 하나님으로부터 떨어뜨리고, 하나님을 저주하게 만드는 것입니다. 아담과 하와를 유혹했던 마귀의 목적도 동일했습니다. 마귀는 "하나님의 말씀을 믿지 말고, 내 말을 믿어. 그러면 너희가 행복해질 거야!"라고 말하는 것 같았지만, 실제로는 그들을 유혹하여 하나님을 떠나 멸망받게 하는 것이 마귀의 최종 목적이었습니다.

이번에는 이 시험과 관련된 두 번째 존재인, "하나님이 욥을 시험하신 목적"에 대해 살펴보겠습니다. 하나님은 욥을 시험하셨습니다. 아담과 하와에게 선악과를 주셔서 그들을 시험하신 것처럼, 사단이 욥을 시험하도록 허락하시면서 욥을 시험하셨습니다. 그러면 하나님이 욥에게 시험을 허락하신 목적은 무엇일까요? 욥기 23장을 보면, 하나님의 시험을 통과하고 있는 욥이 중간에 이렇게 고백하는 장면이 나옵니다.

> "그런데 내가 앞으로 가도 그가 아니 계시고 뒤로 가도 보이지 아니하며. 그가 왼쪽에서 일하시나 내가 만날 수 없고 그가 오른쪽으로 돌이키시나 뵈올 수 없구나. 그러나 내가 가는 길을 그가 아시나니 그가 나를 단련하신 후에는 내가 순금같이 되어 나오리라."
>
> 욥기 23장 8-10절

"도대체 하나님이 나에게 왜 이런 시험을 주셨는지 그 이유는 알 수 없지만… 하나님께 물어봐도 응답을 찾을 수 없고, 하나님을 만나 시원한 대답을 들을 수도 없는 현실 가운데 내가 있지만… 내가 분명히 알고 있는 것은 하나님이 나를 시험하시는 이유가 있다는 것이다! 내가 이 시간을 지나고 나면, 반드시 정금같이 단련되어져서 나올 것이다!"

지금 욥은 이런 고백을 하고 있습니다. 욥은 하나님을 알고 있었고, 하나님을 믿고 있었습니다. 비록 그의 믿음과 하나님에 대한 지식이 지금은 불완전하고, 육신이 연약하여 시험받는 중에 흔들리는 순간들이 있었지만, 그는 하나님에 대한 믿음을 끝까지 놓지 않았습니다. 그러면 욥에 대한 시험이 다 끝난 뒤, 욥은 무엇이라고 고백했습니까?

욥기 1장부터 41장까지의 긴 시간 동안, 욥은 하나님을 온전히 신뢰하지 못했습니다. 얼마 전까지만 해도 욥은 하나님에 대한 원망으로 가득 찼고, 이해할 수 없는 하나님의 시험에 대해 불평을 쏟아냈습니다. 그런데 마침내 그 시험을 다 통과했을 때, 욥은 이렇게 고백했습니다. "내가 이제야 하나님의 크신 계획을 깨달았습니다. 그러므로 회개합니다!"

한 가지 더 생각해 볼 점은, 욥이 어떻게 그 시험을 통과하게 되었는지입니다. 욥이 시험에 대한 올바른 정답을 써내었기 때문에 통과했습니까? 아니면 하나님의 마음을 기쁘시게 하는 무슨 특별한 일을 했기 때문에 그 시험이 끝난 걸까요? 모두 아닙니다. 욥의 시험은 하나님이 등장하셨기 때문에 끝난 것입니다. 하나님이 나타나셔서 설명해 주시고, 이해하게 하시고, 깨닫게 해주셨기 때문에 욥은 비로소 눈으로 보고 회개하게 되었던 것입니다. 그리고 그제야 시험이 끝났습니다. 사도 바울은 우리가 당하는 시험에 대해 아주 중요한 이야기를 했습니다.

> "사람이 감당할 시험 밖에는 너희가 당한 것이 없나니 오직 하나님은 미쁘사 너희가 감당하지 못할 시험 당함을 허락하지 아니하시고 시험 당할 즈음에 또한 피할 길을 내사 너희로 능히 감당하게 하시느니라."
>
> 고린도전서 10장 13절

때때로 우리도 하나님이 주시는 시험을 당할 수 있습니다. 그리고 마귀는 언제든지 우리를 넘어뜨리기 위해 우는 사자와 같이 달려듭니다. 하지만 하나님께서 마귀의 요구를 허용하시더라도, 마귀는 절대로 하나님의 작정하심을 넘어설 수 없습니다. 오히려 하나님께서는 마귀를 사용하여 우리를 정금같이 연단하시는 도구로 삼으십니다.

또한 우리가 시험을 받을 때 두려워하지 않아도 되는 이유는, 하나님께서는 결코 우리가 감당할 수 없는 시험을 주지 않으시기 때문입니다. 하나님께서는 항상 울타리를 두셔서 우리가 무너지지 않도록 보호하십니다. 욥에게 하셨던 것처럼 우리에게도 한계선을 정해주시고, 정해진 때가 되면 시험을 마치게 하십니다. 그리고 그 끝에는 우리가 정금같이 성숙하여 하나님의 형상을 닮아가도록 하시는 선한 계획이 있습니다.

그러면 왜 예수님께서는 "우리를 시험에 빠지지 않게 하시고 악에서 구하소서"라는 기도를 하라고 가르치셨을까요? 방금 이야기했듯이, 하나님께서 주시는 시험은 선한 목적이 있기에 우리가 걱정할 이유가 없습니다. 하지만 마귀는 다릅니다. 마귀는 우리를 멸망의 길로 떨어뜨리기 위해 시험하며, 우리의 죄성과 욕심을 부추깁니다. 죄와 욕망을 자극하여 우리가 시험에 빠지게 하고, 이를 통해 하나님과 멀어지게 하려는 것이 마귀의 목적입니다. 그래서 예수님께서는 "우리를 시험하는 악으로부터 구원해 달라"는 기도를 가르쳐 주신 것입니다.

마태복음 6장 13절의 한글 번역에서는 "악에서 구하소서"라고 표현되어 있지만, 헬라어 성경에서 이 단어는 추상적인 악의 개념이 아니라 남성 명사로 표현된 "사탄 마귀"를 지칭합니다. 따라서 예수님께서 가르치신 기도는, 악한 마귀의 시험으로부터 우리를 구원해 달라고 드리는 기도인 것입니다. 물론 사탄 마귀는 하나님의 계획을 넘어설 수도 없고, 하나님이 정하신 울타리를 넘어서 우리에게 해를 가할 수도 없습니다. 하지만 우리가 연약하여 정욕으로 넘어질 수 있기 때문에, 예수님께서는 마귀의 계략으로부터 우리를 보호해 달라고 기도하라고 가르치신 것입니다. 다시 말해, 마귀의 유혹과 죄로 인한 실패와 불완전함으로 하나님 앞에 참소당하지 않도록 기도하라는 것입니다.

그렇다면 왜 예수님께서는 "우리를 시험하는 자로부터 구원해 달라"는 기도를 하라고 하셨을까요? 그 이유는 예수님께서도 세례를 받으신 후 공생애를 시작하기 전에 마귀에게 시험을 받으신 경험이 있기 때문입니다. 예수님은 그 시험이 얼마나 힘들고 어려운 일인지, 그리고 하나님의 능력 없이는 이길 수 없는 일임을 아셨기에 우리에게 기도하라고 가르치신 것입니다.

> **"그가 시험을 받아 고난을 당하셨은즉 시험 받는 자들을 능히 도우실 수 있느니라."**
> 히브리서 2장 18절

지금도 예수님께서는 우리를 돕기 위해 기도하고 계십니다. 하나님 보좌 우편에서 우리를 위해 중보하시며, 대제사장으로서 하나님께 간구하고 계십니다. 우리의 힘만으로는 악한 자의 유혹을 이길 수 없고, 매일 정죄당하고 쓰러지기 때문에, 우리가 악한 자의 유혹을 이길 수 있도록 예수님께서 중보해 주고 계시는 것입니다.

신앙생활을 하다 보면 시험이 찾아오는 경우가 있습니다. 그 시험이 어떤 형태로 우리에게 찾아올지는 알 수 없습니다. 박해의 모습으로 찾아올지, 경제적인 어려움으로 찾아올지, 건강의 문제로 찾아올지, 아니면 사랑하는 사람들의 비난이나 배신으로 찾아올지 우리는 모릅니다. 어쩌면 어떤 사람들은 욥과 같이 시험을 당할 수도 있고, 요셉과 같은 시험을 받을 수도 있습니다. 다니엘 같은 시험이 찾아올 수도 있고, 다니엘의 친구들과 같은 시험이 찾아올 수도 있습니다.

그리고 그럴 때면 왜 하나님이 이런 시간을 주셨는지 이해하지 못한 채, "하나님을 저주하고 죽으라"는 마귀의 목소리에 귀를 기울이며 낙망하게 될 수도 있습니다. 하지만 그럴 때마다 이길 수 있도록 기도하라는 것입니다. 하나님의 능력으로 이길 수 있도록 "악한 자로부터 구원해 달라"고 기도하라는 것입니다. 사도 바울은 이렇게 이야기합니다.

> "누가 능히 하나님께서 택하신 자들을 고발하리요 의롭다 하신 이는 하나님이시니. 누가 정죄하리요 죽으실 뿐 아니라 다시 살아나신 이는 그리스도 예수시니 그는 하나님 우편에 계신 자요 우리를 위하여 간구하시는 자시니라. 누가 우리를 그리스도의 사랑에서 끊으리요 환난이나 곤고나 박해나 기근이나 적신이나 위험이나 칼이랴. 기록된 바 우리가 종일 주를 위하여 죽임을 당하게 되며 도살 당할 양 같이 여김을 받았나이다 함과 같으니라. 그러나 이 모든 일에 우리를 사랑하시는 이로 말미암아 우리가 넉넉히 이기느니라."
>
> 로마서 8장 33-37절

지금 이 구절은 모든 그리스도인들이 경험할 수 있는 수많은 고난과 시험들에 대해 언급하고 있습니다. 그런데 37절은 우리가 "이 모든 일에 우리를 사랑하시는 이로 말미암아 넉넉히 이긴다"고 말합니다. 마귀의 시험은 우리 힘으로 이길 수 있는 것이 아닙니다. 하나님의 능력으로만 이길 수 있는 것입니다. 그러므로 기도하라는 것입니다. 우리와 같이 시험을 당하신 예수 그리스도께서 우리를 도우실 것이니, 그분의 능력으로 이길 수 있도록 기도하라는 것입니다.

때때로 성도들도 시험을 마주할 수 있습니다. 그리고 때로는 그 시험으로 인해 무너지는 경험을 할 수도 있습니다. 하지만 우리는 시험을 이길 수 있습니다. 기도하며 하나님의 도우심을 구할 때, 하나님이 주시는 능력으로 그 시험을 넉넉히 이길 수 있습니다. 사도 요한은 이렇게 이야기합니다.

> "하나님께로부터 난 자는 다 범죄하지 아니하는 줄을 우리가 아노라 하나님께로부터 나신 자가 그를 지키시매 악한 자가 그를 만지지도 못하느니라."
> 요한일서 5장 18절

이것은 하나님을 알고, 배우고, 경험한 자들의 고백입니다. 하나님을 굳게 신뢰하는 자들의 고백입니다. 시험 가운데에서도 하나님의 도우심으로 넉넉히 이기는 승리를 경험한 자들이 하는 고백입니다. 그러므로 함께 기도하기를 바랍니다. 시험을 두려워하거나 피하려고만 하지 말고, 하나님께서 주신 시험을 넉넉히 이길 수 있는 힘을 달라고 기도할 수 있기를 바랍니다. 또한 악한 자로부터 우리를 구원해 달라고 간구하며 기도하기를 원합니다. 그렇게 해서 시험 가운데 주저앉지 않고, 하나님이 주시는 선한 시험과 계획을 통해 욥과 같이 정금같이 단련되어 나오게 되기를 바랍니다.

## 송영

교회에서 사용하는 찬송가나 예배 순서지에서 가끔 보이는 "송영"이라는 단어는 "예배의 시작과 끝에 드리는 기도형식의 찬송"을 의미합니다. 주기도문의 마지막 구절은 "나라와 권능과 영광이 영원히 아버지의 것입니다"라는 찬송으로 끝나며, 이는 모든 성도들의 기도가 찬양으로 이어져야 함을 가르쳐 줍니다.

그러면 찬양은 어떤 행위를 말할까요? 찬양은 하나님의 하나님 되심을 인정하며 경배하는 것을 의미합니다. 우리의 찬양을 통해 "하나님의 이름"이 거룩히 여김을 받고, "하나님의 나라"와 "하나님의 뜻"이 이루어지기를 인정하며 간절히 구하는 행위가 바로 찬양입니다. 그렇다면 주기도문 마지막 부분에 기록된 찬양의 내용은 어떤 내용을 담고 있을까요?

> "우리를 시험에 들게 하지 마시옵고 다만 악에서 구하시옵소서 ( 나라와 권세와 영광이 아버지께 영원히 있사옵나이다 아멘."
>
> 마태복음 6장 13절

주기도문의 마지막 송영 부분은 주기도문의 내용을 요약하며, 우리의 기도를 하나님의 권능과 영광을 찬양하는 고백으로 마치게 합니다. 하나님은 피조물과 구별되시는 창조주이시며, 모든 권세와 영광을 가지신 분이십니다. 그러므로 주기도문의 마지막 부분은 하나님께만 나라와 권세와 영광이 있다는 것을 인정하는 찬양으로 끝이 납니다. 처음 주기도문으로 기도를 시작할 때 하나님의 영광과 권세를 인정했던 성도들은, 기도를 마칠 때도 동일한 고백으로 마쳐야 한다는 것입니다.

많은 크리스천들이 기도를 단순히 하나님과의 교제로 이해하며 "기도 = 하나님 앞에 속사정을 이야기하는 행위"로 여기기도 합니다. 이는 부분적으로 맞지만, 기도에는 더 거룩하고 본질적인 목적이 있습니다. 기도는 하나님의 나라와 뜻, 그리고 의를 인정하며 훈련하는 시간입니다. 또한 우리가 누구 앞에 서 있는지 끊임없이 생각하고 인식하며, 하나님께 대한 신앙의 결단을 새롭게 하는 행위입니다.

우리 크리스천들은 하늘에 계신 하나님께 기도합니다. 그분은 피조물과 구별된 절대자이시며, 창조주이자 유일한 구속자이십니다. 우리의 기도를 들으시며 우리를 도우시는 유일한 구원자로 고백하며 기도를 시작하고, 그 고백으로 기도를 마치게 되는 것입니다.

주기도문은 "나의 뜻"이 아니라 "하나님의 뜻"을 위해, "내가 소원하는 나라"가 아니라 "하나님의 나라"를 위해 기도하라고 가르칩니다. 이처럼 주기도문은 온전히 하나님께 초점을 맞춘 기도이며, 이는 세상 사람들이 생각하는 기도와 완전히 구별됩니다. 만약 우리의 기도가 단순히

"소원을 이루기 위한 도구"에 머무른다면, 그것은 세상 사람들의 기도와 다를 바가 없습니다. 하지만 예수님께서 가르치신 기도는 우리가 원하는 것을 얻어내기 위한 수단이 아닙니다. 하나님의 소원이 우리의 소원이 되고, 하나님의 마음이 우리의 마음이 되도록 훈련하는 과정입니다.

그러므로 기도는 요술 램프처럼 사용되어서는 안 됩니다. 오히려 예수님을 닮아 거룩하게 살아가고, 하나님의 뜻을 이루기 위해 훈련받는 성도들의 영적 훈련입니다. 우리 안에는 타락한 죄성과 어리석은 욕망들이 가득합니다. 그렇기 때문에 성도들은 주기도문을 날마다 묵상하고 실천하며, 하나님의 나라와 영광과 뜻을 구하는 기도를 훈련해야 합니다.

주기도문은 "나라와 권능과 영광이 영원히 아버지의 것입니다"라는 고백으로 끝납니다. 여기에서 우리는 하나님 나라의 본질을 다시금 확인합니다. 하나님의 나라는 "하나님의, 하나님에 의한, 하나님을 위한 나라"입니다. 하나님의 주권으로 시작되고, 하나님의 주권 안에서 완성됩니다. 우리는 하나님을 선택하거나 투표로 왕을 세우는 존재가 아닙니다. 하나님은 영원한 통치자이시며, 온 우주의 주권자이십니다.

주기도문은 위대한 창조주 하나님께서 우리의 아버지 되심을 고백하는 것으로 시작됩니다. 그리고 "나라와 권능과 영광이 영원히 아버지의 것입니다"라는 고백으로 마무리됩니다. 이 고백은 하나님과 우리 크리스천들의 관계를 다시 한 번 강조하며, 우리의 신앙과 삶이 어떤 의미를 가지는지 깊이 생각하게 합니다. 사도 바울은 이 관계에 대해 이렇게 말했습니다.

> "그러므로 네가 이 후로는 종이 아니요 아들이니 아들이면 하나님으로 말미암아 유업을 받을 자니라."
>
> 갈라디아서 4장 7절

성경은 구원받은 성도들의 정체성을 "하나님의 자녀"라고 하며, 또한 "하나님의 유업을 이을 상속자들"이라고 말합니다. 그러므로 하늘 아버지의 자녀들은 이 땅의 시시한 것들에 욕심을 내서는 안 됩니다. 예수님은 이렇게 말씀하셨습니다.

> "예수께서 이르시되 내가 진실로 너희에게 이르노니 세상이 새롭게 되어 인자가 자기 영광의 보좌에 앉을 때에 나를 따르는 너희도 열두 보좌에 앉아 이스라엘 열두 지파를 심판하리라."
>
> 마태복음 19장 28절

크리스천들은 하나님의 자녀이자 상속자들입니다. 그들은 하나님의 나라를 상속받아, 그 나라의 유업을 이을 자들로서 하나님과 함께 이 세상을 다스리는 역할을 맡게 될 자들입니다. 하나님 나라의 권세와 영광은 이 땅의 것과는 비교할 수 없습니다. 그러므로 우리는 이 땅의 것이 아니라 하나님 나라에 관심을 두고 살아가야 합니다.

하지만 타락한 인간의 마음 속에는 죄로 인해 욕심이 가득합니다. 그래서 하나님의 나라를 위해 살기보다 내 나라를 세우려고 하고, 하나님의 뜻이 아니라 내 뜻을 이루려 하며, 하나님의 의가 아니라 내 의를 세우며 살아가려고 합니다. 이러한 이유로 예수님께서는 우리에게 기도하라고 가르쳐 주셨습니다. 주님께서 가르쳐 주신 기도문을 날마다 묵상하며 기도하고, 기도하면서 하나님 나라 백성으로서의 삶을 훈련하라는 것입니다.

그러므로 날마다 이 기도문을 통해 여러분의 가치와 세계관을 하나님 나라 백성답게 조율해 나가시기를 바랍니다. 예수님께서 가르쳐 주신 대로 삶의 가치와 방향을 날마다 조율하며 살아가는 여러분이 되시기를 주님의 이름으로 축복합니다.

# 십 계 명

제일은 너는 나 외에는 다른 신들을 네게 두지 말라.

제이는 너를 위하여 새긴 우상을 만들지 말고
또 땅위로 하늘에 있는 것이나
아래로 땅에 있는 것이나
땅 아래 물속에 있는 것의 어떤 형상도 만들지 말며
그것들에게 절하지 말며 그것들을 섬기지 말라.

제삼은 너는 네 하나님 여호와의 이름을
망령되게 부르지 말라.

제사는 안식일을 기억하여 거룩하게 지키라.

제오는 네 부모를 공경하라.

제육은 살인하지 말라.

제칠은 간음하지 말라.

제팔은 도둑질하지 말라.

제구는 내 이웃에 대하여 거짓 증거하지 말라.

제십은 네 이웃의 집을 탐하지 말라.

# 십계명

## 1강

## 1-4계명

십계명은 크리스천들이 하나님 나라의 백성답게 살 수 있는 도덕적인 삶의 기준을 제시해 줍니다. 마치 신호등이 특정한 이동 경로를 알려주는 것처럼, 십계명은 우리가 해서는 안 되는 일들과 해야만 하는 일들에 대한 구체적인 가르침을 알려줍니다. 그런데 사실 많은 사람들이 십계명의 내용을 반기지 않습니다. 이는 십계명의 내용이 우리의 죄악된 본성과 부딪히기 때문입니다. 그래서 많은 사람들이 십계명을 거부하고 있으며, 어떤 교회들은 십계명을 강론하는 것을 꺼려 하기도 합니다.

하지만 십계명은 구시대적인 유물이거나 단순한 신앙생활의 제안이 될 수 없습니다. 왜냐하면 십계명은 하나님께서 모든 성도들에게 주신 실제적인 삶의 지침이자 명령이기 때문입니다. 크리스천들은 온 우주의 왕이신 하나님 나라의 백성이며, 온 우주의 왕이신 하나님께서 요구하시는 율법을 지킬 의무와 책임을 받은 사람들입니다.

## 십계명이 주어진 배경

출애굽기의 기록을 보면, 하나님께서 애굽의 노예였던 이스라엘을 구원해 내시고 시내산으로 인도하시는 장면이 기록되어 있습니다. 그곳에서 이스라엘은 하나님과 언약을 맺습니다.

> "세계가 다 내게 속하였나니 너희가 내 말을 잘 듣고 내 언약을 지키면 너희는 모든 민족 중에서 내 소유가 되겠고. 너희가 내게 대하여 제사장 나라가 되며 거룩한 백성이 되리라 너는 이 말을 이스라엘 자손에게 전할지니라."
>
> 출애굽기 19장 5-6절

하나님이 이스라엘과 언약을 맺었다는 것은 하나님과 이스라엘 사이에 공식적인 관계를 맺었다는 것을 의미합니다. 하나님이 이스라엘의 왕이 되시고, 이스라엘은 하나님의 백성이 된다는 것이죠. 이스라엘은 공식적으로 하나님의 백성이 되었기 때문에, 이제부터는 하나님 나라의 법을 지키며 살아야 하는 의무와 책임도 함께 받게 되었습니다. 그래서 하나님이 이스라엘에게 주신 법이 바로 하나님의 율법, 즉 십계명입니다. 쉽게 말해, 십계명은 이스라엘 백성들이 지켜야 하는 헌법이자 율법의 핵심인 것입니다.

> "여호와께서 시내 산 위에서 모세에게 이르시기를 마치신 때에 증거판 둘을 모세에게 주시니 이는 돌판이요 하나님이 친히 쓰신 것이더라."
> 출애굽기 31장 18절

하나님께서는 직접 쓰신 두 개의 돌판을 모세에게 주셨습니다. 당시 고대 근동에서 실제로 행해졌던 조약법에 따르면, 전쟁에서 이긴 나라는 주인국가가 되고, 패배한 나라는 지배를 받는 국가가 되었습니다. 그런 경우 전쟁에서 승리한 나라의 왕이 패배한 나라를 지배하는 조약문을 작성했는데, 똑같은 조약문 두 개를 작성하여 두 나라가 각각 나누어 가졌습니다. 그리고 그 조약문의 내용은 패배한 나라가 승리한 나라의 왕을 섬기며 그의 백성이 되는 것을 선언하는 것이었습니다.

창세기부터 신명기까지 기록된 많은 율법은 하나님께서 모세를 통해 간접적으로 전달하셨지만, 십계명은 하나님께서 직접 기록하여 주셨습니다. 그 이유는 하나님께서 그 당시 고대 근동의 관습을 통해 이스라엘에게 전달하고자 하시는 중요한 메시지가 있었기 때문입니다. 다시 말해, 하나님께서는 죄와 사망의 세력을 정복하시고 이스라엘을 구속하사, 자신을 왕으로 섬기는 하나님 나라 백성으로 삼았다는 선언을 하신 것입니다. 그래서 출애굽기 20장에서 십계명을 주시기 전에 하나님께서 서론으로 이러한 말씀을 주시는 것입니다.

> "하나님이 이 모든 말씀으로 말씀하여 이르시되. 나는 너를 애굽 땅, 종 되었던 집에서 인도하여 낸 네 하나님 여호와니라."
>
> 출애굽기 20장 1-2절

지금 하나님께서 어떤 이야기를 꺼내면서 십계명의 열 가지 조항을 요구하기 시작하시는지 주목해야 합니다. 하나님은 자신을 "애굽 땅, 종 되었던 집에서 인도하여 낸 네 하나님 여호와"라고 소개하십니다. 그러면 하나님께서 이스라엘을 자신의 백성으로 삼기 위해 행하신 일은 무엇일까요? 출애굽기는 이렇게 이야기합니다.

> "주의 인자하심으로 주께서 구속하신 백성을 인도하시되 주의 힘으로 그들을 주의 거룩한 처소에 들어가게 하시나이다."
>
> 출애굽기 15장 13절

하나님께서는 이스라엘을 애굽에서 "구속"해 내셨습니다. "구속"이라는 말은 값을 치렀다는 뜻으로, 애굽에서 열 번째 재앙이 일어날 때 유월절 어린양의 피로 그들의 생명 값을 치르시고 그들을 속량하셨다는 것입니다. 성경은 우리가 하나님이 창조하신 백성이기 때문에 하나님의 것이라고 말하는 동시에, 하나님께서 자신의 생명 값을 치르시고 구원하셨기 때문에 우리가 하나님의 것이라고 이야기합니다. 그래서 우리의 왕이신 하나님께서 하나님의 백성들에게 십계명의 조항들을 요구하시는 것입니다. 그러면 우리를 자신의 백성 삼으신 하나님께서 첫 번째로 우리에게 요구하시는 계명은 무엇일까요?

"너는 나 외에는 다른 신들을 네게 두지 말라."

출애굽기 20장 3절

왜 하나님께서는 가장 먼저 이 계명을 이스라엘에게 주셨을까요? 그 이유는 십계명의 모든 계명이 하나님께서 절대적인 왕으로서 하나님의 백성들에게 주신 명령이기 때문입니다. 즉, 너희들의 왕께서 말씀하시니 이제부터는 하나님의 말씀에만 순종하라는 것입니다. 다른 어떤 것도 너희 삶에서 하나님의 위치에 두지 말라는 것이죠. 그러나 이스라엘은 하나님의 명령에 순종하지 않았습니다.

"이스라엘 자손이 여호와의 목전에 악을 행하여 자기들의 하나님 여호와를 잊어버리고 바알들과 아세라들을 섬긴지라."

사사기 3장 7절

이스라엘 백성들은 하나님과의 약속을 어겼습니다. 왕이신 하나님의 명령을 배반하고 다른 신들을 섬기기 시작했죠. 그 결과, 하나님께서 주신 나머지 계명들도 어기게 되었습니다. 왜냐하면 십계명의 모든 계명은 "이스라엘과 하나님과의 관계성"에서 주어진 것이기 때문입니다. 만약 그들이 하나님을 왕으로 섬기지 않는다면, 다른 계명들을 지킬 이유도 없어지는 것입니다. 그래서 이스라엘은 각자 자기 소견에 옳은 대로 행하며, 결국 이스라엘 역사상 최악의 시대인 사사 시대를 마주하게 되었습니다.

> "그 때에 이스라엘에 왕이 없으므로 사람이 각기 자기의 소견에 옳은 대로 행하였더라."
>
> 사사기 21장 25절

## 십계명을 주신 이유

그러면 하나님께서 우리에게 십계명을 주신 이유는 무엇일까요? 가장 먼저 이야기해야 할 점은, 십계명은 계명들을 지켜서 구원을 받으라고 주신 것이 아니라는 것입니다. 사도 바울은 율법의 역할과 한계에 대해 로마서에 분명하게 기록해 두었습니다.

> "그러므로 율법의 행위로 그의 앞에 의롭다 하심을 얻을 육체가 없나니 율법으로는 죄를 깨달음이니라."
>
> 로마서 3장 20절

율법은 누군가가 그것을 지킴으로써 구원을 받기 위해 주어진 것이 아닙니다. 오히려 율법은 우리의 죄를 증거하고, 죄를 죄로 드러내며 깨닫게 하기 위해 주신 것입니다. 성경을 읽어 보면, 율법이 기록된 두 돌판을 부르는 중요한 표현을 발견할 수 있습니다.

> "속죄소를 궤 위에 얹고 내가 네게 줄 증거판을 궤 속에 넣으라."
>
> 출애굽기 25장 21절

성경은 율법이 기록된 두 돌판을 "증거판"이라고 부릅니다. 그래서 율법의 두 돌판이 담긴 언약궤를 "증거궤"라고도 합니다. 그러면 율법의 두 돌판은 무엇을 증거하고 있을까요? 첫째, 하나님이 우리의 왕이 되시고 우리는 하나님의 백성이 된다는 "하나님과 우리의 관계"를 증거합니다. 둘째, 그럼에도 불구하고 우리가 왕이신 하나님의 법을 지키지 않았다는 것을 증거합니다.

또 한 가지 염두에 두어야 할 점은 "십계명이 주어진 시기"입니다. 십계명은 이스라엘 백성이 출애굽기 12장에서 구원을 받고, 19장에서 하나님의 백성으로 삼으신 뒤에, 20장에서 주어진 것입니다. 다시 말해, 이미 유월절 어린양의 피로 구원을 받은 이스라엘 백성들에게 십계명이 주어진 것이지, 율법을 지켜서 구원을 받으라는 의미로 주어진 것이 아닙니다.

그러므로 우리는 이 사실을 분명히 이해해야 합니다. 십계명을 지켜서 구원받는 것은 아니지만, 우리는 십계명을 지켜야 합니다. 왜냐하면, 구원받은 하나님의 백성이 되었기 때문에 당연히 하나님 나라의 법을 지켜야 하기 때문입니다. 그리고 십계명은 하나님께서 직접 당신의 백성에게 명령하신 내용이기 때문입니다. 그래서 예수님께서도 이렇게 말씀하셨습니다.

> **"너희가 나를 사랑하면 나의 계명을 지키리라."**
>
> 요한복음 14장 15절

십계명은 구원의 조건으로 주신 것이 아닙니다. 오히려 우리가 구원을 받았기 때문에, 하나님의 백성답게 살아야 하는 책임으로 주신 계명입니다. 그러나 몇몇 사람들이 십계명을 주신 하나님의 목적과 의도를 오해했기 때문에, "열 가지 명령"이 아닌 "열 가지 제안" 정도로 바꾸자는 이야기를 합니다. 하지만 오해하지 말아야 할 점은, 십계명은 하나님께서 자신의 백성들을 억압하기 위해 주신 것이 아니라는 것입니다. 오히려 십계명은 하나님의 자녀들을 보호하기 위해 주신 신호등이나 울타리 같은 역할을 합니다. 신호등은 우리를 불편하게 하기 위해 존재하는 것이 아니라, 오히려 우리를 안전하게 보호하기 위해 존재합니다. 이와 같이 하나님께서는 하나님의 백성들을 보호하기 위해 신호등과 같은 안전한 보호 장치를 주신 것입니다.

## 제 1계명: 하나님 외에 다른 신을 두지 말라.

"너는 나 외에는 다른 신들을 네게 두지 말라."

출애굽기 20장 3절

자, 그러면 지금부터 하나님께서 이스라엘에게 주신 열 가지 계명에 대해 살펴보겠습니다. 출애굽기 20장 3절에는 첫 번째 계명이 기록되어 있습니다. 여기에서 주의해야 할 점은 성경에서 "다른 신들"이라고 표현한 것이 실제로 하나님 외에 다른 신이 존재한다는 의미가 아니라는 것입니다. 이사야를 통해 전하신 말씀을 보겠습니다.

> "너희는 알리며 진술하고 또 함께 의논하여 보라 이 일을 옛부터 듣게 한 자가 누구냐 이전부터 그것을 알게 한 자가 누구냐 나 여호와가 아니냐 나 외에 다른 신이 없나니 나는 공의를 행하며 구원을 베푸는 하나님이라 나 외에 다른 이가 없느니라."
>
> 이사야 45장 21절

성경은 분명히 하나님 외에 다른 신이 없다고 이야기합니다. 다른 모든 것들은 하나님이 지으신 피조물일 뿐이며, 인간이 그 마음에서 신의 위치로 끌어올린 것일 뿐, 결코 신이 아니라는 것입니다. 그런데 첫 번째 계명의 핵심은 하나님만이 유일한 신이라는 사실을 가르치는 데 있지 않습니다. 왜냐하면 성경은 이미 단호하게 하나님 외에는 그 어떤 신도 존재하지 않는다고 가르치고 있기 때문입니다.

오히려 이 구절의 강조점은 "하나님과 우리 사이에 그 어떤 것도 끼어 들어서는 안 된다"는 사실을 강조합니다. 여기서 "나 외에는"이라고 번역된 히브리어는 "알 파냐(עַל־פָּנַי)"라는 단어를 사용하고 있습니다. "알(עַל)"은 "~앞에"라는 뜻이고, "파냐(פָּנַי)"는 "얼굴"이라는 뜻입니다. 즉, 이 계명은 하나님과 우리가 얼굴을 마주보며 사랑의 관계를 맺는 상황 속에서, 하나님과 우리 사이에 어떤 것도 있어서는 안 된다는 것을 가르치는 것입니다.

그렇다면 왜 하나님께서는 첫 번째 계명으로 이 말씀을 주셨을까요? 이스라엘은 애굽에서 살면서 애굽 사람들이 섬겼던 수많은 우상들을 경험하며 살았습니다. 더 나아가, 가나안 땅에 들어가서는 가나안 사람들이 섬기는 수많은 신들과 마주하게 될 것입니다. 이스라엘이 살아가는 모든 순간 속에서 하나님을 섬기지 못하게 하는 수많은 우상과 장애물들을 직면할 것입니다. 이러한 상황에서 하나님께서는 하나님과 우리 사이에 그 어떤 것도 끼어들지 못하게 하라는 강력한 계명을 가장 먼저 주셨습니다. 왜냐하면, 그렇지 않으면 그 뒤에 기록된 모든 계명들을 지킬 수 없기 때문입니다.

팀 켈러 목사님은 "무엇이 우상인가?"라는 질문에, "하나님 외에 우리가 섬기는 모든 것이 우상이다"라고 답변했습니다. 때로는 돈이, 때로는 명예와 권력이, 때로는 데이트 상대나 사랑하는 자녀들이 하나님의 뜻을 행하는 데 방해가 될 수 있습니다. 그러나 성경은 우리가 하나님의 뜻을 행하는 데 걸림돌이 되는 모든 것이 하나님의 위치를 차지하는 우상이 된다고 가르칩니다. 그래서 하나님은 첫 번째 계명에서 하나님과 우리 사이에 어떤 것도 끼어들지 못하도록, 하나님을 1순위로 섬기라고 강조하신 것입니다.

그런데 한 가지 더 주목해야 할 점이 있습니다. 그것은 하나님께서 십계명을 주시기 전에, 십계명을 지켜야 하는 이유를 먼저 밝히고 있다는 것입니다. 출애굽기 20장 2절과 3절을 이어서 읽어 보겠습니다.

"나는 너를 애굽 땅, 종 되었던 집에서 인도하여 낸 네 하나님 여호와니라. 너는 나 외에는 다른 신들을 네게 두지 말라."

출애굽기 20장 2-3절

하나님께서는 이스라엘 백성들이 십계명을 지켜야 하는 이유를 하나님과 그들 사이의 관계에서 명령하고 있습니다. 다시 말해, 하나님은 그들을 애굽 땅, 종 되었던 집에서 인도하여 낸 "네 하나님 여호와"라고 선언하십니다. 그러므로 이스라엘은 하나님과 자신들 사이에 다른 신을 두지 말고, 하나님을 위해 하나님께서 주신 계명을 지켜야 하는 것입니다.

예를 들어, 성도들이 살인을 하지 않는 이유는 단순히 그것이 나쁜 일이기 때문이 아닙니다. 그것은 하나님의 형상을 해하는 죄이며, 하나님의 주권을 찬탈하는 죄이기 때문에 피해야 하는 것입니다. 마찬가지로 간음 죄를 범하지 않는 이유도 단순히 그것이 악한 죄이기 때문이 아니라, 결혼이 그리스도와 교회의 연합을 드러내는 거룩한 연합이기 때문에 그것을 파괴하지 않으려 하는 것입니다.

출애굽기 20장 2-3절의 문구는 그 당시 왕과 신하들의 관계를 나타내는 표현이며, 실제로 고대 근동의 왕들이 백성들과 맺었던 조약문과 유사한 형식을 가지고 있습니다. 그런데 이스라엘과 언약을 맺은 하나님께서 뭐라고 말씀하십니까? 하나님은 "나는 너희의 왕 하나님이고, 너희는 나의 백성이다"라고 말씀하십니다. 그러므로 이스라엘이 하나님의 백성이라면 하나님의 계명을 지켜야 하며, 하나님의 계명을 지키지 못하게 하는 어떤 것도 하나님과 그들 사이에 두어서는 안 됩니다. 그래서 사도 바울은 성도들이 살아가는 태도가 어떠해야 하는지를 이렇게 밝혀 두었습니다.

> "그런즉 너희가 먹든지 마시든지 무엇을 하든지 다 하나님의 영광을 위하여 하라."
> 고린도전서 10장 31절

> "우리가 살아도 주를 위하여 살고 죽어도 주를 위하여 죽나니 그러므로 사나 죽으나 우리가 주의 것이로다."
> 로마서 14장 8절

성경은 구원받은 성도들이 하나님의 것이라고 말합니다. 그렇다면 왜 성경은 구원받은 성도들이 하나님의 소유라고 이야기할까요? 하나님께서 우리를 창조하셨기 때문에 우리는 하나님의 것이며, 또한 하나님께서 우리를 죄로부터 구원하셨기 때문에 우리는 하나님의 것입니다. 그러므로 구원받은 하나님의 백성으로서, 우리는 하나님의 말씀을 지켜야 합니다.

성경은 하나님이 우리의 주인이요, 왕이라고 가르칩니다. 따라서 하나님이 우리의 왕이시라면, 우리는 하나님께서 말씀하신 모든 내용에 순종해야 합니다. 또한 하나님과의 관계를 흐트러뜨리지 않도록, 모든 삶을 하나님 중심으로 두고 살아야 합니다. 하나님은 하나님 나라의 왕으로서, 하나님 나라 백성들의 모든 삶의 영역과 우리가 속한 모든 인생의 영역을 다스리기를 원하십니다.

하나님은 하나님과 우리 사이에 다른 어떤 것도 끼어들지 않기를 원하십니다. 하나님의 뜻을 행하고, 하나님의 나라를 위해 살아가는 사람들의 동기, 의도, 목적, 방향 모두에 다른 어떤 것도 들어오지 않기를 바라십니다. 그러므로 하나님 외에 다른 신을 섬기지 않도록 해야 합니다. 어떤 것도 하나님의 위치에 놓여서는 안 되며, 어떤 이유로든 하나님의 뜻을 이루는 일을 주저해서는 안 됩니다.

## 제 2계명: 우상을 섬기지 말라

"너를 위하여 새긴 우상을 만들지 말고 또 위로 하늘에 있는 것이나 아래로 땅에 있는 것이나 땅 아래 물 속에 있는 것의 어떤 형상도 만들지 말며. 그것들에게 절하지 말며 그것들을 섬기지 말라 나 네 하나님 여호와는 질투하는 하나님인즉 나를 미워하는 자의 죄를 갚되 아버지로부터 아들에게로 삼사 대까지 이르게 하거니와. 나를 사랑하고 내 계명을 지키는 자에게는 천 대까지 은혜를 베푸느니라."
출애굽기 20장 4-6절

지금 이 시대는 종교를 대하는 부분에 있어 세 가지 특징을 보입니다. 첫째, 종교에 관한 모든 권위를 일체 거부하는 사람들이 늘어나고 있습니다. "절대 진리는 없다"라고 말하는 포스트모더니즘 사회에서 사람들은 절대적인 권위를 거부합니다. 그들은 성경의 권위를 인정하지 않으며, "내가 원하는 것을 믿을 거야"라고 주장합니다. 그래서 성경이 이야기하는 열 가지 계명을 자신들에게 요구하지 말고, "열 가지 제안" 정도로 바꾸자고 이야기합니다.

오늘날 많은 사람들이 "하나님을 믿는다"고 말하지만, 실제로 그들이 믿고 있는 하나님이 어떤 분인지 소개를 요청하면 각기 다른 수많은 하나님의 모습에 대해 듣게 됩니다. 그러나 그 모습들은 성경과 동떨어진 경우가 많습니다. 하지만 성경은 진리에 대해 철저히 배타적인 가르침을 주고 있습니다.

> "다른 이로써는 구원을 받을 수 없나니 천하 사람 중에 구원을 받을 만한 다른 이름을 우리에게 주신 일이 없음이라 하였더라."
>
> 사도행전 4장 12절

성경은 구원에 관해 절대적이고 명확한 진술을 하고 있습니다. 그렇기 때문에 오늘날 절대 진리와 권위를 거부하는 사람들에게 성경적인 기독교는 배타적으로 보일 수밖에 없습니다. 이런 상황에서 그들의 마음을 얻기 위해 성경의 권위와 하나님의 절대 주권을 가볍게 만드는 시도들이 반복적으로 일어나고 있는 것입니다.

이 시대가 가지고 있는 두 번째 종교적 특징은, "종교를 개인의 선택 정도로 여긴다"는 것입니다. 쉽게 말해, "너는 그것이 좋아서 선택했고, 나는 이것이 좋아서 선택했다"는 식의 접근입니다. 예전에 어떤 분이 저에게 이렇게 말씀하셨던 것이 기억납니다. "목사님에게는 목사님의 하나님이 있고, 저에게는 저의 하나님이 있으니, 저에게 목사님의 하나님을 강요하지 말았으면 합니다." 그런데 여러분, 제가 믿는 하나님이 따로 있고, 여러분이 믿는 하나님이 따로 있을까요? 아닙니다. 성경은 단 한 분의 하나님만이 존재한다고 가르칩니다. 우리에게는 오직 한 분이신 하나님이 계십니다. 그분은 역사 속에서 자신을 드러내시고, 성경을 통해 자신을 계시하신 "성경의 하나님" 한 분뿐이십니다. 그러나 많은 사람들이 신앙생활을 자신의 선호와 기호에 따라 하려 합니다. 하지만 성경은 그들의 바람과는 다른 이야기를 하고 있습니다.

> "내가 그들 중에 거할 성소를 그들이 나를 위하여 짓되. 무릇 내가 네게 보이는 모양대로 장막을 짓고 기구들도 그 모양을 따라 지을지니라."
>
> 출애굽기 25장 8-9절

지금 이 말씀은 하나님께서 예배를 받으실 성막과 성소에 대해 "설계도"를 주기 시작할 때의 말씀입니다. 그렇다면 성막과 성소가 각자의 스타일대로 지어졌습니까? 사람들마다 자기 스타일대로 제물을 드리고, 성막을 짓고, 제사를 드렸나요? 아닙니다. 레위기가 말하는 대로, 이스라엘 백성들은 제사를 드리는 방법도, 성소의 기구들을 놓는 장소도, 위치, 방법, 순서, 방향 모두 하나님이 명하신 대로 해야 했습니다. 그래야만 여호와께서 열납하시는 예배가 된다고 하셨습니다. 그래서 레위기는 여호와께 받아들여지는 예배와 받아들여지지 않는 예배에 대해 반복해서 가르치고 있습니다. 그럼에도 불구하고 오늘날 많은 사람들이 신앙생활을 "저마다의 기호에 따른 선택사항" 정도로 여긴다는 것입니다.

이 시대의 세 번째 종교적 특징은 "자기 소견에 옳은 대로 하도록 내버려 두라"는 것입니다. 오늘날 수많은 사람들은 성경이 명확하게 요구하는 책임과 의무에는 관심이 없습니다. 오직 "사랑, 관용, 품어줌"에만 초점을 맞춥니다. 절대 진리를 거부하는 이 시대의 사람들은 자신들 또한 절대적인 권위로부터 보호받기 위해 "모든 것을 품어야 한다"는 주장을 합니다. 그것이 내게는 맞지 않을지 모르지만, 함부로 흠을 잡아서는 안 된다고 이야기합니다.

포스트모더니즘 시대의 특징은 "내가 옳지 않다고 생각하는 것이 다른 누군가에게는 옳을 수 있으니, 절대적인 기준으로 판단하지 말라"는 것입니다. 예전에 LA 지역의 찜질방에서 한 남자가 자신은 여자라고 주장하며 여자 탈의실에 들어가서 소동이 일어난 적이 있습니다. 고객들이 항의했지만, 캘리포니아 법에 따라 성별은 개인이 결정할 수 있다는 이유로 그의 주장을 막을 수 없었습니다. 결국 하나님의 주권을 거부하고 인간의 자유를 극단적으로 주장한 결과는 무엇입니까? "나에게 하지 말라고 하지 말라. 너에게 옳은 것이 나에게도 옳은 것은 아니다"라는 생각 아래에서 사회적 혼란이 일어난 것입니다.

오늘날 뉴에이지 영향 속에 있는 수많은 사람들이 하나님의 주권을 거부하고, 자신의 자유를 강조하는 이유는 자기 소견에 옳은 대로 하겠다는 사사 시대의 생각과 노선을 같이 합니다. 선과 악을 판단하는 일에, 각자가 하나님 같이 되어 자신들의 자유를 누리겠다는 것이죠. 그래서 그들은 십계명을 거부합니다. 하나님과 성경의 권위를 거부하는 사람들은 하나님의 형상을 따라서 지음 받기를 거부합니다. 그리고 오히려 자기의 형상을 따라서 하나님을 만들려고 하죠. 하나님을 정의하는 기준이 내가 되고, 내가 원하는 모습으로 신앙생활을 할 수 있다는 것입니다.

그래서 이 시대의 많은 사람들은 그것이 진리인지를 중요하게 여기지 않습니다. 자신들의 입맛과 기호에 맞기만 하면 무엇이든 하나님이 될 수 있고, 무엇이든 신앙이 대상이 될 수 있다고 여기죠. 하지만 그것이 바로 "우상 숭배"라는 것입니다. 그런데 십계명의 내용을 자세히 살펴보면, 우상이 무엇인지, 그리고 왜 하나님께서 우상을 숭배하지 말라고 하셨는지에 대한 이야기를 찾아 볼 수 있습니다.

> "너를 위하여 새긴 우상을 만들지 말고 또 위로 하늘에 있는 것이나 아래로 땅에 있는 것이나 땅 아래 물 속에 있는 것의 어떤 형상도 만들지 말며."
>
> 출애굽기 20장 4절

지금 십계명의 두 번째 계명에 대한 말씀은 "너를 위하여" 우상을 만들지 말라는 표현으로 시작됩니다. 이 표현은 무엇이 우상인지, 그리고 왜 우상이 만들어지는지를 알려주는 중요한 단서를 제공합니다. 그러면 왜 사람들은 우상을 만들어서 섬기는 것일까요? 사람들이 우상을 섬기는 이유는 두 가지로 요약될 수 있습니다. 첫째, 두려움과 불안 때문입니다. 둘째, 욕망 때문입니다. 창세기 3장을 보면, 인간이 죄를 짓고 가장 먼저 보였던 반응이 기록되어 있습니다.

> "그들이 그 날 바람이 불 때 동산에 거니시는 여호와 하나님의 소리를 듣고 아담과 그의 아내가 여호와 하나님의 낯을 피하여 동산 나무 사이에 숨은지라. 여호와 하나님이 아담을 부르시며 그에게 이르시되 네가 어디 있느냐. 이르되 내가 동산에서 하나님의 소리를 듣고 내가 벗었으므로 두려워하여 숨었나이다."
>
> 창세기 3장 8-10절

인간이 죄를 짓고 나서 가장 먼저 보인 반응은 하나님을 피해서 숨는 것이었습니다. 죄를 짓기 전에는 하나님과 함께 동행하며 교제하고, 하나님을 기뻐하며 불안이나 두려움을 느끼지 않았습니다. 그러나 죄를 짓고 나자 "두려움"과 "불안"이 찾아왔고, 그로 인해 하나님을 피하게 되었습니다. 이 말씀을 통해 우리는, 인간이 하나님께 죄를 지으면 하나님의 낯을 피하고 하나님의 말씀을 피하게 된다는 것을 알 수 있습니다. 이는 자신들이 하나님의 법을 어겼다는 불안감 때문입니다.

그런데 이러한 불안감이 우상 숭배와 관련이 깊습니다. 이를 이해하려면 고대 근동의 종교적 배경을 살펴볼 필요가 있습니다. 고대 근동 사회는 "다신교(Polytheism)"를 특징으로 했으며, 사람들은 통제할 수 없는 두려움의 대상들을 신격화(Deification)했습니다. 물, 바람, 불과 같은 자연 재해를 다스리는 신들이 있다고 믿었고, 신들의 심기를 달래야 이러한 재앙을 막을 수 있다고 여겼습니다. 예를 들어, 한국의 심청전 이야기에서 심청이가 용왕을 위해 바다에 던져지듯이, 사람들은 부정을 제거하거나 신을 달래야 생존과 안전을 도모할 수 있다고 생각했습니다.

이러한 배경 속에서 고대 근동의 종교 문화는 통제할 수 없는 두려움을 신격화하고, 다신교 신앙을 발전시키며 형성되었습니다. 사람들은 신들을 위계화하고 각 신의 역할에 맞는 제사를 드림으로써 신들의 개입을 차단하거나 관리할 수 있다고 믿었습니다. 즉, 신들에게 제사를 드리는 것은 예측 불가능한 요소를 최소화하고, 자신들이 알고 있는 질서와 안전을 유지하려는 방어적 행위였던 것입니다.

그러나 하나님께서는 "너를 위하여" 우상을 만들지 말라고 명령하셨습니다(출 20:4). 이는 사람들이 자신을 보호하고 권익을 누리기 위해 우상을 섬기는 잘못된 동기를 지적하는 것입니다. 사람들은 통제와 안전을 추구하며 우상을 만들어 섬기지만, 이는 결국 하나님을 거부하고 자신을 중심에 둔 행위입니다. 이러한 관점에서 출애굽기의 또 다른 기록을 살펴보겠습니다.

> "너희는 나를 비겨서 은으로나 금으로나 너희를 위하여 신상을 만들지 말고. 내게 토단을 쌓고 그 위에 네 양과 소로 네 번제와 화목제를 드리라 내가 내 이름을 기념하게 하는 모든 곳에서 네게 임하여 복을 주리라."
> 출애굽기 20장 23-24절

지금 이 구절에서 "나를 비겨서"라고 표현된 내용은 "나를 대신해서" 또는 "나를 대체해서"라는 뜻입니다. 즉, 성경은 우리가 우리 스스로를 위해 하나님을 대체할 우상을 만드는 모든 시도를 금지하고 있다는 것입니다. 그러므로 우상이 무엇인지 정리해 보겠습니다. 우상이란, 하나님을 대신하거나 대체하려는 모든 것, 그리고 하나님이 아닌 것을 하나님처럼 여기며 섬기는 모든 행위를 의미합니다. 이는 단순히 물질적인 형상이나 조각된 신상만이 아니라, 우리의 마음속에서 하나님보다 더 중요하게 여기는 모든 것을 포함합니다.

하나님이 아닌 무엇이 여러분 인생의 목적과 의미를 가져다준다면, 하나님이 아닌 무엇이 여러분 인생에 만족감을 주고, 그것이 없을때 우울하고 불안해진다면, 그것이 바로 여러분의 우상일 수 있습니다. 내 삶에 우상이 있는지를 알 수 있는 질문은 생각보다 간단합니다. 내가 가장 많은 시간을 쓰고, 내가 가장 많은 대화의 주제로 삼는 것이 내 우상입니다.

> "네 보물 있는 그 곳에는 네 마음도 있느니라."
>
> 마태복음 6장 21절

나의 은행 입출금 내역과 카드 거래 내역에서 가장 많은 지출 내역이 나의 우상입니다. 나의 24시간, 주 7일, 한 달간의 삶 속에서 내가 가장 많은 시간을 쓰는 것이 나의 우상입니다. 간단히 말해, 나의 돈과 시간과 에너지를 가장 많이 쓰는 것이 나의 우상입니다. 왜 우리는 이러한 우상들을 자꾸 만들어 낼까요? 그것은 우리가 하나님을 떠난 죄인들이기 때문입니다. 아담이 죄를 짓고 나서 하나님께서 가장 먼저 하신 질문이 무엇입니까? "네가 어디에 있느냐?(창 3:9)"라는 질문이었습니다. 하나님이 아담이 어디에 있는지 몰라서 그런 질문을 하셨을까요? 아닙니다. 이 질문은 "네가 있어야 할 곳을 벗어났다"는 책망이 담긴 메시지입니다.

아담이 여호와의 낯을 피해서, 있어야 할 곳에서 도망가서 했던 행동은 여호와의 낯을 피하고, 여호와의 말씀을 피해서 숨는 것이었습니다. 이것이 타락한 인간이 하나님을 마주할 때 보이는 반응입니다. 신앙생활을 하다 보면 성도들도 똑같은 행동을 합니다. 죄를 짓고, 하나님이 하지 말라는 일들을 하고 있을 때 예배도 빠지고, 성경공부 자리에도 나오지 않게 됩니다. 여러분 우리가 왜 시험에 듭니까? 예수님께서 시험에 들지 않게 기도하라고 하셨지만, 기도하지 않으니 시험에 드는 것입니다.

아이들 중에서도 유독 감기에 잘 걸리고 잘 아픈 아이들이 있는 반면, 유독 건강한 아이들도 있습니다. 그 차이는 보통 잘 먹고, 잘 먹지 않는다는 차이에 있습니다. 믿음이 들음에서 나고, 들음은 그리스도의 말씀에서 나면(롬 10:17), 굳센 믿음을 가지기 위해 목숨 걸고 말씀 듣는 자리에 있어야 합니다. 그러나 생명의 떡이신 하나님의 말씀을 듣지 않으니 자꾸 영적으로 병에 걸리는 것입니다. 기도하지 않으니 하나님의 뜻과 멀어지게 됩니다. 문제는 잘못했을 때 하나님의 낯을 피하지 말고 하나님 앞에 나아가 회개하고 용서를 받아야 하는데, 자꾸 하나님의 말씀을 피해서 숨는 데 있습니다.

또 한편으로는 불안하기 때문에 자신을 위해 우상을 만들어 섬기는 것입니다. 우상숭배의 매력은 내가 원하는 대로 길들여진 신을 섬길 수 있다는 데 있습니다. 정확히 말하면, 신이 원하는 것을 해주기만 하면 내가 원하는 것을 원하는 때에, 원하는 방법대로 얻을 수 있다는 것입니다. 멀찍이 거리를 두고 내가 원하는 방식으로 신앙생활을 할 수 있는 것이죠. 이와 같은 이유로, 많은 사람들이 교회에 출석만 하고 있으면서 크리스천의 의무를 다했다고 오해하는 경향이 있습니다.

오늘날 많은 사람들은 자신들의 선호도에 따라 주일에 교회 건물에 들어가 예배에 출석하는 것만으로 종교적 의무를 다했다고 생각합니다. 그 후 자신들이 원하는 메시지를 주는 길들여진 신을 섬깁니다. 그러나 목사님과 가까워지거나, 공동체에서 의무와 책임을 요구받게 되면, 도덕적 요구가 많아지기 때문에 되도록 눈에 띄지 않는 곳으로 숨으려 합니다. 결국 여호와의 낯을 피해서 숨으려 하는 것입니다. 실제로 많은 교인들이 자신들이 원하는 신앙생활의 방식과 교회의 스타일을 이야기하지만, 내면을 들여다보면 자신들이 원하는 가치를 누리기 위해서인 경우가 많습니다. 하나님을 섬기고 예배하기 위해 교회에 소속되는 것이 아니라, 일자리를 얻거나 비즈니스를 위한 고객을 확보하거나, 인맥을 쌓기 위해 교회를 찾는 것입니다.

이 모든 것은 결국 자신의 욕망을 이루기 위한 것입니다. 자녀 교육, 더 많은 수입, 인맥을 쌓고 싶은 욕망을 이루기 위해 하나님이 목적이 아닌 수단이 되어버리는 것입니다. 자신의 삶이 불안하기 때문에 하나님이 아닌 다른 것들을 우상으로 세워 섬기는 것입니다. 그러나 그것은 하나님을 섬기는 것이 아닙니다. 하나님이라는 이름을 붙인 "만들어진 신," 즉 우상을 섬기는 것입니다. 신앙생활은 스타일을 따르는 것이 아닙니다. 성경을 따르는 것입니다. 마지막 날에 "다른 많은 사람들이 그렇게 했기에 저도 그렇게 했습니다"라는 말은 하나님의 심판대 앞에서 우리를 보호해 주지 못합니다. 그날에 하나님은 "네가 많은 사람을 따라 우상을 섬겼으니, 너도 많은 사람들이 가는 대로 심판의 자리로 들어가라"고 하실 것입니다.

## 제 3계명: 네 하나님 여호와의 이름을 망령되게 부르지 말라

"너는 네 하나님 여호와의 이름을 망령되게 부르지 말라 여호와는 그의 이름을 망령되게 부르는 자를 죄 없다 하지 아니하리라."

출애굽기 20장 7절

십계명의 세 번째 계명은 "하나님의 이름"을 망령되이 부르지 말라고 명령합니다. 그 이유는 "이름"이라는 것에 누군가의 이미지가 담겨 있기 때문입니다. 예를 들어, 이완용이라는 이름을 들으면 우리는 나라를 배신한 기회주의자의 이미지를 떠올립니다. 반면, 유관순이나 안중근 같은 이름을 들으면 용감하게 나라를 위해 생명을 바친 순국열사의 이미지를 떠올립니다. 이름은 단순한 글자의 조합이 아닙니다. 이름에는 의미가 담겨 있으며, 이름을 들을 때 특정한 "개념"과 "이미지"가 떠오르게 됩니다.

저희 딸의 이름은 "예슬"입니다. "예수님처럼 슬기롭게 자라라"는 뜻으로 할아버지가 지어주신 이름입니다. 저희 아들의 이름은 "하람"입니다. "하나님의 사람"이라는 뜻으로, 사람들이 그 이름을 부를 때마다 내가 하나님의 사람이라는 사실을 잊지 말라는 의미로 지은 이름입니다. 아이들이 살아가며 죄의 유혹에 빠질 수도 있겠지만, 그럴 때마다 자신이 어떤 사람인지 꼭 기억하라는 의미를 이름에 담았습니다. 너는 예수님을 닮아 슬기롭게 죄를 피해야 하고, 너는 하나님의 사람이니 거룩하게 살아야 한다는 개념과 이미지를 심어준 것입니다. 그러면 저희 아이들의 이름을 들은 사람들이 그 이름을 부를 때 어떤 개념을 갖게 될까요? 적어도 "저 아이들은 교회 다니는 아이들이구나"라는 생각을 하게 될 것입니다. 이는 낙인을 찍거나 부담을 주려는 것이 아닙니다. 아이들이 타락한 세상 속에서 자신의 정체성을 분명히 하고 살아가기를 바라는 부모의 소원이 이름에 담긴 것입니다.

이처럼 "이름"은 그 이름을 듣는 사람들에게 특정한 "이미지"를 전달합니다. 하람이라는 이름이 하나님의 사람이라는 이미지를 떠올리게 하고, 예슬이라는 이름이 예수님을 닮아 죄를 슬기롭게 피해야 한다는 이미지를 떠올리게 하듯이, 성경 시대의 이름도 단순한 호칭에 그치지 않았습니다. 이름에는 그 사람이 어떤 존재인지를 떠올리게 하는 이미지와 개념이 담겨 있었습니다. 이러한 이유로 하나님께서는 "하나님의 이름"을 망령되게 부르지 말라고 명하신 것입니다.

> "너는 네 하나님 여호와의 이름을 망령되게 부르지 말라 여호와는 그의 이름을 망령되게 부르는 자를 죄 없다 하지 아니하리라."
>
> 출애굽기 20장 7절

한글 성경에서 "망령(妄靈)"이라고 번역된 단어는 "늙거나 정신이 흐려져 말이나 행동이 정상을 벗어남, 또는 그런 상태"를 의미합니다. 이는 정신이 불안정하여 횡설수설하는 것을 뜻하죠. 그러므로 세 번째 계명을 간단히 설명하면, 하나님에 대해 감히 횡설수설하거나 함부로 이야기하지 말라는 것입니다.

창세기의 기록을 보면, 아담이 모든 생물들의 이름을 짓는 장면이 나옵니다(창 2:19). 그런데 이 기록을 자세히 살펴보면, 아담이 이름을 짓지 않은 유일한 존재가 있었습니다. 그분은 바로 하나님입니다. 하나님은 사람들이 하나님의 이름을 짓도록 허락하지 않으셨습니다. 오히려 하나님께서 자신의 이름을 계시해 주신 대로 부르라고 하셨습니다. 왜냐하면 하나님은 인간의 언어로 다 담을 수 없을 정도로 크신 분이기 때문입니다. 사람들은 때때로 인간의 언어로 하나님을 정의하려고 애쓰지만, 하나님은 우리의 언어와 상상과 표현보다 크신 분이므로 우리가 정의하는 내용에 담길 수 없는 분임을 이해해야 합니다.

저는 커피를 좋아합니다. 아침에 커피 한 잔을 내려 마시는 시간을 참 좋아하죠. 그래서 저를 만나기 위해 목양실에 찾아오는 사람들에게 커피를 한 잔씩 내려주곤 합니다. 여기서 여러분께 질문을 하나 드리겠습니다. 커피에서는 어떤 향이 납니까? 대부분의 사람들에게 커피 향을 묘사해 보라고 하면, "커피 향이 납니다"라고 대답합니다. 왜냐하면 커피 향이 나기 때문이죠. 마치 오래전 드라마 대장금에서 "홍시 맛이 나서 홍시 맛이 난다"고 표현했던 것처럼, "커피 향이 나기 때문에 커피 향이 난다"고 표현하는 것입니다.

그러면 생각해 보시기 바랍니다. 세상에 얼마나 많은 커피가 있습니까? 그런데 각각의 커피 향도 정확하게 묘사할 수 없는 사람들이, 어떻게 온 우주보다 크신 하나님을 정확하게 묘사할 수 있겠습니까? 이처럼 인간의 언어에는 표현할 수 있는 한계가 있다는 것입니다. 그래서 하나님은 우리에게 직접 자신의 존재와 이름을 계시해 주셨습니다. 우리는 스스로 하나님이 어떤 분인지 알아내거나 상상해 낼 필요도 없으며, 머리를 짜내서 하나님의 이름을 알아낼 이유도 없습니다. 왜냐하면 하나님께서 이미 당신이 어떤 분인지, 당신의 이름과 성품과 능력을 계시해 주셨기 때문입니다.

주변을 둘러보면, 얼마나 많은 사람들이 자신의 감정과 경험에 따라 성경과 다른 하나님을 만들어 내고 있는지 모릅니다. 이러한 시도로 인해 하나님에 대한 이미지는 왜곡되고, 성경에 나타난 하나님이 아닌 "내가 만든 하나님"의 모습이 사람들에게 잘못 전달됩니다. 이러한 위험을 방지하기 위해 하나님께서는 자신의 이름을 직접 계시해 주시며, 하나님의 이름을 망령되이 부르지 말라고 명하셨습니다.

> "모세가 하나님께 아뢰되 내가 이스라엘 자손에게 가서 이르기를 너희의 조상의 하나님이 나를 너희에게 보내셨다 하면 그들이 내게 묻기를 그의 이름이 무엇이냐 하리니 내가 무엇이라고 그들에게 말하리이까. 하나님이 모세에게 이르시되 나는 스스로 있는 자이니라 또 이르시되 너는 이스라엘 자손에게 이같이 이르기를 스스로 있는 자가 나를 너희에게 보내셨다 하라."
>
> 출애굽기 3장 13-14절

하나님은 자신의 이름을 묻는 모세에게 "나는 스스로 있는 자이니라" 라고 말씀하셨습니다. 이 표현의 뜻을 더 잘 이해하기 위해 사도 바울의 설교 내용을 살펴보겠습니다.

> "우주와 그 가운데 있는 만물을 지으신 하나님께서는 천지의 주재시니 손으로 지은 전에 계시지 아니하시고. 또 무엇이 부족한 것처럼 사람의 손으로 섬김을 받으시는 것이 아니니 이는 만민에게 생명과 호흡과 만물을 친히 주시는 이심이라.인류의 모든 족속을 한 혈통으로 만드사 온 땅에 살게 하시고 그들의 연대를 정하시며 거주의 경계를 한정하셨으니. 이는 사람으로 혹 하나님을 더듬어 찾아 발견하게 하려 하심이로되 그는 우리 각 사람에게서 멀리 계시지 아니하도다. 우리가 그를 힘입어 살며 기동하며 존재하느니라 너희 시인 중 어떤 사람들의 말과 같이 우리가 그의 소생이라 하니."
>
> 사도행전 17장 24-28절

성경은 인간을 비롯한 모든 피조물들이 하나님이 주시는 생명과 호흡과 자연 만물에 의지하여 존재하는 존재들이라고 말합니다. 반면에 하나님은 우주와 그 안에 있는 모든 것들을 지으신 "천지의 주재"이십니다. 하나님은 피조물이 아닌 창조주이시며, 지음을 받은 존재가 아닌 스스로 존재하는 분이라는 것입니다.

우리 한글 성경에서 "하나님"이라고 번역된 이름은 히브리어 "엘로힘(אֱלֹהִים)"을 번역한 단어인데, 이 이름에는 전능자로서 "창조주 하나님"이라는 뜻이 담겨 있습니다. 쉽게 말해, 성경은 하나님의 이름을 이야기할 때 "세상을 창조한 제일 원인, 피조물에게 의존하지 않는 창조주"라는 개념을 포함하고 있다는 것입니다.

이뿐만 아니라, 성경에는 "엘 엘욘(אֵל עֶלְיוֹן, 지극히 높으신 하나님, 창 14:22), 엘 샤다이(אֵל שַׁדַּי, 전능하신 하나님, 창 17:1), 엘 올람(אֵל עוֹלָם, 영원하신 하나님, 창 21:33)"과 같은 하나님의 이름들이 계시되어 있습니다. 또한 하나님께서는 자신의 이름을 계시하는 동시에, 자신의 칭호를 우리에게 계시해 주셨습니다. 그 중 한 가지를 살펴보겠습니다.

> "하나님이 또 모세에게 이르시되 너는 이스라엘 자손에게 이같이 이르기를 너희 조상의 하나님 여호와 곧 아브라함의 하나님, 이삭의 하나님, 야곱의 하나님께서 나를 너희에게 보내셨다 하라 이는 나의 영원한 이름이요 대대로 기억할 나의 칭호니라."
>
> 출애굽기 3장 15절

성경을 보면, 하나님이 "여호와"라는 칭호와 함께 자신의 능력과 성품을 드러내는 여러 칭호를 계시하신 것을 볼 수 있습니다(여호와 이레, 여호와 라파, 여호와 닛시, 여호와 샬롬, 여호와 체바오트 등). 그러면 왜 하나님은 자신을 이렇게 여러 모습으로 계시하셨을까요? 하나님이 자신의 이름과 여러 칭호를 사용해 자신의 속성을 계시하신 것은, 사람들에게 자신을 온전히 알리고 사람들과 교제하기를 원하셨기 때문입니다.

하나님이 "여호와의 이름을 망령되이 부르지 말라"고 하신 것은, 단순히 하나님의 이름을 부르지 말라는 것이 아닙니다. 초점은 하나님의 이름을 남용하거나 오용하지 말라는 데 있습니다. 왜냐하면 하나님의 이름을 잘못 사용하면, 사람들이 하나님에 대한 잘못된 이미지와 신앙을 가질 수 있기 때문입니다. 또한, 자칫 평생 하나님을 섬겨왔다고 생각했지만, 실제로는 우상을 섬기는 죄를 짓고 있었음을 깨닫게 되는 안타까운 결과를 초래할 수 있기 때문입니다.

하나님께서 자신의 이름을 망령되이 부르지 말라고 하신 또 하나의 이유는, 하나님의 이름에 주술적인 능력을 덧입혀 자신의 욕망을 이루려는 시도를 염려하셨기 때문입니다. 당시 고대 근동에서는 사람들이 자신들이 만든 우상들에게 신의 이름을 붙이고, 그 이름을 주술적으로 반복하며 제사를 드리는 형태가 있었습니다. 예를 들어, 가나안 사람들이 섬겼던 '바알'이라는 신의 이름을 반복해서 부르며 제단을 쌓고 제사를 드리면, 그 이름이 능력을 발휘한다고 믿었습니다. 하나님은 이스라엘 백성들이 가나안의 우상 숭배 방식을 따라 하나님을 섬기지 않도록, 자신의 이름을 오용하거나 남용하지 말라고 명령하신 것입니다.

그러면 하나님의 이름을 망령되게 잘못 사용하는 것은 무엇을 의미할까요? 그것은 하나님이 계시하신 대로가 아닌, 자신이 원하는 대로 하나님의 이름을 부르는 것을 뜻합니다. 예를 들어, 성경은 하나님을 "복수하시는 하나님"이라고 묘사합니다. 이 성품은 하나님의 공의에 따라 죄를 갚고 심판하시는 하나님을 나타냅니다(신 32:41 참고). 그러나 우리는 종종 하나님을 내 편으로 삼아, 나를 대적하는 사람들에게 원수를 갚아주는 하나님으로 오용하기도 합니다. 하나님은 내 편이시니, 나를 대적하는 자는 하나님이 벌하신다는 개념으로 왜곡해 사용하는 경우가 있습니다.

실제로 하나님의 이름을 망령되이 사용하는 사람들이 많습니다. 첫 번째로, 사람들에게 신뢰감을 주기 위해 하나님의 이름을 사용하는 경우도 있고, 자신의 느낌이나 희망사항을 "하나님이 나에게 이런 마음을 주셨다"는 말로 포장하는 경우도 있습니다. 그것이 성경에 기록된 하나님의 성품과 맞지 않음에도 불구하고, 단지 기도 중 떠오른 생각이라는 이유로 "하나님이 나에게 말씀하셨다"고 말하기도 합니다. 물론 그 마음이 실제로 하나님이 주신 것일 수도 있습니다. 그러나 중요한 점은, 많은 사람들이 자신의 계획과 선택을 정당화하기 위해 하나님의 이름을 망령되이 사용한다는 것입니다. 크리스천들은 자신의 감정과 기분을 따라 성경을 이용하려 해서는 안 됩니다. 자신의 생각이나 마음이 반드시 하나님이 주신 것이 아닐 수 있으므로, 항상 기록된 성경 말씀에 비추어 자신을 돌아봐야 합니다.

> "만물보다 거짓되고 심히 부패한 것은 마음이라 누가 능히 이를 알리요마는."
>
> 예레미야 17장 9절

우리의 부패한 마음은 언제든지 하나님의 이름을 사용하고, 심지어 성경까지 이용해 우리가 원하는 대로 삶을 이끌어 가려는 유혹에 빠질 수 있습니다. 그러므로 감정과 마음에 속아서 하나님의 이름을 망령되이 사용하지 않도록 주의해야 합니다.

두 번째로, 이보다 더 나아가 하나님의 이름으로 거짓 예언을 하는 경우도 있습니다. 하나님께서는 이렇게 말씀하셨습니다.

> "여호와께서 내게 이르시되 선지자들이 내 이름으로 거짓 예언을 하도다 나는 그들을 보내지 아니하였고 그들에게 명령하거나 이르지 아니하였거늘 그들이 거짓 계시와 점술과 헛된 것과 자기 마음의 거짓으로 너희에게 예언하는도다. 그러므로 내가 보내지 아니하였어도 내 이름으로 예언하여 이르기를 칼과 기근이 이 땅에 이르지 아니하리라 하는 선지자들에 대하여 여호와께서 이와 같이 말씀하셨노라 그 선지자들은 칼과 기근에 멸망할 것이요."
>
> 예레미야 14장 14-15절

때때로 우리는 자신의 야망과 소원을 이루기 위해, 혹은 자신의 개인적인 생각이나 마음을 가지고 "하나님이 말씀하셨다"고 말하는 경우가 많습니다. 자신의 생각과 하나님의 뜻을 구별하지 못한 채, 예배 중에 마음에 어떤 생각이 들면 그것을 하나님이 주신 마음이라고 주장하기도 합니다. 그리고 설득력을 얻기 위해 "예배하는 중에" 또는 "기도하는 중에"라는 말을 덧붙입니다. 하지만 이러한 행위 역시 하나님의 이름을 함부로 사용하는 것입니다.

세 번째로, 여기에서 한 발 더 나아가 자신의 권위를 내세우기 위해 하나님의 이름을 함부로 사용하는 경우도 있습니다. 하나님께서는 예레미야 선지자를 통해 이렇게 말씀하셨습니다.

> "그들이 여호와께서 살아 계심을 두고 맹세할지라도 실상은 거짓 맹세니라."
> 예레미야 5장 2절

그들은 여호와 하나님의 이름을 두고 맹세했습니다. 자신이 주장하는 내용에 당위성과 설득력, 그리고 힘을 더하기 위해 하나님의 이름을 이용한 것입니다. 그러나 하나님께서는 자신의 이름을 사용해 거짓 맹세하는 것을 죄 없다 하지 않겠다고 말씀하셨습니다. 그러므로 하나님의 이름을 함부로 사용하지 않기를 바랍니다. 우리의 이기심과 연약함으로 인해 하나님에 대한 개념과 인식이 잘못 전달되어, 사람들이 하나님을 오해하는 일이 없기를 간절히 바랍니다.

## 제 4계명: 안식일을 기억하여 거룩하게 지키라

"안식일을 기억하여 거룩하게 지키라. 엿새 동안은 힘써 네 모든 일을 행할 것이나. 일곱째 날은 네 하나님 여호와의 안식일인즉 너나 네 아들이나 네 딸이나 네 남종이나 네 여종이나 네 가축이나 네 문안에 머무는 객이라도 아무 일도 하지 말라. 이는 엿새 동안에 나 여호와가 하늘과 땅과 바다와 그 가운데 모든 것을 만들고 일곱째 날에 쉬었음이라 그러므로 나 여호와가 안식일을 복되게 하여 그 날을 거룩하게 하였느니라."
- 출애굽기 20장 8-11절

십계명의 네 번째 계명은 "안식일을 기억하여 거룩하게 지키라"는 계명입니다. 간혹 어떤 사람들은 "안식일은 구약 시대와 함께 폐지되었다"고 이야기하지만, 성경 어디에도 하나님이 안식일을 폐하셨다는 구절은 등장하지 않습니다. 예수님께서 율법에 대해 말씀하신 중요한 내용을 살펴보겠습니다.

"내가 율법이나 선지자를 폐하러 온 줄로 생각하지 말라 폐하러 온 것이 아니요 완전하게 하려 함이라. 진실로 너희에게 이르노니 천지가 없어지기 전에는 율법의 일점 일획도 결코 없어지지 아니하고 다 이루리라."
마태복음 5장 17-18절

처음 시내산에서 하나님의 백성들에게 주어졌던 하나님의 계명은 오늘날 성도들에게도 동일한 원리와 제재력을 가지고 있습니다. 그래서 예수님께서도 율법을 폐하러 온 것이 아니라 완전하게 하러 왔다고 말씀하신 것입니다. 그러나 오늘날 많은 교인들이 하나님께서 자신들을 사랑하시고, 그 사랑으로 목숨까지 버리셨으므로 구약시대에 주어졌던 모든 율법의 의무와 책임이 더 이상 요구되지 않는다고 오해합니다.

하지만 그것이 오해라는 사실을 예를 들어 설명해 보겠습니다. 저에게는 두 아이가 있습니다. 저는 제 아들과 딸을 사랑하며, 그들이 행복하기를 바랍니다. 그러면 묻겠습니다. 제가 아이들을 사랑하기 때문에, 그들에게 어떤 규칙이나 규율도 두지 않을까요? 예를 들어, 제가 딸을 사랑하기 때문에 딸에게 자유를 주기 위해 외박을 하든, 늦게까지 집에 들어오지 않고 위험한 곳에 있든 상관하지 않을까요? 혹은 아들을 사랑하기 때문에, 바깥에서 무슨 일을 하고 다니든 자유를 존중한다는 이유로 훈육하지 않을까요? 자녀를 키워본 부모라면 그렇지 않다는 사실을 아실 것입니다. 로마서는 이 부분에 대해 아주 중요한 말씀을 기록하고 있습니다.

"사랑은 이웃에게 악을 행하지 아니하나니 그러므로 사랑은 율법의 완성이니라."
로마서 13장 10절

율법의 근본 정신은 하나님을 사랑하고 이웃을 사랑하는 것입니다. 그래서 성경은 크리스천들이 계명을 지켜야 하는 이유도 하나님과 이웃을 사랑하기 때문이라고 말합니다. 그런데 세상의 어떤 부모가 자녀를 사랑한다는 이유로 자녀를 보호하고 성숙한 어른으로 양육하기 위한 모든 규칙과 규율을 없애겠습니까? 방금 전에 십계명은 하나님 나라의 헌법과도 같다고 이야기 했습니다. 그렇다면, 어떤 나라가 애국심을 가졌다는 이유로 나라의 법률을 지킬 의무를 없애겠습니까? 바로 이 부분에서 많은 사람들이 오해를 하고 있습니다. 심지어 어떤 사람들은 "오직 믿음으로 구원을 받는다"는 귀한 진리조차 자신들이 주장하고 싶은 대로 왜곡합니다. 구원은 오직 믿음으로 받는 것이기 때문에 더 이상 계명을 지킬 필요가 없다고 이야기하는 것입니다. 그러나 성경은 그렇지 않다고 말합니다.

> "그런즉 우리가 믿음으로 말미암아 율법을 파기하느냐 그럴 수 없느니라 도리어 율법을 굳게 세우느니라."
>
> 로마서 3장 31절

우리가 하나님의 사랑과 예수 그리스도의 사역을 믿고 있으니, 이제 율법을 폐할 수 있습니까? 성경은 아니라고 말합니다. 애굽을 탈출하여 시내산에 오른 이스라엘 백성들에게 "하나님 나라의 율법"이 주어진 것처럼, 죄의 세력으로부터 구원받아 하나님의 백성이 된 크리스천들은 이제 하나님과의 언약 관계 안으로 들어가게 됩니다. 그 사실을 믿기 때문에 우리는 더욱 하나님과의 언약 관계에 신실하게 반응하며, 하나님의 법을 더욱 강하게 세워가야 합니다. 그러므로 안식일 계명을 비롯한 모든 하나님의 율법과 계명들은 오늘날 크리스천들에게도 여전히 유효한 명령입니다.

그러면 안식일의 뜻은 무엇일까요? 그리고 왜 하나님께서 안식일 계명을 주셨을까요? "안식일(安息日)"이라는 글자는 "편안할 안(安), 쉴 식(息)"이라는 한자를 사용합니다. 히브리어로는 "שַׁבָּת(샤밭, Sabbath)"이라고 하며, "편안히 쉬는 날"을 의미합니다.

사실 저는 일 중독자입니다. 저는 쉬는 것을 가장 어려워하고, 오늘은 쉬어야겠다고 생각한 날에도 어느새 서재 정리를 하거나 다른 분야의 책을 읽고 있는 저를 발견하곤 합니다. 부끄럽지만, 이 문제와 관련해 저는 "충성"과 "염려" 사이에 있는 제 자신을 마주합니다. 2020년, 저는 달라스 지역에 리스타트 교회를 개척했습니다. 아무것도 없는 상황에서 코펠 지역의 레크리에이션 센터(주민센터) 방을 3주간 빌려 교회를 시작했습니다. 하지만 정부 소유 시설이라 3주 이상 사용할 수 없었고, 매주 장소를 변경하며 예배를 드려야 했습니다. 저는 매주 장소를 찾아 전화하고, 이메일로 문의했으며, 문의했던 예배 장소만 200곳이 넘습니다. 한국에서도 그렇지만 미국 이민 사회에서의 교회 개척은 매우 어렵습니다. 사람들은 우리 교회의 존재를 몰랐고, 광고할 돈도, 인력도 없었습니다. 제가 할 수 있는 일은 매주일 성실히 제 할 일을 하는 것뿐이었습니다. SNS 계정에 예배 장소를 올리고, 주보를 만들고, 설교를 준비하며, 설교 영상을 업로드하고, 성경 강의를 준비하고, 성도들을 심방하는 일을 반복했습니다.

5년간의 담임목회와 1년 4개월간의 COVID-19 사태로 인한 온라인 예배를 드리는 동안, 개척교회로서는 혹독한 시기를 보냈습니다. 마치 제가 움직이지 않으면 아무것도 이루어지지 않을 것 같은 상황 속에서 사역을 이어갔습니다. Zoom으로 성경공부를 인도하고, Youtube Live를 통해 예배와 성경 강의를 아내와 둘이서 진행했습니다. 저는 열심히, 더 열심히 일했습니다. 교회가 문을 닫을까, 리스타트 교회가 어려워질까 두려워하며 마치 모든 것이 저에게 달린 것처럼 일했습니다. "모든 것은 하나님께 달린 것처럼 믿고, 모든 것은 나에게 달린 것처럼 일하라"는 말을 알고 있었지만, 어느새 저는 기쁨을 잃고 일하는 기계처럼 살고 있었습니다.

사실 저를 포함해 오늘날 수많은 사람들이 일 중독 상태로 살아갑니다. 더 열심히 일하고, 더 많이 벌고 있지만, 뒤처지지 않기 위해 쉬지 않고 일하는 모습을 봅니다. 기술의 발달은 편리함을 약속했지만, 오히려 더 많은 일을 요구하는 환경을 만들었습니다. 예를 들어, AI 프로그램은 더 빠르고 효율적으로 많은 일을 하게 했지만, 사람들은 더 많은 지식과 능력을 요구받고 있습니다. 스마트폰, 태블릿, 노트북과 같은 기기는 직장과 집의 경계를 없앴습니다. 매일 저는, 침대에 누워서도 핸드폰으로 설교 원고를 수정할 수 있는 문명의 혜택(?)을 누리고 있습니다. 끊임없이 울리는 카톡 알림, 쏟아지는 이메일과 온라인 미팅은 효율성을 명목으로 더 많은 일을 요구합니다. 그 결과, 수많은 사람들이 만성 피로에 시달리며 살아가고 있습니다.

그래서 하나님은 네 번째 계명을 통해 우리에게 "휴식"을 명령하신 것입니다. 십계명이라는 단어에 포함된 "명령"이라는 표현이 부담스럽게 느껴질 수 있지만, 관점을 바꾸어 보면 왜 하나님이 휴식을 이렇게 강하게 "명령"하셨는지 이해할 수 있습니다. 분명히 말씀드리지만, 이것은 하나님께서 우리에게 짐을 지우시는 것이 아닙니다. 안식일은 하나님이 주시는 선물입니다. 출애굽기는 우리가 안식일을 지켜야 할 이유와 근거를 명확히 이야기하고 있습니다.

> "이는 엿새 동안에 나 여호와가 하늘과 땅과 바다와 그 가운데 모든 것을 만들고 일곱째 날에 쉬었음이라 그러므로 나 여호와가 안식일을 복되게 하여 그 날을 거룩하게 하였느니라."
>
> 출애굽기 20장 11절

성경은 우리가 안식일을 지켜야 하는 이유로 천지 창조 이야기를 언급합니다. 창세기 1장과 2장을 자세히 읽어 보십시오. 사람이 창조되고 나서 가장 먼저 한 일이 무엇입니까? 하나님이 주신 것들을 다스리고, 경작하고, 돌보는 일이었습니까? 아닙니다. 사람이 창조되고 나서 가장 먼저 한 일은 "하나님과 더불어 안식을 경험하는 일"이었습니다. 하나님은 6일 동안 세상과 사람을 만드시고, 일곱째 날을 구별하여 안식하셨습니다. 그리고 그 날을 복되게 하시고 거룩하게 하시며, 사람들로 하여금 안식을 누리게 하셨습니다. 하나님께서는 "나도 일곱째 날에 쉬었으니 너희도 쉬라"고 말씀하셨습니다.

그러면 이제 우리는 이런 질문을 해야 합니다. 하나님은 왜 쉬셨을까요? 하나님이 6일 동안 천지를 창조하시다가 지쳐서 쉬신 것일까요? 그리고 하루 쉰 다음, 다시 8일째부터 일하러 나가신 것일까요? 당연히 아닙니다. 하나님은 전능하시며, 능력이 무한하신 분이기 때문에 쉼이 필요하지 않습니다. 따라서 하나님이 쉬셨다는 개념은 휴식의 개념을 이야기하는 것이 아닙니다. 오히려 이러한 표현은 하나님께서 엿새 동안 창조하신 우주가 더 이상 손댈 필요 없이 완전하다는 것을 표현하는 것입니다.

하나님께서 6일째에 창조된 인간에게 7일째 쉬라고 명령하신 것은, "하나님이 지으신 천지 만물이 인간이 손댈 것 없이 완전하다"는 것을 가르치기 위함입니다. 하나님은 그 완전한 세상을 보시기에 좋다고 말씀하셨으며, 그 세상을 다스리시기에 인간은 이에 대해 더하거나 손댈 필요가 없다고 말씀하신 것이죠. 그러므로 사람이 하나님의 명령대로 안식을 누릴 수 있는 것은, 이 세상의 주인이 하나님이시며, 하나님이 창조하신 세상이 완전하다는 사실을 고백하는 것입니다. 이 세상은 완전하신 하나님의 손에 의해 다스려지며, 우리의 인생 또한 하나님의 다스림 속에서 완전하다는 것을 고백하는 것입니다. 다시 말해, 크리스천들이 안식일 계명을 지킨다는 것은, 온 우주의 주인이 창조주 하나님이시며, 그분이 우리의 인생을 돌보고 계신다는 사실을 신앙으로 고백하는 일입니다.

> "오늘 있다가 내일 아궁이에 던져지는 들풀도 하나님이 이렇게 입히시거든 하물며 너희일까보냐 믿음이 작은 자들아. 그러므로 염려하여 이르기를 무엇을 먹을까 무엇을 마실까 무엇을 입을까 하지 말라. 이는 다 이방인들이 구하는 것이라 너희 하늘 아버지께서 이 모든 것이 너희에게 있어야 할 줄을 아시느니라."
>
> 마태복음 6장 30-32절

저희 아들은 아버지인 저를 신뢰합니다. 그래서 저희 아들은 "내일 메뉴가 무엇일까?"를 고민하지, "내일 무엇을 먹을 수 있을까?"를 걱정하지는 않습니다. 아빠가 출장 갔을 때 "어떻게 하면 엄마 방에서 같이 잘 수 있을까?"를 고민하지, "혹시 내일은 바깥에서 노숙을 하게 되지 않을까?" 걱정하지는 않습니다. 이것이 바로 아버지의 보호와 공급을 믿는 아들의 모습입니다.

우리에게는 하늘 아버지가 있습니다. 그리고 우리 아버지는 자신이 약속하신 내용을 반드시 지키시는 분입니다. 그러므로 여러분의 노력과 힘으로 무엇인가를 더하거나 이루기 위해 일 중독자로 살지 마시고, 하나님의 은혜와 자비를 구하며 안식을 누릴 수 있기를 바랍니다. 출애굽기 20장에 기록된 안식일 계명이 "하나님의 창조 기록"과 함께 주어진 이유는, 우리가 하나님의 완전하신 다스림을 믿는다면 하나님을 믿고 안식할 수 있어야 한다는 것을 가르치기 위함입니다.

그런데 안식일 계명에 대해 살펴볼 때 또 한 가지 주목해야 할 포인트가 있습니다. 안식일에 대한 계명은 출애굽기 20장과 신명기 5장에서 자세히 다루어지는데, 신명기 5장을 보면 같은 안식일 계명을 이야기하면서 강조점이 다른 곳에 주어져 있는 것을 발견하게 됩니다.

"네 하나님 여호와가 네게 명령한 대로 안식일을 지켜 거룩하게 하라. 엿새 동안은 힘써 네 모든 일을 행할 것이나.일곱째 날은 네 하나님 여호와의 안식일인즉 너나 네 아들이나 네 딸이나 네 남종이나 네 여종이나 네 소나 네 나귀나 네 모든 가축이나 네 문 안에 유하는 객이라도 아무 일도 하지 못하게 하고 네 남종이나 네 여종에게 너 같이 안식하게 할지니라. 너는 기억하라 네가 애굽 땅에서 종이 되었더니 네 하나님 여호와가 강한 손과 편 팔로 거기서 너를 인도하여 내었나니 그러므로 네 하나님 여호와가 네게 명령하여 안식일을 지키라 하느니라."
신명기 5장 12-15절

출애굽기 20장이 안식일 계명을 "천지 창조 기록"과 더불어 강조했다면, 신명기 5장에서는 "애굽에서 구원받은 사건"과 함께 강조하고 있습니다. 다시 말해, 출애굽기 20장에서는 우리를 창조하신 사건과 더불어, 그리고 신명기 5장에서는 우리를 구속하신 사건을 통해 안식일 계명을 설명하고 있다는 것입니다.

성경은 과거 이스라엘 백성들이 애굽에서 종살이를 했던 것을, 그들이 죄의 노예가 되어 죄와 사망의 지배를 받았던 상태와 비교하여 설명합니다. 출애굽 시대 하나님의 백성들은 바로의 노예가 되어 고된 노동에 시달렸습니다. 고대 시대에는 노예에게 안식이나 쉼이라는 개념이 없었습니다. 그래서 그들은 매일같이 하나님께 부르짖으며 안식을 구했던 것입니다.

> "여러 해 후에 애굽 왕은 죽었고 이스라엘 자손은 고된 노동으로 말미암아 탄식하며 부르짖으니 그 고된 노동으로 말미암아 부르짖는 소리가 하나님께 상달된지라."
>
> 출애굽기 2장 23절

하나님께서는 하나님의 백성들을 애굽에서 구원하시기 위해 10가지 재앙을 내리시고, 유월절 어린양의 피로 그들을 구원해 주셨습니다. 그리고 나서 구원받은 하나님의 백성들에게 "안식에 대한 계명"을 주셨습니다.

하나님께서는 "안식일을 기억하여 거룩하게 지키라"고 하셨습니다. 그러면 여기에서 말하는 "안식일을 기억한다"는 말의 뜻은 무엇일까요? 예를 들어, 제가 살고 있는 미국은 매년 7월 4일을 독립기념일로 지키고 있습니다. 미국은 이 날을 큰 공휴일로 정해 폭죽을 터뜨리고 축제를 벌이며 기념합니다. 그러면 묻겠습니다. 미국 정부가 독립기념일을 공휴일로 정한 이유가 단순히 폭죽 놀이를 할 시간을 주기 위해서입니까? 아니면 주말까지 활용해 휴가를 다녀오라는 뜻입니까? 둘 다 아닙니다. 독립기념일은 그 날을 기억하고, 기념하기 위해 시간을 보내라고 공휴일로 지정한 것입니다. 이는 국가와 국민에게 가장 중요한 사건 중 하나를 기억하고 되새기기 위함입니다. 이와 같이 "안식일을 기억하여 지키라"는 계명도 동일한 목적을 가지고 있습니다. 하나님께서 죄의 노예로 살던 우리를 구원하시고, 하나님의 백성으로 삼아주셨다는 사실을 잊지 않고 기억하며 살아가라는 것입니다.

안식일은 휴가를 가기 위한 날도, 데이트를 위한 시간도 아닙니다. 그것은 각자의 여흥과 즐거움을 위해 주어진 "휴일"이 아니라, 성경에 명확히 기록된 대로 "네 하나님 여호와의 안식일"입니다. 오늘날 많은 사람들이 주일 저녁이 되면 "내 주말이 사라져버렸어"라고 이야기하지만, 크리스천들은 안식일이 단순한 휴일이 아님을 알아야 합니다. 안식일은 여호와 하나님의 날입니다. 하나님의 구속의 은혜를 기념하며, 창조주이시며 구속주이신 하나님을 예배하기 위해 기억하고 지켜야 하는 날입니다. 따라서 크리스천들은 모든 경제적 활동과 쾌락을 위한 활동을 내려놓고, 오직 하나님을 기념하며 예배하기 위해 이 시간을 사용해야 합니다.

또 한 가지 주목해야 할 점이 있습니다. 하나님께서는 안식일을 "기억하여 지키라"는 것뿐만 아니라, "거룩하게 지키라"고 명령하셨습니다. "거룩"이라는 것은 "구별되다"라는 뜻입니다. 다시 말해, 일주일의 다른 6일과는 다르게 "주일"은 여호와의 안식일로서 거룩하게 구별되어 지켜져야 한다는 의미입니다. 이사야 선지자가 기록한 말씀을 살펴보겠습니다.

> "만일 안식일에 네 발을 금하여 내 성일에 오락을 행하지 아니하고 안식일을 일컬어 즐거운 날이라, 여호와의 성일을 존귀한 날이라 하여 이를 존귀하게 여기고 네 길로 행하지 아니하며 네 오락을 구하지 아니하며 사사로운 말을 하지 아니하면. 네가 여호와 안에서 즐거움을 얻을 것이라 내가 너를 땅의 높은 곳에 올리고 네 조상 야곱의 기업으로 기르리라 여호와의 입의 말씀이니라."
>
> 이사야 58장 13-14절

하나님께서는 안식일을 거룩하게 지키는 자들에게 복을 주시겠다고 약속하셨습니다. 이 말씀에서 하나님은 안식일을 "내 성일, 여호와의 성일(거룩한 날)"이라고 표현하셨습니다. "주일"은 여호와 하나님의 거룩한 성일입니다. 그러므로 성도들은 주일에 사사로운 즐거움을 위한 오락이나 여흥을 좇아서는 안 된다는 것입니다.

하지만 이 말씀의 초점은 단순히 이것저것 하지 말라는 금지에 있는 것이 아닙니다. 오히려 이 말씀은 하나님께 온전히 집중하라는, 하나님의 질투하는 사랑을 담고 있습니다. 예를 들어, 어떤 남녀가 데이트 중인데, 형제가 데이트 내내 핸드폰만 보고 있다고 생각해 보십시오. 자매가 "핸드폰 좀 그만 보면 안 돼?"라고 말했을 때, 그 형제가 핸드폰을 그만 보고 대신 TV를 보기 시작했다면, 그는 자매의 말의 뜻을 이해한 것이 아닙니다. 자매의 말은 단순히 핸드폰을 보지 말라는 뜻이 아니라, "나만 바라보라"는 의미인 것입니다. 마찬가지로, 하나님께서는 안식일만큼은 나에게 온전히 집중하라는 뜻으로 이 명령을 주신 것입니다. 사랑하는 사람과 데이트 중에 상대방이 핸드폰만 보고 있다면 마음이 상하지 않겠습니까? 그러지 말라는 것입니다. 주일에는 하나님께만 집중해야 합니다. 그 날만큼은 세상의 다른 즐거움과 유흥에 마음을 빼앗기지 말고, 하나님께만 집중하라는 것입니다.

그러면 성경이 이야기하는 "안식일과 주일의 관계"는 어떻게 된 것일까요? 구약 시대의 이스라엘 백성들은 한 주간의 마지막 날인 제 칠일, 즉 토요일을 "안식일"로 지켰습니다. 그러나 신약 시대의 교회와 성도들은 한 주간의 첫째 날인 일요일을 안식일로 지키며, 그 날을 "주일"이라고 부르고 있습니다. 그러면 왜 우리는 안식일인 토요일에서 주일로 날짜를 바꾸어 예배를 드리게 되었을까요? 그 이유는 예수님께서 우리의 구원을 완성하신 날이 바로 구약의 안식일이 지난 첫날, 즉 주간의 첫날이었던 "주일"이기 때문입니다.

> "안식 후 첫날 새벽에 이 여자들이 그 준비한 향품을 가지고 무덤에 가서, 돌이 무덤에서 굴려 옮겨진 것을 보고, 들어가니 주 예수의 시체가 보이지 아니하더라."
> 누가복음 24장 1-3절

예수님은 안식 후 첫날 새벽, 즉 우리가 주일이라고 부르는 날에 부활하셨습니다. 그렇기 때문에 우리는 우리를 구원하신 "구원 기념일"로써, 하나님께 바쳐진 첫 열매이신 예수님이 부활하신 날을 기념하며 예배하는 것입니다. 초대 교회 성도들은 바로 이 "주일"에 모여 예수님의 부활을 기념하고 축하하는 예배를 드리며, 그 날을 "주일", 즉 "주의 날"이라고 불렀습니다.

지금 여기에 기록된 "주의 날"은 초대 교회 성도들이 예수 그리스도 께서 부활하신 날과 성도들의 구원을 기념하여 예배했던 "주일"을 가리 킵니다. 예수님이 부활하신 날이 주일이며, 오순절에 성령이 강림하신 날도 주일입니다. 또한 초대 교회가 정기적으로 모여서 예배드린 날도 주일이라는 것을 알 수 있습니다.

초대 교회 성도들은 주일마다 모여 예배를 드리고, 성찬을 나누며, 함 께 헌금을 했습니다. 최초의 그리스도인들은 대부분 유대인이었고, 그들 은 토요일에 안식일을 지키고 있었습니다. 하지만 얼마 지나지 않아 예 수님의 부활을 기념하는 주일에 모여 예배를 드리기 시작했습니다. 이처 럼 분명히 초대 교회는 그 이전부터 주일에 모여 예배를 드렸고, 주일을 구원 기념일로 기억하며 거룩하게 지켜왔습니다. 문자적으로는 토요일 안식일을 지키지 않았지만, 우리의 영혼과 육신에 참된 안식을 가져다주신 예수 그리스도의 부활을 기념하며, 안식일의 정신을 계승해 주일에 거룩한 성회로 모였던 것입니다. 중요한 것은 안식일을 지키는 "원리"면에서는 변함이 없다는 점입니다.

성경은 6일 동안 힘써 우리의 모든 일을 행하라고 말씀하지만, 안식일에는 어떤 일도 하지 말라고 가르칩니다. 그 이유는 하나님께서 만드신 창조 세계가 완전하며, 완전하신 하나님이 우리를 돌보고 계시기 때문입니다. 그러므로 하나님이 우리를 먹이시고 돌보신다는 것을 믿는다면, 하나님의 말씀을 따라 안식을 누릴 수 있어야 합니다. 우리의 왕이신 하나님께서는 6일 동안 충성스럽게 일하고, 주일은 쉬라고 명령하셨습니다. 하나님께서 창조하신 천지 만물이 완전하고, 완전하신 하나님이 우리를 돌보신다는 사실을 믿는다면, 반드시 하나님의 말씀대로 휴식을 취해야 합니다.

그렇다면 이런 실제적인 질문을 할 수 있습니다. 저 같은 목회자는 토요일과 주일이 가장 바쁘고 많은 일을 하는데, 언제 쉬어야 할까요? 주일에 응급실에서 근무하는 의사나 간호사들은 어떻게 해야 할까요? 이러한 문제를 다룰 때 우리는 문자적인 해석에만 매달리지 않고, 그 문자

너머의 근본 정신에 초점을 맞춰야 합니다. 우선, "거룩한 성회"로 모여 예배하라는 명령은 그 누구라도 져버릴 수 없는 책임입니다. 그러므로 교회와 성도들은 어떻게든 예배 시간을 따로 만들어 주일에 예배를 드려야 합니다.

그렇다면 육신의 안식은 어떻게 취할까요? 예를 들어, 목사님들은 월요일에 무조건 쉬어야 합니다. 주일에 쉬지 못했기 때문에, 월요일이라도 시간을 따로 내어 휴식하지 않으면 건강에도 문제가 생기고, 가정과 사역에도 장기적으로 부정적인 영향을 미칠 수 있습니다. 그러므로 교회의 사역자들은 자신과 자신의 가정, 그리고 교회를 위해 반드시 쉬어야 합니다. 앞서 말씀드린 것처럼 저는 일 중독자입니다. 제 마음속에는 제가 무엇인가를 계속하지 않으면 교회가 흔들릴까 봐 걱정하는 마음이 자리 잡고 있어, 하루도 마음 편히 잠을 자본 적이 없고, 교회를 개척한 이후 단 하루도 편히 쉬어본 적이 없습니다. 하지만 저도, 그리고 여러분도 일주일에 하루는 쉬는 연습을 해야 합니다. 이것은 반드시 해야만 하는 일입니다. 우리 예수님께서는 안식일에 대해 매우 중요한 말씀을 주셨습니다.

> "또 이르시되 안식일이 사람을 위하여 있는 것이요 사람이 안식일을 위하여 있는 것이 아니니."
>
> 마가복음 2장 27절

안식일 계명은 사람을 위해 주신 계명입니다. 하나님께서 우리를 옥죄거나 압박하기 위해 주신 것이 아니라, 오히려 우리를 살리고 회복시키기 위해 주신 계명입니다. 온 세상을 완전하게 창조하신 하나님께서 우리를 완전하게 다스리고 계시니, 내일 일을 염려하지 말고 하나님을 믿고 쉬라는 것입니다. 마태복음은 우리에게 이와 관련된 놀라운 가르침을 전해줍니다.

"오늘 있다가 내일 아궁이에 던져지는 들풀도 하나님이 이렇게 입히시거든 하물며 너희일까보냐 믿음이 작은 자들아. 그러므로 염려하여 이르기를 무엇을 먹을까 무엇을 마실까 무엇을 입을까 하지 말라. 이는 다 이방인들이 구하는 것이라 너희 하늘 아버지께서 이 모든 것이 너희에게 있어야 할 줄을 아시느니라. 그런즉 너희는 먼저 그의 나라와 그의 의를 구하라 그리하면 이 모든 것을 너희에게 더하시리라. 그러므로 내일 일을 위하여 염려하지 말라 내일 일은 내일이 염려할 것이요 한 날의 괴로움은 그 날로 족하니라."

마태복음 6장 30-34절

미래를 준비하기 위해 안식일 계명을 범하는 것을 "부지런한 것"이나 "계획적인 것"으로 오해해서는 안 됩니다. 우리 성도들은 일용할 양식을 받아 살고, 하루치 은혜를 받아 살게 되어 있습니다. 평소에는 이틀치 만나를 쌓아두면 썩었지만, 안식일 전날에는 이틀치 만나를 거두어도 썩지 않았던 사실을 기억하십시오. 그것은 하나님께서 우리에게 보여주신 신뢰의 원리입니다. 안식일 계명을 어기는 것은 불신이며, 하나님을 신뢰하지 못함을 드러내는 것입니다.

> "내가 어려서부터 늙기까지 의인이 버림을 당하거나 그의 자손이 걸식함을 보지 못하였도다."
>
> 시편 37편 25절

성경은 우리가 젊을 때도 하나님이 우리를 먹이시고, 늙어서도 하나님이 우리를 먹이신다고 약속합니다. 젊은 자나 늙은 자나 우리는 모두 하나님의 은혜로 살아가는 자들입니다. 우리의 능력과 노력으로 사는 것이 아니라, 하나님의 먹이심과 돌보심과 입히심으로 살아가는 것입니다. 그러므로 하나님이 먹이고 돌보신다는 사실을 기억하며, 하나님을 신뢰하시기 바랍니다. 믿음으로 안식을 취하며, 주일을 온전히 지킬 수 있기를 주님의 이름으로 축복합니다.

# 십계명

# 5-7계명

## 제 5계명: 네 부모를 공경하라

> "네 부모를 공경하라 그리하면 네 하나님 여호와가 네게 준 땅에서 네 생명이 길리라."
>
> 출애굽기 20장 12절

앞에서 이야기한 대로, 십계명은 1계명부터 4계명까지의 하나님에 대한 계명과, 5계명부터 10계명의 이웃에 대한 계명으로 나눌 수 있습니다. 그중에서도 이웃에 대한 계명의 시작은 부모님을 공경하라는 계명으로 출발합니다. 다섯 번째 계명은 하나님에 대한 계명에서 사람에 대한 계명으로 넘어가는 전환점이 된다고 할 수 있습니다. 왜냐하면 부모가 이 세상에서 하나님의 대리자 역할을 담당하고 있기 때문입니다.

그러면 하나님께서 우리에게 부모를 공경하라고 명령하신 이유는 무엇일까요? 첫째, 부모는 나를 낳아줌으로써 하나님의 창조를 대행하기 때문입니다. 물론 부모에게 학대를 받은 사람들은 이 계명에 반발심이 들 수도 있을 것입니다. 부모님이 존경받을 자격이 없다고 생각하는데, 그런 부모님도 공경해야 하는지 의문이 들 수 있습니다. 하지만 받아들이기 불편하고 어렵더라도 이 질문에 대한 답변은 "그렇다"입니다. 이렇게 답변하는 이유는 그들의 상처를 고려하지 않았기 때문도, 그들이 겪은 고통을 가볍게 여겼기 때문도 아닙니다. 우리 크리스천들이 부모를 공경해야 하는 이유는 부모의 인격이나 성품이 존경받아 마땅하기 때문이 아니라, "하나님이 그렇게 명령하셨기 때문"입니다. 비슷한 맥락의 내용을 에베소서 말씀에서도 찾아볼 수 있습니다.

> "아내들이여 자기 남편에게 복종하기를 주께 하듯 하라. 이는 남편이 아내의 머리 됨이 그리스도께서 교회의 머리 됨과 같음이니 그가 바로 몸의 구주시니라. 그러므로 교회가 그리스도에게 하듯 아내들도 범사에 자기 남편에게 복종할지니라. 남편들아 아내 사랑하기를 그리스도께서 교회를 사랑하시고 그 교회를 위하여 자신을 주심 같이 하라."
>
> 에베소서 5장 22-25절

성경은 크리스천 아내들이 남편에게 복종해야 한다고 가르칩니다. 그리고 이것은 제안이나 권고가 아니라 하나님이 명령하신 것입니다. 우리는 하나님께서 명령하셨기 때문에 복종하고 남편을 존경해야 하는 것이지, 남편에게 존경받을 만한 성품이 있거나 그럴만한 조건이 갖춰졌기 때문에 존경하는 것이 아닙니다.

남편들도 마찬가지입니다. 죽기까지 아내를 사랑하라고 하신 것은 하나님의 명령이기 때문에 사랑하는 것입니다. 아내가 사랑스럽거나 사랑스럽지 않다는 조건 때문에 사랑하는 것이 아닙니다. 이와 같이 부모에 대한 계명도 같은 맥락에서 이해해야 합니다. 하나님은 부모의 인품이 훌륭하면 공경하고, 그렇지 않으면 공경하지 않아도 된다는 조건을 달지 않으셨습니다.

> "너희 각 사람은 부모를 경외하고 나의 안식일을 지키라 나는 너희의 하나님 여호와이니라."
>
> 레위기 19장 3절

지금 이 구절에서 부모를 경외하고 안식일을 지키라고 명령하시는 분은 누구십니까? "너희의 하나님 여호와"라고 하십니다. "여호와"는 언약을 주시고 그 언약을 지키시는 하나님의 호칭입니다. 그러므로 이 명령을 주신 여호와 하나님을 믿고 안식일을 지키라는 것입니다. 왜냐하면 약속을 지키시는 하나님께서 너희를 먹이실 것이기 때문입니다. 또한, 이 명령을 주신 하나님을 믿고 부모를 경외하라는 것입니다. 왜냐하면 이 명령을 주시는 분이 약속을 지키시는 하나님이기 때문입니다. 따라서 이 사실을 분명히 하기를 바랍니다. 크리스천들은 부모의 자격이나 능력 때문에 부모를 경외하는 것이 아닙니다. 부모의 자격과 상관없이 우리의 삶을 선으로 이끄실 하나님을 믿고 이 계명을 지키는 것입니다.

그러면 왜 하나님께서는 자녀들이 부모를 공경하는 것을 중요하게 여기셨을까요? 신명기 6장은 그 이유를 알려주고 있습니다.

> "오늘 내가 네게 명하는 이 말씀을 너는 마음에 새기고. 네 자녀에게 부지런히 가르치며 집에 앉았을 때에든지 길을 갈 때에든지 누워 있을 때에든지 일어날 때에든지 이 말씀을 강론할 것이며."
>
> 신명기 6장 6-7절

하나님께서 이스라엘의 부모들에게 주신 가장 중요한 책임은 하나님의 말씀을 가르치고 신앙을 전수하는 것이었습니다. 그러므로 부모의 말씀에 순종하지 않는 것은, 결국 자녀들이 부모가 가르치는 하나님의 말씀에 불순종하게 되는 결과를 초래합니다. 그래서 하나님은 이스라엘 자손에게 신앙을 전수하기 위해, 하나님의 말씀을 가르치는 역할을 맡은 부모에게 순종하라고 명령하신 것입니다. 레위기에는 이에 대한 말씀이 기록되어 있습니다.

> "만일 누구든지 자기의 아버지나 어머니를 저주하는 자는 반드시 죽일지니 그가 자기의 아버지나 어머니를 저주하였은즉 그의 피가 자기에게로 돌아가리라."
>
> 레위기 20장 9절

부모는 하나님의 대리인으로서 자녀에게 신앙을 전수해야 할 책임이 있는 존재입니다. 그런데 그런 부모를 대적하는 것은, 하나님께서 자녀들을 돌보라고 주신 권위를 무시하는 것이며, 결국 하나님을 대적하는 행위가 된다는 것입니다. 또한 우리는 이런 질문을 할 수 있습니다. 부모님의 말씀이라면 어떤 상황에서도 무조건 절대적으로 순종해야 할까요? 이 질문에 대한 답변도 성경은 이미 우리에게 주고 있습니다.

> "자녀들아 주 안에서 너희 부모에게 순종하라 이것이 옳으니라."
>
> 에베소서 6장 1절

성경은 부모님에게 순종하라고 가르칠 때 한 가지 중요한 기준을 덧붙여 요구합니다. 그것은 "주 안에서" 순종해야 한다는 것입니다. 다시 말해, 자녀들은 하나님께서 주신 부모의 권위에 순종해야 하지만, 부모의 말이 하나님을 섬기는 것을 거스르거나 하나님의 법을 어기는 것이라면, 부모보다 높으신 하나님의 말씀에 순종하는 것이 옳습니다.

예를 들어, 부모님이 "하나님을 믿지 말라"고 하면 우리가 순종해야 할까요? 당연히 아닙니다. 왜냐하면 부모를 공경하는 법보다 하나님을 공경하는 것이 훨씬 더 상위의 법이기 때문입니다. 이처럼 율법에는 항상 상위의 법이 존재하며, 모든 법의 최종 권위는 하나님을 섬기는 데 있다는 것을 이해해야 합니다.

또 한 가지 주목해야 할 점은 "부모를 공경하라"는 계명이 권고나 부탁이 아니라 명령으로 주어졌다는 사실입니다. 이것은 실천하기 어려운 것이기 때문에 "명령"으로 주어진 것이며, 그만큼 중요하기 때문에 "명령"으로 주어진 것입니다.

여러분, 성경 속의 인물들이 하나님께서 주신 가정을 다 잘 다스리고 지켰을까요? 그렇지 않습니다. 우리가 위대한 신앙의 인물로 알고 있는 성경 속 인물들도 부모는 부모대로, 자식은 자식대로 각자의 역할을 감당하지 못하며 가정을 파괴하는 모습을 자주 보게 됩니다. 실제로 성경에 등장하는 인물들 중에는 존경받을 자격이 없는 아버지들도 있었고, 수많은 추악한 죄악을 저질렀던 사람들도 있었습니다. 그러한 부모 아래에서 자녀들은 수많은 상처를 받으며 살아갔고, 건강하지 못한 가정이 세워진 모습도 성경에 기록되어 있습니다. 하지만 그럼에도 불구하고 하나님께서는 "네 부모를 공경하라"는 명령을 주시며, 하나님이 세우신 가정의 기능이 성경적으로 온전히 작동하기를 원하신다는 사실을 우리는 이해해야 합니다.

우리가 방금 살펴본 것처럼, 부모를 공경하라는 계명을 주신 분은 "여호와 하나님"이십니다. 여호와 하나님은 계획하신 일을 반드시 이루고 성취하시는 하나님을 나타내는 하나님의 칭호입니다. 그런데 에베소서를 보면, 부모를 공경하라는 계명에는 놀라운 약속이 덧붙여져 있다는 것을 발견하게 됩니다.

> "자녀들아 주 안에서 너희 부모에게 순종하라 이것이 옳으니라. 네 아버지와 어머니를 공경하라 이것은 약속이 있는 첫 계명이니. 이로써 네가 잘되고 땅에서 장수하리라."
>
> 에베소서 6장 1-3절

성경은 "부모를 공경하라"는 제 5계명이 하나님의 약속이 담긴 첫 계명이라고 말합니다. 부모를 경외하고 공경하는 자녀는 장수의 복을 누리게 된다고 약속되어 있습니다. 물론 부모를 경외하는 사람이라도 하나님의 계획 가운데 순교할 수도 있고, 조금 일찍 세상을 떠날 수도 있습니다. 모든 사람이 동일한 상황을 살아가는 것은 아닙니다. 그러나 이 계명은 일반적인 상황에서 이해하는 것이 도움이 됩니다.

우리가 부모를 공경할 때, 어떻게 장수의 복이 따르게 될까요? 이것은 조금만 깊게 생각해 보면 그 원리를 쉽게 납득할 수 있습니다. "부모를 공경한다"는 말은 곧 그 부모의 가르침에 순종하여 그 가르침을 받아들이는 것을 의미합니다. 잠언은 이렇게 이야기합니다.

> "내 아들아 네 아비의 훈계를 들으며 네 어미의 법을 떠나지 말라. 이는 네 머리의 아름다운 관이요 네 목의 금 사슬이니라. 내 아들아 악한 자가 너를 꾈지라도 따르지 말라."
>
> 잠언 1장 8-10절

성경은 부모님의 말씀을 잘 들으라고 가르칩니다. 부모님들이 자주 하시는 "나쁜 사람들 따라가지 말아라", "친구 잘 사귀어라"라는 이야기도 이와 같은 맥락에 있습니다. 딸을 키우는 부모님들은 이 내용에 더욱 공감할 것입니다. 아들도 사고를 칠 수 있고 다칠 가능성이 있어 보호해야 하지만, 딸은 무서운 세상 속에서 조금 더 민감하게 보호해야 한다고 느끼는 경우가 많습니다.

최근 한국에 계신 부모님과 통화하는 중에, 저희 어머니도 손녀 걱정을 하시며 잘 단속해야 한다는 말씀을 하셨습니다. 저희 부모님도 딸을 키워 보셨기 때문에 세상이 무섭다는 것을 알고 계신 것입니다. 그래서 부모님들은 흔히 "잔소리"라고 불리는 것들을 하게 됩니다. 자녀들을 보호하기 위해 삶에 울타리를 세우고, 규칙을 만들며, 훈계와 교훈을 주시는 것이죠.

아이들이 어렸을 때부터 제가 자주 했던 잔소리 중 하나는 "문으로 장난치면 안 된다"는 것이었습니다. 제가 어렸을 때 문에 손이 끼이고,

머리를 부딪히거나 발가락이 다치는 사고를 여러 번 겪어 봤기 때문에, 문이 다치기 쉬운 장소라는 것을 알고 있었습니다. 그러다 보니 저희 아이들에게도 늘 같은 주의를 주었고, 지금까지 저희 아이들은 문 때문에 다치거나 사고 난 적이 없습니다. 듣기에는 불편했을지 몰라도, 부모의 훈계를 따른 결과라고 볼 수 있습니다. 잠언의 또 다른 말씀은 이렇게 이야기합니다.

> "이제 아들들아 내 말을 듣고 내 입의 말에 주의하라. 네 마음이 음녀의 길로 치우치지 말며 그 길에 미혹되지 말지어다. 대저 그가 많은 사람을 상하여 엎드러지게 하였나니 그에게 죽은 자가 허다하니라. 그의 집은 스올의 길이라 사망의 방으로 내려가느니라."
>
> 잠언 7장 24-27절

잠언은 지혜가 부르는 목소리와 음녀가 부르는 목소리, 이 두 가지 상반된 목소리가 우리에게 들리는 상황을 묘사합니다. 그리고 악한 자들과 음란한 세력을 따라가서는 안 된다고 가르칩니다. 우리가 따라가야 할 것은 오직 우리를 사랑하시는 하늘 아버지의 음성과 하나님을 경외하는 부모의 목소리입니다. 그렇지 않고 악한 사람들을 따라가는 자들은 결국 그들이 놓은 덫에 걸려 죽임을 당하게 된다고 성경은 경고합니다.

일반적인 상식을 가지고 생각해 보십시오. 자녀를 사랑하는 부모가 자녀에게 해가 될 것을 명령하겠습니까? 자녀를 걱정하는 부모가 잘못된 길로 인도하겠습니까? 그렇지 않습니다. 부모는 자녀를 안전하게 보호하기를 원하며, 부상과 사고로부터 지켜주기를 원합니다. 그러므로 부모의 말을 잘 들으면 안전하게 거하며, 사고로 인한 위험을 피할 수 있다는 것입니다.

예를 들어, 어떤 사람이 부모의 "나쁜 사람들과 어울리지 말라"는 교훈을 무시하고 악한 사람들과 어울리다가 마약에 손을 대기 시작했다고 가정해 보십시오. 그렇게 중독에 빠지게 되면 그가 어떻게 건강하게 장수할 수 있겠습니까? 또 어떤 사람이 부모의 말을 듣지 않고 알코올 중독에 빠지면, 그가 건강하게 장수할 수 있을까요? 또는 방탕한 성생활로 인해 에이즈에 걸린다면, 그가 어떻게 건강하게 오래 살 수 있겠습니까?

"운전 조심해라", "불 조심해라", "길 건널 때 조심해라"와 같은 모든 말은 부모가 자녀를 사랑하기 때문에 하는 이야기입니다. 부모님의 말씀에 경외심을 가지고 그 말씀을 잘 듣고 순종하면, 결국 그것은 자신을 보호하는 일이 됩니다. 그러므로 성경은 부모님을 경외하고, 부모님의 말씀을 잘 들으라고 가르칩니다.

예로부터 "부모님 말씀을 잘 들으면 자다가도 떡이 생긴다"는 말을 자주 사용했습니다. 그런데 성경은 그보다 더 나아가 하나님의 분명한 약속을 주고 있습니다. 하나님이 명령하신 대로 부모를 경외하면, 땅에서 잘되고 장수하게 될 것이라고 약속하십니다. 그러므로 하나님의 약속을 믿고 부모를 공경하고 순종하라는 것입니다.

마지막으로 생각해 봐야 할 점은, 부모를 공경할 때 주어지는 복과 약속은 하나님께서 주시는 것이라는 사실입니다. 부모의 상태와 자격에 상관없이, 하나님 때문에 하나님의 계명에 순종한 것이므로 그 약속을 주신 하나님께서 복을 주시고 그 약속을 이루실 것입니다. 그러므로 부모님이 아니라 하나님의 약속을 믿고 이 계명에 순종하시기를 바랍니다. 여러분과 여러분의 가정이 잘되고 복받는 가정이 되시기를 주님의 이름으로 축복합니다.

## 제 6계명: 살인하지 말라

"살인하지 말라."

출애굽기 20장 13절

얼마 전, 저희 딸이 친구 생일 파티에 초대되었습니다. 그런데 친구들과 이야기하며 노는 중에 넷플릭스에서 만든 오징어 게임 2를 함께 보게 되었다고 합니다. 분명히 그 프로그램은 저희 딸의 나이에 적합하지 않은 것이었고, 당연히 그 집 부모가 시청을 지도했을 것이라 생각했습니다. 그러나 그 아이들도, 그리고 그 아이들의 부모들도 아이들이 그 프로그램을 보는 것을 대수롭지 않게 여겼다고 합니다. 그래서 저희 딸은 자기는 반쯤 눈을 감고(?) 보고 왔다고 이야기했습니다.

그때 저희 딸이 친구들과 함께 보았던 오징어 게임이라는 프로그램은 살인, 폭력, 음란한 장면들이 여과 없이 상영되는 프로그램입니다. 잔인하고 잔혹하며, 사람의 생명에 대해 너무나도 가볍게 여기는 문화를 조장하고 있습니다. 문제는 그러한 잔인함과 무정함이 이 시대에는 그리 심각한 것으로 다뤄지지 않는다는 점입니다. 이러한 가운데 우리는 폭력과 살인이라는 행위를 점점 더 가볍게 받아들이게 되고, 사람의 목숨이 얼마나 소중한 것인지 잊어버리게 됩니다. 그러나 성경은 한 생명이 천하보다 더 귀하다고 이야기합니다. 왜냐하면 '생명'은 하나님이 주신 것이며, 인간은 하나님의 형상으로 지음받은 존재이기 때문입니다.

> "하나님이 자기 형상 곧 하나님의 형상대로 사람을 창조하시되 남자와 여자를 창조하시고."
>
> 창세기 1장 27절

성경은 인간이 하나님의 형상대로 지음받은 귀중한 존재라고 말합니다. 인간은 하나님과 인격적인 관계를 나눌 수 있는 특별한 존재로 창조

되었다는 것입니다. 그래서 창세기의 기록을 보면, 하나님께서 왜 사람의 생명을 해하는 일을 금하셨는지 알 수 있는 중요한 말씀이 기록되어 있습니다.

> "다른 사람의 피를 흘리면 그 사람의 피도 흘릴 것이니 이는 하나님이 자기 형상대로 사람을 지으셨음이니라."
>
> 창세기 9장 6절

하나님께서 살인을 금지하신 이유는 사람이 하나님의 형상대로 지음받았기 때문입니다. 이처럼 모든 사람에게는 "하나님의 형상"이 새겨져 있습니다. 그러므로 하나님의 형상으로 지음받은 사람을 죽이는 자는 반드시 죽음으로 처벌받을 것이라고 하나님께서는 경고하십니다. 이는 하나님께서 사람의 생명을 귀하게 여기시기 때문입니다.

사실, "살인하지 말라"는 계명은 단순히 "살인하면 처벌하겠다"는 무서운 율법적인 내용만을 담고 있는 것이 아닙니다. 율법의 근본 정신은 하나님의 백성들을 보호하고 지키는 데 있습니다. 이는 마치 신호등의 신호에 맞춰 길을 건너면 우리의 생명이 보호받게 되는 것과 같은 원리입니다. 그러므로 "살인하지 말라"는 계명은 단순히 살인이라는 행위를 싫어하신다는 것을 넘어, 모든 인간이 하나님의 형상대로 지음받은 가치 있는 존재이기 때문에 아끼고 보호해야 한다는 정신을 담고 있습니다.

세상 사람들은 외모, 이력서, 입고 있는 옷, 자산 등을 기준으로 한 사람의 가치를 평가하려 합니다. 하지만 성경은 사람의 가치를 논할 때 그 사람이 소유한 자산이나 성취에 따라 평가하지 않습니다. 모든 사람은 하나님의 형상대로 지음받았기 때문에 가치 있는 존재이며, 그 누구도 외부적인 조건으로 하나님의 형상대로 지음받은 사람들을 멸시하거나 무시해서는 안 된다는 것입니다. 일찍이 야고보는 초대 교회 성도들에게 이렇게 당부했습니다.

> "내 형제들아 영광의 주 곧 우리 주 예수 그리스도에 대한 믿음을 너희가 가졌으니 사람을 차별하여 대하지 말라. 만일 너희 회당에 금 가락지를 끼고 아름다운 옷을 입은 사람이 들어오고 또 남루한 옷을 입은 가난한 사람이 들어올 때에. 너희가 아름다운 옷을 입은 자를 눈여겨 보고 말하되 여기 좋은 자리에 앉으소서 하고 또 가난한 자에게 말하되 너는 거기 서 있든지 내 발등상 아래에 앉으라 하면. 너희끼리 서로 차별하며 악한 생각으로 판단하는 자가 되는 것이 아니냐."
>
> 야고보서 2장 1-4절

지금 이 말씀은 초대 교회 성도들이 세상의 가치관에 물들어, 하나님의 형상대로 지음받은 사람들을 서로 비교하고 차별했다는 것을 지적하고 있습니다. 교회 안에는 여러 계층과 다양한 배경을 가진 사람들이 존재합니다. 교회 안에는 부자도 있고 가난한 자도 있으며, 사회적으로 명예와 지위를 가진 사람도 있고 그렇지 않은 사람도 있습니다. 그런데 하나님의 공동체 안에서 그러한 사람들을 차별한다면, 하나님께서는 그것을 "죄"라고 판결하신다는 것입니다.

하나님께서 사람을 귀하게 여기시는 이유는 그 사람이 무엇인가를 가지고 있거나, 무엇인가를 이루어 냈기 때문이 아닙니다. 반대로 하나님께서는 누군가가 무엇인가를 이루지 못했고, 가지고 있지 못했다고 해서 그 사람을 천하게 여기지도 않으십니다. 하나님께서 우리를 귀하게 여기시는 이유는 우리가 하나님의 형상대로 지음을 받았기 때문입니다. 하나님이 우리를 창조하셨고, 또한 우리를 구원하기 위해 자신의 생명을 희생하셨으므로 우리의 가치가 입증된 것입니다. 그러므로 우리는 누군가를 대할 때, 그 사람 안에 하나님의 형상이 담겨 있음을 꼭 기억해야 합니다. 그래야만 생명을 중시하는 문화를 지키고, 성경적인 가치를 보존할 수 있기 때문입니다.

십계명의 여섯 번째 계명은 분명히 살인에 관한 계명입니다. 그러나 예수님께서는 단순히 생명을 빼앗는 행위를 금지하는 것을 넘어, 우리를 더 깊은 경건의 측면으로 인도하십니다.

"옛 사람에게 말한 바 살인하지 말라 누구든지 살인하면 심판을 받게 되리라 하였다는 것을 너희가 들었으나. 나는 너희에게 이르노니 형제에게 노하는 자마다 심판을 받게 되고 형제를 대하여 라가라 하는 자는 공회에 잡혀가게 되고 미련한 놈이라 하는 자는 지옥 불에 들어가게 되리라."

마태복음 5장 21-22절

여기에서 "라가('Ρακά)"라고 기록된 단어는 당시 실제로 사용되던 "아람어 욕"으로, "비어있다" 또는 "텅 비었다"라는 뜻입니다. 그 당시 사람들은 이 단어를 사람에게 사용했을 때는 이 뜻을 확장하여 "멍청이," "바보," 또는 "가치 없는 사람" 같은 경멸적이고 모욕적인 표현으로 사용했습니다. 그런데 문제는 이것입니다. 남들이 다 하는 장난을 내가 따라 한 것뿐이고, 흔하디 흔한 욕을 그냥 한마디 한 것뿐인데, 그 소리를 듣고 생명을 끊거나 자살을 선택하는 사람이 있을 수 있다는 것입니다.

그러므로 예수님께서 이렇게 강하게 말씀하신 이유를 잘 생각해야 합니다. 내가 한 말이 그 사람의 생명을 빼앗는 방아쇠가 될 수 있다는 것입니다. 실제로 살인을 저지르는 것뿐만 아니라, 피 흘림의 원인이 되는 증오와 경멸도 살인의 원인이 될 수 있으니, 사람을 멸시하거나 경멸하는 말을 하지 말라는 것입니다. 우리는 누구나 가인이 될 수 있다는 사실을 생각해야 하며, 누구나 다윗이 범한 죄를 지을 수 있다는 것을 항상 기억해야 합니다. 그래서 예수님께서는 우리가 단순히 살인 행위를 멈출 뿐만 아니라, 생각 속에서 살인의 씨앗을 처음부터 솎아 내기를 원하십니다.

"남의 하인을 비판하는 너는 누구냐 그가 서 있는 것이나 넘어지는 것이 자기 주인에게 있으매 그가 세움을 받으리니 이는 그를 세우시는 권능이 주께 있음이라."
로마서 14장 4절

성경은 우리의 서고 넘어짐이 하나님께 달려 있다고 가르칩니다. 그러므로 공의를 세우고 정의를 외치는 것은 중요하지만, 생명의 주권이 하나님께 있음을 항상 인정해야 합니다. 또한 스스로의 생명을 대할 때도, 자신의 생명의 주권이 하나님께 달려 있음을 인정하며 삶을 소중히 여겨야 합니다.

그러면 성경에서 하나님이 살인을 명하신 경우는 어떻게 받아들여야 할까요? 예를 들어, 하나님께서 죄를 범한 자들을 죽이라고 명령하시거나, 가나안 민족들을 남김없이 진멸하라고 하신 명령은 어떻게 해석해야 할까요? 이러한 질문에 답하기 위해서는 성경이 말하는 "하나님의 주권"을 이해해야 합니다. 하나님의 주권이란 하나님이 모든 것의 주인이심을 말하며, 동시에 하나님의 소유를 하나님께서 다스리신다는 뜻을 내포합니다. 이에 대해 예수님은 이렇게 말씀하셨습니다.

> "참새 두 마리가 한 앗사리온에 팔리지 않느냐 그러나 너희 아버지께서 허락하지 아니하시면 그 하나도 땅에 떨어지지 아니하리라."
>
> 마태복음 10장 29절

한 앗사리온은 당시 노동자들의 하루 품삯인 데나리온의 1/16 가치였습니다. 한 데나리온을 지금의 가치로 약 10만 원으로 계산하면, 1/16은 약 6,250원이 됩니다. 성경학자들은 당시의 환율로 계산하면 이 금액보다 더 적었을 것이라고 이야기합니다. 그런데 그렇게 작은 가치의 참새들도 하나님의 주권 아래 놓여 있기 때문에, 하나님이 허락하지 않으시면 그 생명이 땅에 떨어지지 않는다고 성경은 말합니다. 이는 하나님께서 온 세상의 주권을 가지고 온전히 다스리고 계시다는 뜻입니다. 그런데 우리가 하나님의 주권과 다스림을 생각할 때 반드시 고려해야 할 말씀이 있습니다.

> **"주는 죄악을 기뻐하는 신이 아니시니 악이 주와 함께 머물지 못하며."**
> 시편 5편 4절

성경은 하나님께서 공의의 하나님이시며, 하나님께는 어둠이나 악이 조금도 존재하지 않는다고 말합니다. 그렇기 때문에 성경에서 하나님이 누군가를 죽이라고 명령하시거나, 가나안 민족을 진멸하라고 하신 것은 심판주로서 하나님의 주권을 행하시는 모습으로 이해해야 합니다. 그러므로 사람의 악함이 담긴 살인과 하나님의 심판을 같은 선상에서 이해해서는 안 됩니다. 하나님은 공의로우신 분이며, 그 공의를 완전하게 행하시는 분이십니다. 이에 대해 한 가지 예를 들어 보겠습니다.

> **"만군의 여호와께서 이같이 말씀하시기를 아말렉이 이스라엘에게 행한 일 곧 애굽에서 나올 때에 길에서 대적한 일로 내가 그들을 벌하노니. 지금 가서 아말렉을 쳐서 그들의 모든 소유를 남기지 말고 진멸하되 남녀와 소아와 젖 먹는 아이와 우양과 낙타와 나귀를 죽이라 하셨나이다 하니."**
> 사무엘상 15장 2-3절

예전에 저희 아이들과 산책을 하다가 정말 크고 무서운 개가 아이들에게 달려들며 짖는 일이 있었습니다. 그때 저희 딸이 제 뒤로 숨으면서 "아빠, 혹시 저 개가 우리를 물면 어떻게 해요?"라고 물었습니다. 그때 제가 아이들 앞을 가로막으며 이렇게 이야기했습니다. "그러면 저 개는 오늘 세상하고 Say Good bye하는 거야~" 저는 개나 고양이를 매우 좋아합니다. 하지만 제 자녀의 안전이 걸린 문제는 제가 개나 고양이를 좋아하는 일과는 비교할 수 없는 문제입니다.

성경에서 하나님이 아말렉을 진멸하라고 하신 이유도 이와 같습니다. 아말렉이 하나님의 자녀들에게 해를 가했기 때문에, 하나님께서 이스라엘을 그들의 손에서 보호하시기 위해 그들을 진멸하라고 명령하신 것입니다. 이와 같은 하나님의 공의로운 판단을 조금 더 구체적으로 살펴보기 위해, 출애굽기에 기록된 사형법에 대한 조항 일부를 살펴보겠습니다.

"사람을 쳐죽인 자는 반드시 죽일 것이나. 만일 사람이 고의적으로 한 것이 아니라 나 하나님이 사람을 그의 손에 넘긴 것이면 내가 그를 위하여 한 곳을 정하리니 그 사람이 그리로 도망할 것이며. 사람이 그의 이웃을 고의로 죽였으면 너는 그를 내 제단에서라도 잡아내려 죽일지니라. 자기 아버지나 어머니를 치는 자는 반드시 죽일지니라. 사람을 납치한 자가 그 사람을 팔았든지 자기 수하에 두었든지 그를 반드시 죽일지니라. 자기의 아버지나 어머니를 저주하는 자는 반드시 죽일지니라."

출애굽기 21장 12-17절

성경에서 하나님이 사형을 선고하거나 살인을 명령하실 때에는, 하나님께서 완전한 공의를 실행하시는 재판장이며, 완전한 주권을 가지신 왕의 위치에서 이를 행하시는 것이 드러납니다. 이러한 관점에서 이 구절을 보면, 하나님께서 사람을 고의적으로 죽인 자는 반드시 죽이라고 명령하신 이유가 이스라엘 공동체를 보호하기 위한 조치라는 것을 알 수 있습니다.

"일벌백계(一罰百戒)"라는 말이 있습니다. 하나(一)를 벌(罰)하여 백(百) 명에게 경계(戒)심을 부여한다는 뜻이죠. 레위기 10장에서 나답과 아비후가 다른 불을 하나님께 드리다가 죽임을 당한 사건이나, 사도행전 5장에서 아나니아와 삽비라가 성령을 속이고 거짓말을 하다가 죽임을 당한 사건이 바로 이러한 경우에 해당합니다. 법이 강해야 사람들이 경계를 받고, 그 법에 따른 처벌이 두려워 죄를 짓지 않게 됩니다. 이러한 이유로 하나님께서는 사형법에 대한 조항을 강하게 정하신 것입니다.

때로는 하나님께서 많은 사람들의 생명을 보호하시기 위해 살인을 명하실 때도 있습니다. 예를 들어, 에스더서에서 유다 민족을 죽이려 했던 악한 하만과 그의 대적들이 죽임을 당한 사건을 생각할 수 있습니다. 결국 중요한 것은 살인에 대한 목적, 동기, 그리고 과정이 생명의 주권을 가지신 하나님으로부터 나온 것인지 여부라는 점입니다.

> "아달월 곧 열두째 달 십삼일은 왕의 어명을 시행하게 된 날이라 유다인의 대적들이 그들을 제거하기를 바랐더니 유다인이 도리어 자기들을 미워하는 자들을 제거하게 된 그 날에. 유다인들이 아하수에로 왕의 각 지방, 각 읍에 모여 자기들을 해하고자 한 자를 죽이려 하니 모든 민족이 그들을 두려워하여 능히 막을 자가 없고. 각 지방 모든 지방관과 대신들과 총독들과 왕의 사무를 보는 자들이 모르드개를 두려워하므로 다 유다인을 도우니. 모르드개가 왕궁에서 존귀하여 점점 창대하매 이 사람 모르드개의 명성이 각 지방에 퍼지더라."
>
> 에스더 9장 1-4절

그러면 이제 한 걸음 더 나아가 이야기하기 어려운 낙태 문제에 대해 생각해 보겠습니다. 사실 낙태를 주제로 이야기하면, 항상 "태아가 착상된 지 몇 주부터 생명으로 볼 것인가?"라는 질문이 따라옵니다. 하지만 이러한 논쟁은 아무런 의미가 없습니다. 왜냐하면 성경은 우리가 인식하든 하지 않든, 태아가 느끼든 느끼지 않든, 하나님께서 생명을 주신 그 순간부터 그 존재를 생명으로 여기기 때문입니다.

> "내 형질이 이루어지기 전에 주의 눈이 보셨으며 나를 위하여 정한 날이 하루도 되기 전에 주의 책에 다 기록이 되었나이다."
>
> 시편 139편 16절

성경은 분명히 "내 형질이 이루어지기 전에" 이미 "주의 눈이 보셨으며"라고 이야기합니다. 그리고 그 태아를 위해서 "정한 날이 하루도 되기 전에" 주의 책에 다 기록되었다고 말합니다. 그러므로 태아가 20주가 되었든 아니든, 낙태는 하나님이 주신 생명을 죽이는 살인이라는 것을 이해해야 합니다. 크리스천들은 하나님이 주신 생명을 죽이는 낙태의 죄를 피해야 합니다. 물론 인생이 쉽지 않기에, 간혹 이야기하기 어려운 상황에 직면할 때도 있습니다. 예를 들어, 강간으로 인해 임신했거나, 미성년자가 임신한 경우, 혹은 장애가 생길 가능성이 분명한 경우는 어떻게 해야 할까요? 그럼에도 불구하고 성경은 낙태는 안 된다고 이야기합니다.

저희 아내가 하람이를 임신했을 때, 아내가 임신 사실을 알지 못한 채 풍진 주사를 맞았습니다. 이후 의사로부터, 임신 중에 풍진 주사를 맞으면 장애아가 태어날 가능성이 높다는 말을 듣게 되었습니다. 그 사실을 들은 아내는 울며 자신의 잘못이라고 통곡했습니다. 그날 밤, 아내를 재운 후, 한국에서 알고 지냈던 저명한 의사 선생님께 전화를 드렸습니다. 그분은 20년째 방송에도 나오며 인정받는 분이었기에, 믿고 상담할 수 있었기 때문입니다. 하지만 그 의사 선생님의 첫 답변은 이랬습니다. "목사님, 지우세요. 저도 뉴욕에 있을 때 그래서 지웠어요. 그거 분명히 장애아 나옵니다." 그 통화를 마친 후, 마음이 얼마나 착잡했는지 모릅니다. 하지만 제게는 하나님이 주신 믿음이 있었습니다. 그 아이는 제 아이가 아니라 하나님의 것이라는 것, 하나님은 잘못된 것을 주시지 않는다는 것, 설령 장애가 있더라도 그 생명은 하나님의 형상이며, 하나님이 소중하게 여기셔서 우리에게 주셨다는 사실. 이러한 믿음으로 그 자리에서 무릎을 꿇고 기도했습니다. "하나님, 낳을 겁니다. 하나님이 주셨으니 반드시 낳을 겁니다. 세상이 뭐라고 해도 낳아서 기를 겁니다. 다만, 믿음이 없어서 낙심하지 않도록, 기를 수 있는 믿음과 혹시라도 그 아이를 주신 하나님을 원망하지 않도록, 그리고 그 아이를 원망하지 않도록 평안을 주세요." 그렇게 기도하며 홀로 밤을 지새웠습니다. 그리고 아홉 달 뒤에 저희 아들이 태어났고, 지금은 그 누구보다 밝고 건강하게 잘 자라고 있습니다.

솔로몬을 생각해 보십시오. 솔로몬은 다윗과 밧세바 사이에서 태어난 아들입니다. 다시 말해, 솔로몬은 다윗의 살인과 간음 사건 속에서 태어난 아들입니다. 하지만 하나님은 그러한 사건들 사이에서 지혜의 왕이라 불리는 솔로몬을 태어나게 하셨습니다. 저는 지금 남의 이야기를 쉽게 하려는 것도 아니고, 죄를 미화하려는 것도 아닙니다. 다만 모든 생명의 주인이 하나님이라는 것을 믿고, 생명을 존중하며 살아가면 하나님께서 모든 일을 선하게 이끄신다는 사실을 믿어야 한다는 것입니다.

오늘날 미성년자들이 한순간의 잘못으로 임신하여 낙태를 선택하는 경우가 있습니다. 이럴 때 필요한 것은 가족과 공동체의 사랑입니다. 그러므로 교회와 성도들은 연약한 자들을 품어줄 따뜻한 마음을 가져야 합니다. "내가 그럴 줄 알았지"라는 차가운 눈빛과 정죄하는 태도가 아니

라, 죄로 넘어진 사람들을 사랑으로 끌어안고 품어주는 공동체가 되어야
합니다.

> **"사랑은 이웃에게 악을 행하지 아니하나니 그러므로 사랑은 율법의 완성이니라."**
> 로마서 13장 10절

자살의 문제도 마찬가지입니다. 오늘날 많은 사람들이 자살하는 이
유는 무엇입니까? 우울함과 외로움, 그리고 삶에서 느낀 극도의 절망감
때문입니다. 그래서 자살을 선택하는 사람들은 이제 그만 쉬고 싶다는
말을 하며 생명을 끊고는 합니다. 각자의 상황이 있고, 삶이 어려운 것도
사실이지만, 하나님께서 내 삶을 다스리고 계신다는 사실을 믿는다면 자
살해서는 안 된다는 것입니다.

오늘날 많은 크리스천들이 "자살은 죄다"라는 사실과 "자살하면 지옥
에 간다"라는 논쟁을 벌이며 시간을 보내고 있습니다. 어떤 경우에는 자
살로 인해 자녀를 잃은 부모에게 "자살했으니 천국에 가지 못했을 것이
다"라는 가슴 아픈 말을 하기도 합니다. 하지만 크리스천들은 율법의 완
성이 사랑임을 기억해야 합니다. 하나님은 자살한 사람이 지옥에 갔는지
가지 않았는지에 대한 답을 찾기보다, 우리의 공동체에 혹시 자살을 생
각하는 연약한 영혼이 있지는 않은지 돌아보기를 원하십니다. 그러므로

논쟁보다는 사랑을, 정답을 찾는 일보다는 위로를 행하는 크리스천들이 되기를 바랍니다. 그리하여 그리스도의 법을 성취하는 저와 여러분이 되기를 바랍니다.

"살인하지 말라"는 것은 율법의 계명입니다. 하지만 율법의 완성은 언제나 "사랑"이라는 것을 기억해야 합니다. 쓰러지고 넘어진 사람들을 품을 만한 공동체와 성도가 되도록 애써야 합니다. 그러므로 혹시라도 이미 낙태라는 죄를 짓고 상실감과 죄책감에 힘들어하는 사람이 있다면, 정죄의 돌을 던지지 말고 그 사람을 일으키는 따뜻한 공동체가 되어 주시기를 주님의 이름으로 부탁드립니다.

### 제 7계명: 간음하지 말라

> **"간음하지 말라."**
>
> 출애굽기 20장 14절

십계명의 일곱 번째 계명은 "간음하지 말라"고 가르칩니다. 여러분, "간음"이 무엇입니까? 국어사전에는 "비혼인 관계에 있는 남녀의 성교 행위"라고 정의되어 있습니다. 오늘날 많은 사람들은 혼전 순결이나 한 사람과만 성관계를 가져야 한다는 가르침을 들으면 반발합니다. 시대가 어느 시대인데 이런 고리타분한 이야기를 하느냐며 비난하기도 합니다. 그러나 이사야 선지자는 하나님의 말씀과 성경의 가르침의 원칙이 언제 까지 적용되는지에 대해 이렇게 밝히고 있습니다.

> "풀은 마르고 꽃은 시드나 우리 하나님의 말씀은 영원히 서리라 하라."
>
> 이사야 40장 8절

하나님의 말씀은 시대와 대상을 초월하는 완전한 가르침입니다. 성경의 가르침은 유행을 따르지 않으며, 시대와 상관없이 우리에게 동일한 순종을 요구합니다. 그래서 로마서는 이렇게 말합니다.

> "너희는 이 세대를 본받지 말고 오직 마음을 새롭게 함으로 변화를 받아 하나님의 선하시고 기뻐하시고 온전하신 뜻이 무엇인지 분별하도록 하라."
>
> 로마서 12장 2절

성경은 크리스천들이 타락한 이 세대를 닮아가서는 안 된다고 가르칩니다. 그러므로 아무리 세상 사람들이 하나님께서 부부에게만 허락하신 성관계를 다른 관계 속에서 남용하려 하더라도, 크리스천들은 하나님의 명령에 순종해야 합니다. 오늘날 자신을 크리스천이라 부르는 많은 사람들이 혼전 순결과 동거 문제에 대해서도 타락한 세상 사람들과 같은 견해를 가지고 있는 것을 봅니다. 그러나 성경이 말하는 원칙은 원칙이며, 안 되는 것은 안 되는 것입니다. 그러면 성경은 성관계에 대해서 어떤 지침을 주고 있을까요?

> "이러므로 남자가 부모를 떠나 그의 아내와 합하여 둘이 한 몸을 이룰지로다."
>
> 창세기 2장 24절

성경은 남자가 부모를 떠나 아내와 한 몸이 되어야 한다고 가르칩니다. 이 구절을 통해 우리는 결혼한 후에야 남자가 아내와 합할 수 있다는 것을 알게 되며, 성관계를 통한 연합은 남편과 아내 사이에서만 허락된 관계라는 사실을 이해할 수 있습니다. 그러므로 부부관계를 벗어난 모든 성관계는 간음이라는 것을 우리는 알아야 합니다. 잠언은 이 사실에 대해 명확히 이야기하고 있습니다.

> "너는 네 우물에서 물을 마시며 네 샘에서 흐르는 물을 마시라. 어찌하여 네 샘물을 집 밖으로 넘치게 하며 네 도랑물을 거리로 흘러가게 하겠느냐. 그 물이 네게만 있게 하고 타인과 더불어 그것을 나누지 말라. 네 샘으로 복되게 하라 네가 젊어서 취한 아내를 즐거워하라. 그는 사랑스러운 암사슴 같고 아름다운 암노루 같으니 너는 그의 품을 항상 족하게 여기며 그의 사랑을 항상 연모하라. 내 아들아 어찌하여 음녀를 연모하겠으며 어찌하여 이방 계집의 가슴을 안겠느냐."
>
> 잠언 5장 15-20절

성경은 분명히 부부관계를 넘어선 성관계를 간음이며 죄라고 말합니다. 그것은 단순한 하룻밤의 실수가 아니라, 하나님께서 금지하시는 죄입니다. 그러나 타락한 이 시대의 사람들은 혼전 동거와 결혼 전에 성관계를 맺는 것을 대수롭지 않게 여깁니다. 오히려 결혼 전에 아이를 갖는 것을 혼수라고 즐겁게 이야기하거나, 결혼 전에 미리 속궁합을 맞춰봐야 한다고 주장하기도 합니다. 심지어 요즘에는 결혼 후에도 혼인 서약서를 등록하지 않는 경우가 많습니다. 이는 혹시라도 이혼하게 될 경우 서로 흔적이 남지 않는 것이 유리하다고 생각하기 때문입니다.

그러나 결혼은 하나님 앞에서 부부로서의 언약을 맺는 과정입니다. 사람들을 속이고 결혼의 법적인 흔적을 감출 수 있을지 모르지만, 그것이 없었던 관계가 되는 것은 아닙니다. 오늘날 결혼한 사람이 부부관계 외에 섹스 파트너나 애인을 따로 두는 것을 능력으로 여기고, 심지어 스스로를 크리스천이라 부르는 사람들조차 사업을 위해 어쩔 수 없다고 하며 성매매와 성상납을 당연하게 여기는 경우가 있습니다. 하지만 그것은 크리스천들의 삶이 아닙니다. 그것은 크리스천들이 가져야 할 인식과 사고방식이 아닙니다. 이는 세상 사람들, 즉 하나님의 백성이 아닌 사람들의 사고방식입니다. 레위기 말씀을 살펴보겠습니다.

> "누구든지 남의 아내와 간음하는 자 곧 그의 이웃의 아내와 간음하는 자는 그 간부와 음부를 반드시 죽일지니라."
>
> 레위기 20장 10절

레위기 20장에는 그 당시 가나안 사람들이 실제로 범했던 더러운 성관계들이 기록되어 있습니다. 근친상간, 짐승과의 수간, 동성애 등 말로 다 표현하기 힘들 정도의 부정한 성관계들을 하나님께서 나열하시며, 그러한 죄를 짓는 자들은 반드시 죽이라고 하셨습니다. 그 이유는 일벌백계(一罰百戒)를 하기 위함입니다. 혹시라도 처벌이 가벼워 하나님의 법을 우습게 여기게 되면, 타락한 인간의 본성이 하나님의 법을 가볍게 여기고, 가정과 사회를 파괴할 것을 염려하셨기 때문입니다. 그런데 한 가지 더 살펴볼 내용이 있습니다.

> "누구든지 여인과 동침하듯 남자와 동침하면 둘 다 가증한 일을 행함인즉 반드시 죽일지니 자기의 피가 자기에게로 돌아가리라. 누구든지 아내와 자기의 장모를 함께 데리고 살면 악행인즉 그와 그들을 함께 불사지니 이는 너희 중에 악행이 없게 하려 함이니라. 남자가 짐승과 교합하면 반드시 죽이고 너희는 그 짐승도 죽일 것이며. 여자가 짐승에게 가까이 하여 교합하면 너는 여자와 짐승을 죽이되 그들을 반드시 죽일지니 그들의 피가 자기들에게로 돌아가리라.'
>
> 레위기 20장 13-16절

지금 이 구절에서 우리가 주목해야 하는 것은, 성경이 사형에 해당하는 죄로 언급한 죄의 목록들입니다. 성경은 배우자가 아닌 다른 자와의 성관계, 동성애, 짐승과의 성교, 근친상간과 같은 죄들을 같은 간음죄의 선상에서 사형을 선고하고 있다는 것을 볼 수 있습니다. 오늘날 많은 사람들이 동성애를 용납해야 한다고 이야기하며, 그들이 소수의 입장이기 때문에 보호받아야 한다고 주장합니다. 하지만 동성애가 소수라서 용납될 수 있다면, 그보다 더 소수인 짐승과의 성교 역시 용납되어야 한다는 논리로 이어질 수 있습니다. 또한, 동성애를 로맨스나 사랑의 한 형태로 본다면, 짐승과의 사랑도 로맨스와 사랑의 형태로 봐야 할 것입니다. 왜냐하면 성경이 이 두 가지 죄를 같은 죄로 다루고 있기 때문입니다. 그러므로 비록 이 세대가 여러 이유를 대며 자신의 죄를 회개하지 않으려 하고, 자신의 행위를 옳다고 해줄 유튜버들을 찾아다닌다 할지라도, 성경은 그렇게 이야기하지 않는다는 것을 알아야 합니다.

성경은 결혼을 소중하게 여깁니다. 왜냐하면 결혼은 하나님이 주신 사명을 부부가 공동으로 이루어 가는 연합의 관계이기 때문입니다. 창세기의 기록을 살펴보겠습니다.

"하나님이 그들에게 복을 주시며 하나님이 그들에게 이르시되 생육하고 번성하여 땅에 충만하라, 땅을 정복하라, 바다의 물고기와 하늘의 새와 땅에 움직이는 모든 생물을 다스리라 하시니라."

창세기 1장 28절

하나님은 결혼관계를 통해 자녀들이 생육하고 번성하게 하셨습니다. 그렇게 하나님의 백성들이 번성하게 되는 과정을 통해 하나님 나라가 건설되도록 하셨습니다. 따라서 결혼한 성도들은 자녀의 출산과 양육을 잘 감당해야 하는 책임이 있습니다. 오늘날 많은 사람들이 아이를 키우기 어렵다는 이유로, 또는 부담이 된다는 이유로 자녀를 가지지 않으려 합니다. 혹은 결혼 생활에 문제가 생겨 이혼이라도 하게 될까 두려워 아이를 갖지 않으려는 경우도 있습니다. 그러나 이러한 모든 생각은 하나님이 주신 명령을 역행하는 것입니다. 결혼한 사람들은 자녀를 낳아 기르는 책임을 져야 합니다. 말라기는 이렇게 말씀합니다.

> "그에게는 영이 충만하였으나 오직 하나를 만들지 아니하셨느냐 어찌하여 하나만 만드셨느냐 이는 경건한 자손을 얻고자 하심이라 그러므로 네 심령을 삼가 지켜 어려서 맞이한 아내에게 거짓을 행하지 말지니라."
>
> 말라기 2장 15절

하나님은 거룩한 부부관계를 통해 경건한 자손들을 얻기를 원하십니다. 하나님을 닮은 거룩하고 경건한 자손들이 태어나고 자라기를 원하십니다. 그러므로 결혼한 부부들은 하나님을 사랑하는 마음으로 자녀를 낳아, 거룩하고 경건하게 잘 양육해야 할 책임이 있습니다.

마지막으로, 거룩한 결혼관계를 유지해야 하는 이유는 결혼이 단지 부부의 연합을 넘어 예수님과 교회 사이의 연합의 비밀을 드러내는 관계이기 때문입니다. 사도바울은 창세기의 말씀을 인용하며 이렇게 가르칩니다.

> "그러므로 사람이 부모를 떠나 그의 아내와 합하여 그 둘이 한 육체가 될지니. 이 비밀이 크도다 나는 그리스도와 교회에 대하여 말하노라."
>
> 에베소서 5장 31-32절

크리스천들은 부부간의 영적인 연합을 통해 예수 그리스도께서 교회를 얼마나 사랑하시는지, 그리고 교회가 예수 그리스도께 어떻게 순종해야 하는지를 배우게 됩니다. 이러한 때에 가장 아름다운 모습이 드러난다는 사실을 배우고 증거하는 관계가 바로 부부관계입니다. 하나님께서는 이러한 비밀을 거룩한 부부관계를 통해 계시하기를 원하십니다. 그러므로 크리스천들의 부부관계는 간음으로 얼룩져서도 안 되며, 부정하고 더러운 성적 관계로 그 연합의 관계를 더럽혀서는 안 됩니다.

사실 결혼을 한 사람이든, 하지 않은 사람이든 "자신은 간음한 적이 없다"고 생각하는 사람이 있을 수 있습니다. 하지만 예수님이 이 계명에 대해서 말씀하신 내용을 꼭 기억해야 합니다.

"또 간음하지 말라 하였다는 것을 너희가 들었으나. 나는 너희에게 이르노니 음욕을 품고 여자를 보는 자마다 마음에 이미 간음하였느니라. 만일 네 오른 눈이 너로 실족하게 하거든 빼어 내버리라 네 백체 중 하나가 없어지고 온 몸이 지옥에 던져지지 않는 것이 유익하며. 또한 만일 네 오른손이 너로 실족하게 하거든 찍어 내버리라 네 백체 중 하나가 없어지고 온 몸이 지옥에 던져지지 않는 것이 유익하니라."

마태복음 5장 27-30절

 

살인하지 말라는 계명에서도 살펴보았듯이 우리는 누구나 가인의 죄를 지을 수 있고, 누구나 다윗이 지은 죄를 지을 수 있다는 사실을 알고 경계해야 합니다. 예를 들어서 우리가 헬스장에 가서 운동을 하는 중에 누군가를 훔쳐보면서 음란한 생각을 하거나 핸드폰으로 음란한 영상을 보게 된다면, 그러한 행위가 실제로 우리에게 음란한 죄를 지을 수 있는 방아쇠가 될 수 있다는 사실로 알고 경계해야 합니다. 그래서 성경은 우리에게 음행을 피하라고 가르칩니다.

 

"음행을 피하라 사람이 범하는 죄마다 몸 밖에 있거니와 음행하는 자는 자기 몸에 죄를 범하느니라."

고린도전서 6장 18절

"음행을 피하기 위하여 남자마다 자기 아내를 두고 여자마다 자기 남편을 두라."

고린도전서 7장 2절

성경은 마귀를 대적하라고 말하지만, 음행의 죄에 관해서는 음행을 피해야 한다고 가르칩니다. 성경에서 반복해서 이야기 하는 것은 중요하다는 이야기 입니다. 그러므로 우리는 왜 성경이 음행을 피하라고 했는지 이해하고, 겸손히 하나님의 말씀에 순종해야 합니다. 이 사실을 이해하기 위해서 두가지 사건을 함께 살펴보겠습니다.

> "여인이 날마다 요셉에게 청하였으나 요셉이 듣지 아니하여 동침하지 아니할 뿐더러 함께 있지도 아니하니라. 그러할 때에 요셉이 그의 일을 하러 그 집에 들어갔더니 그 집 사람들은 하나도 거기에 없었더라. 그 여인이 그의 옷을 잡고 이르되 나와 동침하자 그러나 요셉이 자기의 옷을 그 여인의 손에 버려두고 밖으로 나가매."
>
> 창세기 39장 10-12절

> "저녁 때에 다윗이 그의 침상에서 일어나 왕궁 옥상에서 거닐다가 그 곳에서 보니 한 여인이 목욕을 하는데 심히 아름다워 보이는지라. 다윗이 사람을 보내 그 여인을 알아보게 하였더니 그가 아뢰되 그는 엘리암의 딸이요 헷 사람 우리아의 아내 밧세바가 아니니이까 하니. 다윗이 전령을 보내어 그 여자를 자기에게로 데려오게 하고 그 여자가 그 부정함을 깨끗하게 하였으므로 더불어 동침하매 그 여자가 자기 집으로 돌아가니라."
>
> 사무엘하 11장 2-4절

지금 읽은 두 장면에서 요셉과 다윗의 차이는 무엇이었습니까? 요셉은 보디발의 아내가 유혹했을 때 옷이 찢어지는 것을 감수하고 그 자리를 피했기 때문에 하나님께 범죄하지 않을 수 있었습니다. 반면에 다윗은 왕들이 출전하던 그 시기에 밧세바가 목욕하는 것을 보고서 음욕을 품었기 때문에 간음죄와 살인죄 까지 짓게 된 것입니다. 그러므로 아무거나 보지 마시고, 아무거나 듣지 마시기 바랍니다. 세상의 가치와 음란한 유혹거리들이 여러분의 생각과 마음을 지배하게 해서는 안됩니다. 그래서 예수님도 눈이 음행하게 만들면 눈을 뽑아버리라고 하실 정도의 강한 결단을 우리에게 요청하신 것입니다.

또한, 여러분의 정결함과 가정을 지키기 위해서, 실제적으로 이 말씀을 적용하셔야 합니다. 혹시라도 음란한 영상에 붙잡혀 있는 분들이 계시다면, 방에서 혼자 컴퓨터를 하거나 노트북을 하는 시간을 없애시기 바랍니다. 컴퓨터를 거실에 내놓으시고, 그래도 안되면 아예 없애버리시기 바랍니다.

제가 저희 아이들에게 지도하는 내용중에 이런 내용이 있습니다: "너희가 아빠와 같이 핸드폰으로 볼 수 없는 것들은 혼자서도 보지마. 이 영상을 아빠가 같이 본다고 할 때 거리낌이 든다고 생각하면 하지마. 그리고 너희들이 이성교제를 할 때도, 아빠가 보고 있을 때 거리낄 것 같으면 그것은 하지 말아야 하는 행동이야. 아빠가 너희와 평생 같이 있을 수도 없고, 모든 곳에 너희를 쫓아 다닐 수도 없어. 그래서 너희 스스로가 기준을 가지고 분별할 줄 알아야 해. 아빠가 보았을 때 보여줄 수 없는 것이라면 하지 마!"

그런데 이러한 사실은 어른들에게도 적용할 수 있습니다. 여러분의 자녀와 배우자에게 보여줄 수 없는 영상은, 여러분도 보시지 마시기 바랍니다. 사진, 릴스, 쇼츠, 유튜브 영상 전부 다 마찬가지 입니다. 처음부터 그 생각이 들어오지 않게 하셔야 합니다. 또한 결혼한 분들은 아내가 아닌 다른 이성을 일대일로 만나지 않는 것을 권면합니다. 특히 밤에, 사람들이 없는 곳에서는 더더욱 안됩니다. 음행은 애초에 그 가능성부터 차단해야 하는 것입니다. 실제로 육체적인 죄를 짓지 않는다고 해도, 그 생각이 찾아와 어느 순간 다윗의 죄를 지을 수 있는 것이니, 철저하게 지켜야 하는 것입니다.

간혹 티비를 보면 유명한 연예인이나 셀럽들의 불륜 사건이 들통나는 경우가 있습니다. 그런데 여러분 그 사람과 우리의 차이가 무엇인지 아십니까? 그 사람은 유명해서 드러난 것이고, 힘이 있어서 더 범죄를 저지르기 쉬웠던 것입니다. 반대로 우리는 유명하지 않아서 드러나지 않은 것 뿐이고, 돈과 힘이 부족해서 범죄를 저지르기가 어려운 것 뿐이죠. 하지만 우리 또한 똑같이 유명해지고, 똑같은 재력과 힘을 가지게 되면 얼마든지 죄를 지을 수 있는 사람들이라는 것을 알아야 합니다.

> **"너희가 죄와 싸우되 아직 피흘리기까지는 대항하지 아니하고."**
> 히브리서 12장 4절

혹시라도 이 죄로 인해서 넘어진 분들은 회개하시고 하나님의 은혜와 도우심을 구하시기를 바랍니다. 하나님께서 은혜를 베풀어 주신다면, 우리는 성령의 능력을 힘입어 음란한 죄와 싸워 이길 수 있습니다. 그러므로 혼신을 다해서 싸우십시오. 피흘리기까지 죄와 싸우십시오. 그리하여 여러분의 가정과 결혼생활이 하나님 앞에서 더욱더 아름답게 세워져 가기를 주님의 이름으로 축복합니다.

# 십계명

3강

# 8-10계명

### 제 8계명: 도둑질하지 말라

> "도둑질하지 말라."
>
> 출애굽기 20장 15절

십계명의 여덟 번째 계명은 "도둑질하지 말라"고 가르칩니다. 그렇다면 성경이 말하는 "도둑질"이라는 죄는 어떤 것을 의미할까요? 국어사전에서는 도둑질을 "남의 물건을 몰래 훔치거나 허락 없이 가지는 것"이라고 정의하지만, 사실 도둑질에는 여러 구체적인 사례들이 존재합니다.

이 책을 읽는 분들 중에는 실제로 누군가를 때리거나 해쳐서 다른 사람의 재산을 빼앗은 사람은 없을 것이라고 생각합니다. 그래서 자신은 여덟 번째 계명을 어기지 않았다고 여길 수 있습니다. 하지만 조금만 진지하게 생각해 보면, 모든 사람은 삶의 각 영역에서 다른 사람들의 재산을 빼앗는 행위를 저지를 가능성이 있습니다.

예를 들어, 중고 자동차를 판매하는 일부 사람들은 침수된 차를 멀쩡한 차로 속여 팔거나, 결함이 있는 차를 감춘 채 판매하기도 합니다. 이렇게 해야 돈을 더 벌 수 있기 때문입니다. 제가 미국에 처음 왔을 때 만났던 어떤 분의 이야기가 기억 납니다. 함께 식사하던 중에 그분은 자신이 미국을 얼마나 많이 여행했는지 자랑을 했습니다. 새 자동차를 사서 3년 동안 몇십만 마일을 주행한 뒤, 동네에 있었던 기술자에게 돈을 주고 계기판 오도미터(Odometer)를 고쳤다고 했습니다. 예를 들어 130,000마일을 주행한 차를 30,000마일밖에 타지 않은 것처럼 속여 되팔았다는 이야기였죠. 그리고 그 돈으로 새 차를 다시 사서 같은 일을 반복하며 돈을 절약했다고 자랑했습니다. 하지만 이는 똑똑한 행동이 아니라 도둑질입니다. 차의 가치를 속이고 다른 사람의 재산을 빼앗은 것이죠.

또 다른 도둑질의 사례로는 단체나 개인적으로 세금을 탈세하거나 공금을 횡령하는 도둑질이 있습니다. 그리고 장사나 사업을 하는 사람들이 직원들의 임금을 착취하거나 부당하게 대우하는 경우도 있죠. 신명기 말씀을 읽어 보겠습니다.

> "곤궁하고 빈한한 품꾼은 너희 형제든지 네 땅 성문 안에 우거하는 객이든지 그를 학대하지 말며 그 품삯을 당일에 주고 해 진 후까지 미루지 말라 이는 그가 가난하므로 그 품삯을 간절히 바람이라 그가 너를 여호와께 호소하지 않게 하라 그렇지 않으면 그것이 네게 죄가 될 것임이라."
>
> 신명기 24장 14-15절

우리 옛말에 "화장실 들어갈 때와 나올 때가 다르다"는 말이 있습니다. 이는 일손이 필요해서 사람을 고용하지만, 막상 그 사람에게 일의 대가를 주려고 할 때는 아깝게 느껴질 수 있다는 것을 의미합니다. 그래서 급여를 차일피일 미루거나, 양해를 구하며 대금을 주지 않으려는 경우도 발생합니다. 물론 각자의 사정이 있을 수 있습니다. 장사나 사업을 하다 보면 운영 자금이 부족할 때도 있고, 당장 현금을 지불해야 할 곳이 많을 수도 있습니다. 하지만 크리스천은 성경이 명하는 대로 행해야 하는 사람들입니다. 그러므로 일한 자들에게 마땅한 삯을 주고, 그들의 노동에 대한 대가를 도둑질해서는 안 될 것입니다.

또 한 가지 사례로는 하나님께 드리는 십일조와 봉헌물을 도둑질하는 경우가 있습니다.

구약 성경을 보면 십일조는 하나님께 기업을 받지 못한 레위인들의 생활비로 사용되었음을 알 수 있습니다. 또한 이스라엘이 예배를 드릴 때 드리던 봉헌물들은 성막을 유지하고, 이스라엘 사회 안의 가난한 사람들, 과부, 고아, 그리고 나그네들을 지원하는 데 사용되었습니다. 하지만 말라기 시대의 성도들은 하나님이 명하신 헌금 생활을 제대로 하지 않았고, 하나님께서는 이를 하나님의 것을 도둑질한 것으로 간주하셨습니다.

오늘날 많은 사람들이 교회가 성경대로 세워져야 한다고 말하면서도, "설교 중에 헌금 이야기를 하면 시험 든다", "목사님이 헌금 이야기를 좀 안 했으면 좋겠다"는 말을 합니다. 왜 이런 말을 할까요? 헌금을 내고 싶지 않기 때문입니다. 그렇다면 이렇게 물어보겠습니다. 혹시 세금을 내라고 하면 시험드는 사람이 있습니까? 모임에서 회비를 내라고 하면 상처받는 사람이 있을까요?

물론 저는 헌금을 세금이나 회비로 이야기하려는 것은 아닙니다. 그러나 십일조와 헌금은 하나님 나라 백성이라면 마땅히 감당해야 할 의무라는 점을 말하고자 합니다. 십일조는 원래 열 개 모두가 하나님께 속한 것인데, 그 중 하나를 하나님의 주권을 인정하며 드리는 믿음의 행위입니다. 이는 하나님의 재산을 맡은 청지기로서 하나님의 뜻대로 사용하도록 마땅히 드려야 하는 것입니다.

그러나 우리는 종종 "교회에서 상처받았다"는 이유로 교회 출석을 거부하거나, "십일조 이야기를 하면 시험 든다"는 핑계를 대며 헌금의 의무를 회피합니다. 하지만 그것은 죄인의 본성일 뿐입니다. 혹시 상처를 받았다고 직장에 가지 않는 사람이 있습니까? 상처받았다고 학교에 가지 않는 사람이 있을까요? 의무와 책임이 무겁다고 해서 직장이나 학교에 가지 않는 사람은 없습니다. 그런데 왜 교회는 예외가 된다고 생각할까요? 그것은 우리 안에 하나님을 사랑하는 마음과 주님의 몸 된 교회를 사랑하는 마음이 부족하기 때문입니다. 또한 하나님을 경외하는 마음이 없고, 우리에게 주어진 모든 재물과 시간이 하나님의 것이라는 인식이 없기 때문입니다. 성경은 이렇게 말합니다.

> "그러므로 염려하여 이르기를 무엇을 먹을까 무엇을 마실까 무엇을 입을까 하지 말라. 이는 다 이방인들이 구하는 것이라 너희 하늘 아버지께서 이 모든 것이 너희에게 있어야 할 줄을 아시느니라. 그런즉 너희는 먼저 그의 나라와 그의 의를 구하라 그리하면 이 모든 것을 너희에게 더하시리라." 마태복음 6장 31-33절

> "내게는 모든 것이 있고 또 풍부한지라 에바브로디도 편에 너희가 준 것을 받으므로 내가 풍족하니 이는 받으실 만한 향기로운 제물이요 하나님을 기쁘시게 한 것이라. 나의 하나님이 그리스도 예수 안에서 영광 가운데 그 풍성한 대로 너희 모든 쓸 것을 채우시리라."
>
> 빌립보서 4장 18-19절

성경은 우리에게 주어진 모든 것이 하나님께서 주신 것임을 가르치며, 우리가 필요로 하는 모든 것은 하나님께서 채우실 것이라고 말씀합니다. 우리는 하나님의 나라와 의를 구하며, 하나님의 뜻을 이루기 위해 살아가야 합니다. 이러한 삶을 살아가는 하나님의 백성들을 하나님께서 돌보시고 책임지십니다. 그러나 이러한 부분에 대한 믿음과 확신이 부족할 때, 우리는 하나님의 것마저 도둑질하는 죄를 범하게 됩니다. 그래서 히브리서는 이렇게 말했습니다.

> "돈을 사랑하지 말고 있는 바를 족한 줄로 알라 그가 친히 말씀하시기를 내가 결코 너희를 버리지 아니하고 너희를 떠나지 아니하리라 하셨느니라."
>
> 히브리서 13장 5절

돈은 우리에게 꼭 필요한 것이며, 삶을 살아가는 데 매우 중요한 요소입니다. 하지만 성경은 돈을 사랑하지 말라고 가르칩니다. 왜 그럴까요? 이에 대해 디모데전서는 이렇게 이야기합니다.

돈 자체는 악한 것이 아닙니다. 돈은 가치 중립적인 것입니다. 하지만 돈을 사랑하게 되면 모든 악의 뿌리가 거기에서부터 형성된다고 성경은 경고합니다. 그렇기 때문에 크리스천들은 자족하는 훈련을 지속적으로 해야 합니다. 하나님께서 보시는 것은 그 사람이 집을 몇 채 가지고 있는지, 통장 잔고가 얼마나 되는지가 아닙니다. 하나님은 그 사람이 어떤 방식으로 재물을 얻었는지, 그리고 하나님을 경외하는 방식으로 재물을 사용하는지를 보십니다. 이에 대해 다윗 왕은 이렇게 고백했습니다.

우리의 재산은 우리 스스로의 노력만으로 얻은 것이 아닙니다. 하나님께서 환경과 능력, 그리고 역량을 주셨기에 우리가 재산을 가지게 된 것입니다. 하나님께서 그것을 우리에게 맡기셨기에 우리는 이를 맡은 청지기로서 사용해야 합니다. 그러므로 우리는 하나님 나라 백성으로서 하나님이 원하시는 삶의 방식을 이해하고, 하나님의 말씀을 따라 살아야 합니다. 이에 대해 성경은 이렇게 권면합니다.

"도둑질하는 자는 다시 도둑질하지 말고 돌이켜 가난한 자에게 구제할 수 있도록 자기 손으로 수고하여 선한 일을 하라."

에베소서 4장 28절

"네 하나님 여호와께서 네게 주신 땅 어느 성읍에서든지 가난한 형제가 너와 함께 거주하거든 그 가난한 형제에게 네 마음을 완악하게 하지 말며 네 손을 움켜 쥐지 말고. 반드시 네 손을 그에게 펴서 그에게 필요한 대로 쓸 것을 넉넉히 꾸어 주라."

신명기 15장 7-8절

성경은 단순히 타인의 재물을 빼앗거나 도둑질하지 말라고 가르치는 것을 넘어서, 가난하고 어려운 사람들을 돕는 삶을 살아야 한다고 말합니다. 성경은 우리가 손을 넉넉하게 펴서 그들을 돕는 데 재정을 사용하라고 권면합니다. 이는 하나님 나라 백성들의 삶의 방식이기 때문이며, 하나님께서 우리를 통해 하나님의 백성들이 서로의 필요를 채워가기를 원하시기 때문입니다. 따라서 성경은 도둑질하지 않는 것에 그치지 않고, 하나님이 맡겨주신 사람들에 대한 책임을 다하라고 말씀합니다. 이러한 하나님의 마음을 이해한 잠언의 기자는 이렇게 기도했습니다.

> "내가 두 가지 일을 주께 구하였사오니 내가 죽기 전에 내게 거절하지 마시옵소서. 곧 헛된 것과 거짓말을 내게서 멀리 하옵시며 나를 가난하게도 마옵시고 부하게도 마옵시고 오직 필요한 양식으로 나를 먹이시옵소서. 혹 내가 배불러서 하나님을 모른다 여호와가 누구냐 할까 하오며 혹 내가 가난하여 도둑질하고 내 하나님의 이름을 욕되게 할까 두려워함이니이다."
>
> 잠언 30장 7-9절

신명기와 사사기의 기록을 보면, 우리는 부자가 되면 행복해질 것 같지만, 오히려 재물로 인해 하나님께 순종하지 못하고 하나님 앞에서 가난한 사람이 될 수 있음을 알게 됩니다. 그래서 잠언은 기도에 대해 이렇게 말합니다. "가난하게도 마시고, 부하게도 마시고, 오직 필요한 양식으로 먹여달라." 이는 예수님께서 가르쳐 주신 일용할 양식에 대한 기도와 일치하며, 하나님을 경외하는 삶의 방식을 지킬 수 있는 길입니다.

또 한 가지 우리가 놓칠 수 있는 도둑질의 사례를 생각해 보겠습니다. 그것은 오늘날 "월급루팡"이라는 단어와 관련된 개념입니다. 나무위키에 따르면 "월급루팡"은 이렇게 정의됩니다: "2011년경부터 유행한 신조어로, 맡은 직무는 제대로 안 하면서 월급이나 축내는 직원을 말한다." 성경은 직장에서 일하며 고용된 자로 살아가는 크리스천들에게 이렇게 말씀합니다.

> "그리고 맡은 자들에게 구할 것은 충성이니라."
>
> 고린도전서 4장 2절

> "종들아 모든 일에 육신의 상전들에게 순종하되 사람을 기쁘게 하는 자와 같이 눈가림만 하지 말고 오직 주를 두려워하여 성실한 마음으로 하라."
>
> 골로새서 3장 22절

제가 우리 교회에서 사역하는 사역자들에게 늘 당부하는 것이 있습니다. 보는 사람이 있든 없든, 성도들의 헌금으로 생활하는 사역자들은 더욱 모범이 되어 충성스럽게 일해야 한다는 것입니다. 하지만 이것은 사역자들에게만 해당되는 것이 아니라, 일반 성도들에게도 마찬가지입니다.

> "종들아 두려워하고 떨며 성실한 마음으로 육체의 상전에게 순종하기를 그리스도께 하듯 하라. 눈가림만 하여 사람을 기쁘게 하는 자처럼 하지 말고 그리스도의 종들처럼 마음으로 하나님의 뜻을 행하고. 기쁜 마음으로 섬기기를 주께 하듯 하고 사람들에게 하듯 하지 말라. 이는 각 사람이 무슨 선을 행하든지 종이나 자유인이나 주께로부터 그대로 받을 줄을 앎이라."
>
> 에베소서 6장 5-8절

여기서 이야기하는 "종들"은 섬겨야 하는 대상이 있는 모든 직원들을 의미합니다. 당연히 사장이나 상사들은 직원들의 월급을 체불하거나 갑질을 해서는 안 되겠지만, 고용된 직원들 역시 "월급루팡"을 해서는 안 된다는 것입니다. 여러분이 소속된 회사나 직장이 있습니까? 그렇다면 최선을 다해 그 직장을 섬기시기 바랍니다. 여러분의 헌신으로 인해 그 회사가 잘되고 복을 받을 수 있도록 최선을 다해 일하십시오. 세상의 지혜는 고용주는 돈을 덜 주고 더 많은 노동을 요구하며, 근로자는 돈을 더 받으면서 노동을 덜 하려는 방향으로 작동합니다. 그러나 우리 크리스천들은 세상과 다른 노선을 선택해야 합니다. 크리스천들은 삯군이 아니라 충성된 일꾼으로 살아야 하며, 하나님이 채우실 것을 믿고, 하나님을 주인으로 여기며, 하나님 앞에서 일하듯 직장을 섬겨야 합니다. 이는 우리의 모습을 통해 하나님께서 영광을 받으시기 때문입니다.

또한, 불법으로 콘텐츠를 다운로드하는 일 역시 도둑질임을 잊지 말아야 합니다. 오늘날 많은 사람들이 불법 PDF 파일로 책을 다운로드하거나, 프로그램을 불법적으로 사용하는 것을 자신의 능력이나 수집 취향으로 착각하기도 합니다. 그러나 이는 저작권을 도둑질하는 행위입니다. 그러므로 어떤 책이나 프로그램이라도 불법적으로 다운로드하지 않아야 합니다.

지금까지의 내용을 돌아보면, 크리스천으로 사는 것이 참 불편하게 느껴질 수 있습니다. 하지만 우리는 하나님의 백성입니다. 그렇기 때문에 결코 세상의 방식대로 살 수 없습니다. 지금까지 따라왔던 세상의 사고방식과 삶의 방식을 버리셔야 합니다. 세상이 그것을 "지혜"라거나 "유연성"이라고 표현하더라도, 하나님의 백성들이 따라야 할 삶의 기준은 오직 성경입니다. 또한, 우리에게 맡겨주신 재물은 모두 하나님의 것이며, 우리는 하나님이 맡겨주신 재물을 하나님의 기쁨을 위해 사용하는 청지기 의식을 가져야 합니다. 그러므로 자신의 욕심을 위해 재물을 쌓아두려 하지 말고, 주변을 돌아보며 다른 사람들의 필요를 채우는 크리스천들이 되시기를 주님의 이름으로 축복합니다.

## 제 9계명: 네 이웃에 대하여 거짓 증거하지 말라

> "네 이웃에 대하여 거짓 증거하지 말라."
>
> 출애굽기 20장 16절

십계명의 아홉 번째 계명은 "거짓말을 하지 말라"는 명령입니다. 하지만 이 계명에서 주목해야 할 점은 단순히 "거짓말을 하지 말라"는 것이 아니라, "네 이웃에 대하여"라는 전제가 있다는 것입니다.

십계명이 처음 주어진 당시 이스라엘은 공동체 사회를 이루고 있었습니다. 고대 이스라엘의 재판은 보통 각 지방의 장로들이 주관했으며,

별도의 법정이 없었기 때문에 마을 성문 앞이 재판정이자 법정으로 사용되었습니다. 또한, 오늘날처럼 검사나 변호사가 존재하지 않았고, 블랙박스나 CCTV와 같은 증거물을 이용할 수 없었기 때문에 재판에서 가장 중요한 역할은 증인들이 담당했습니다. 증인들의 증언이 사건의 정황을 판단하는 핵심이 되었기 때문입니다.

그러한 이유로 고대 이스라엘 사회에서 증인의 역할은 매우 중요하고 절대적이었습니다. 이는 증인의 말 한마디에 따라 한 사람의 생명이 좌우될 수 있었기 때문입니다. 그래서 신명기에는 증인에 대한 명확한 율법이 기록되어 있습니다.

> "죽일 자를 두 사람이나 세 사람의 증언으로 죽일 것이요 한 사람의 증언으로는 죽이지 말 것이며. 이런 자를 죽이기 위하여는 증인이 먼저 그에게 손을 댄 후에 뭇 백성이 손을 댈지니라 너는 이와 같이 하여 너희 중에서 악을 제할지니라."
> 신명기 17장 6-7절

> "만일 위증하는 자가 있어 어떤 사람이 악을 행하였다고 말하면. 그 논쟁하는 쌍방이 같이 하나님 앞에 나아가 그 당시의 제사장과 재판장 앞에 설 것이요. 재판장은 자세히 조사하여 그 증인이 거짓 증거하여 그 형제를 거짓으로 모함한 것이 판명되면. 그가 그의 형제에게 행하려고 꾀한 그대로 그에게 행하여 너희 중에서 악을 제하라. 그리하면 그 남은 자들이 듣고 두려워하여 다시는 그런 악을 너희 중에서 행하지 아니하리라."
> 신명기 19장 16-20절

하나님께서는 사건을 판결함에 있어 증인의 역할을 매우 중요하게 여기셨습니다. 그래서 공정한 판결을 위해 한 사람의 증인만으로는 사형을 판결하지 말라고 명령하셨습니다. 이는 죄악된 인간의 본성이 자신의 유익을 위해 거짓말을 할 수 있다는 사실을 하나님께서 알고 계셨기 때문입니다. 하나님께서는 증인의 효력을 두세 사람의 증언이 일치할 때만 인정하셨고, 사형을 선고할 경우 증언을 한 증인이 먼저 손을 대게 하신 후 다른 백성이 동참하게 하셨습니다. 이는 거짓 증언의 심각성을 깨닫고, 증언할 때 신중하게 하라는 경고였습니다.

그렇다면 우리가 이웃에 대해 거짓 증거를 하게 되는 경우는 어떤 것들이 있을까요? 가장 먼저 생각할 수 있는 것은 검증되지 않은 헛소문을 퍼뜨리는 일입니다. 흔히 "세 사람이 모였을 때 한 사람이 화장실에 가면 남은 두 사람이 그 사람의 험담을 한다"는 말처럼, 우리는 다른 사람에 대한 부정적인 이야기를 자주 하곤 합니다. 또한 그 자리에 없는 사람에 대한 소문을 주고받기도 합니다.

때로는 우리가 나누는 소문이 사실일 수도 있지만, 거짓일 경우도 많습니다. 특히 익명으로 댓글을 남길 수 있는 오늘날의 문화에서는 검증되지 않은 소문이 온라인을 통해 빠르게 확산됩니다. 그러나 이런 악의적인 헛소문이나 댓글로 인해 많은 이들이 자살하거나 큰 상처를 받는 사례를 종종 봅니다.

옛 속담에 "무심코 던진 돌에 개구리는 맞아 죽는다"라는 말이 있습니다. 이는 내가 재미로 던진 말일지라도, 그 말이 누군가에게 상처를 줄수 있다는 뜻입니다. 그럼에도 불구하고 많은 사람들은 이렇게 말합니다. "아니면 말지, 왜 저렇게 발끈해? 발끈하는 거 보니 진짜인가 보네~", "내가 대단한 말 한 것도 아니고, 그냥 남들 말에 맞장구 친 거야." 하지만 돌을 던진 사람은 그 돌에 맞은 사람이 얼마나 아프고 고통스러울지 알지 못합니다. 그래서 자신의 행동을 변호하며 대수롭지 않게 여기곤 합니다. 이런 태도 속에서 많은 이웃들이 상처를 받습니다. 이에 대해 잠언은 이렇게 이야기합니다.

> "나무가 다하면 불이 꺼지고 말쟁이가 없어지면 다툼이 쉬느니라."
> 잠언 26장 20절

제가 있는 달라스 한인 타운의 식당에 가면, 한국 사람들이 여기저기 모여 식사하며 이야기를 나누는 모습을 자주 보게 됩니다. 그런데 그들의 대화를 가만히 들어보면 "김 목사가 어떻고, 박 목사가 어떻고, 이 집사가 어떻고, 박 집사가 어떻고" 하는 이야기들이 들립니다. 교회에서도 주방 봉사를 하는 곳이나 소그룹 모임에서 늘 말쟁이들이 있습니다. 이런 사람들은 언제나 다툼을 일으키고, 이웃에 대해 거짓 증언과 거짓 소문을 퍼뜨리곤 합니다.

물론 우리는 남에게는 엄격하고 자신에게는 관대한 경향이 있습니다. 이런 이야기를 들으면 곧장 누군가를 떠올리며 이름을 댈 수도 있습니다. 하지만 문제는 자신이 그런 사람이라고 생각하는 경우는 거의 없다는 점입니다. 제가 목회를 하며 경험한 사실 중 하나는, "다른 사람들 이야기 좀 안 했으면 좋겠다"라고 말하는 사람들조차도 다른 사람들 이야기를 하지 않는 경우를 본 적이 없다는 것입니다. 우리는 종종 "이런 말 하면 안 되는데~"라고 말하면서 결국 이야기를 다 합니다. 말하면 안 되는 줄 알면서도 너무 흥미롭고 재미있어서 참을 수 없기 때문입니다. 또 우리는 "그 사람이 걱정돼서 그래~ 너만 알고 있어~"라는 말을 덧붙이며 뒷소문을 퍼뜨리곤 합니다. 하지만 하나님께서는 이런 일을 기뻐하지 않으십니다.

남의 이야기를 하는 것은 흥미롭고 즐거울 수 있습니다. 하지만 하나님의 백성들은 자신이 하는 말의 내용을 철저히 검토해야 합니다. 또한, 사람들 뒤에서 소문을 퍼뜨리거나 뒷이야기를 하는 일이 흥미로울 수는 있지만, 그것이 생명을 살리고 유익을 주는 일이 아니라면 하지 않아야 합니다.

"그런즉 너희가 먹든지 마시든지 무엇을 하든지 다 하나님의 영광을 위하여 하라."
고린도전서 10장 31절

성경은 크리스천들이 행하는 모든 일이 덕을 세우고 하나님의 영광을 위한 일이 되어야 한다고 가르칩니다. 그러므로 크리스천들은 다른 사람들의 이야기를 하는 것이 그 사람의 영혼을 살리고, 이웃과 교회에 덕을 세우는 일이 아니라면 멈춰야 합니다. 성도들은 남의 이야기가 아닌, 하나님의 이야기를 해야 합니다. 다른 사람의 인생 이야기가 아니라, 성경 인물들의 이야기를 하고, 자신의 인생 이야기를 나누어야 합니다. 성경대로 사는 이야기를 하고, 성경대로 살기 위한 대화를 나누며, 이웃들이 성경대로 살아갈 수 있도록 돕는 이야기를 해야 합니다.

앞서 말씀드린 것처럼, 고대 이스라엘에서는 거짓 증언을 하게 되면 위증죄로 자신이 벌을 받게 되는 제도가 있었습니다. 이는 우리가 훗날 하나님의 심판대 앞에 서게 될 것을 생각하며, 신중히 입술을 움직여야 한다는 교훈을 줍니다. 성경은 분명히 모든 사람이 하나님의 심판대 앞에 서게 될 것을 이야기합니다. 그날에는 재미로 했던 이야기든, 악의적으로 퍼뜨렸던 소문이든, 자신이 증언한 내용이 거짓일 경우, 그 거짓으로 인해 피해를 입은 만큼 하나님의 심판을 받을 각오를 해야 할 것입니다.

> "네가 어찌하여 네 형제를 비판하느냐 어찌하여 네 형제를 업신여기느냐 우리가 다 하나님의 심판대 앞에 서리라."
>
> 로마서 14장 10절

> "이는 우리가 다 반드시 그리스도의 심판대 앞에 나타나게 되어 각각 선악간에 그 몸으로 행한 것을 따라 받으려 함이라."
>
> 고린도후서 5장 10절

무심코 던진 돌에 개구리는 맞아 죽고, 담배꽁초 하나가 온 산을 태우듯이, 우리의 말 한마디와 폭력적인 댓글 하나가 사람을 죽음으로 몰아넣을 수 있다는 사실을 반드시 기억해야 합니다. 바로 이런 이유로 야고보서는 이렇게 말했습니다.

> "이와 같이 혀도 작은 지체로되 큰 것을 자랑하도다 보라 얼마나 작은 불이 얼마나 많은 나무를 태우는가. 혀는 곧 불이요 불의의 세계라 혀는 우리 지체 중에서 온 몸을 더럽히고 삶의 수레바퀴를 불사르나니 그 사르는 것이 지옥 불에서 나느니라. 여러 종류의 짐승과 새와 벌레와 바다의 생물은 다 사람이 길들일 수 있고 길들여 왔거니와. 혀는 능히 길들일 사람이 없나니 쉬지 아니하는 악이요 죽이는 독이 가득한 것이라. 이것으로 우리가 주 아버지를 찬송하고 또 이것으로 하나님의 형상대로 지음을 받은 사람을 저주하나니. 한 입에서 찬송과 저주가 나오는도다 내 형제들아 이것이 마땅하지 아니하니라."
>
> 야고보서 3장 5-10절

마지막으로 우리가 꼭 알아야 할 것은 "침묵도 거짓말이 될 수 있다"는 사실입니다. 물론 적극적으로 위증하는 것은 가장 추악한 거짓말의 죄입니다. 그러나 진실을 알면서도 침묵하는 죄에 대해서도 하나님께서는 심판하신다고 말씀하셨습니다.

> "만일 누구든지 저주하는 소리를 듣고서도 증인이 되어 그가 본 것이나 알고 있는 것을 알리지 아니하면 그는 자기의 죄를 져야 할 것이요 그 허물이 그에게로 돌아갈 것이며."
>
> 레위기 5장 1절

이처럼 성경은 증인이 자신의 역할을 감당하지 않아서 당사자가 불이익을 당하는 경우를 경계합니다. 이에 대한 사례를 열왕기상 18장에서 볼 수 있습니다. 이 장에서는 바알과 아세라를 섬기고 있는 이스라엘 백성들을 향해 엘리야 선지자가 아주 분명한 요청을 했습니다.

> "엘리야가 모든 백성에게 가까이 나아가 이르되 너희가 어느 때까지 둘 사이에서 머뭇머뭇 하려느냐 여호와가 만일 하나님이면 그를 따르고 바알이 만일 하나님이면 그를 따를지니라 하니 백성이 말 한마디도 대답하지 아니하는지라."
>
> 열왕기상 18장 21절

그러나 엘리야의 요청 앞에서 이스라엘 백성들은 아무도 움직이지 않았습니다. 그들은 자신들이 본 바와 믿는 바에 따라 여호와 하나님만이 참 하나님이라고 외쳤어야 했지만, 온 이스라엘이 한 마디도 대답하지 않고 침묵했습니다. 이는 만약 여호와가 하나님이라고 말한다면 당시 이스라엘의 지도자인 아합 왕과 이세벨에게 죽임을 당할 위험이 있었기 때문입니다. 하지만 성경은 우리에게 예수 그리스도와 복음의 증인이 되기를 요청하고 있습니다.

> "오직 성령이 너희에게 임하시면 너희가 권능을 받고 예루살렘과 온 유대와 사마리아와 땅 끝까지 이르러 내 증인이 되리라 하시니라."
>
> 사도행전 1장 8절

증인은 보고 들은 것을 있는 그대로 이야기하는 사람입니다. 또한 증인은 보고 들은 것을 증언해야 할 책임이 있는 사람입니다. 그렇기에 증인은 침묵할 수 없습니다. 잘못된 이야기를 거짓으로 전해서도 안 되고, 알고 있는 사실에 대해 침묵해서도 안 됩니다. 그래서 사도행전 4장에서는 성령이 임하신 후 예수님의 증인의 역할을 감당하는 사도들의 모습을 보여줍니다.

> "그들을 불러 경고하여 도무지 예수의 이름으로 말하지도 말고 가르치지도 말라 하니. 베드로와 요한이 대답하여 이르되 하나님 앞에서 너희의 말을 듣는 것이 하나님의 말씀을 듣는 것보다 옳은가 판단하라. 우리는 보고 들은 것을 말하지 아니할 수 없다 하니."
>
> 사도행전 4장 18-20절

증인은 보고 들은 것을 전해야 할 책임이 있는 사람입니다. 그렇기에 증인은 잘못된 이야기를 거짓으로 전해서도 안 되고, 알고 있는 사실을 침묵해서도 안 됩니다. 그러므로 복음의 증인 역할을 잘 감당하시기 바랍니다. 여러분의 이웃에 대해서도 진실만을 이야기하고, 하나님에 대해서도 진실만을 이야기하는 하나님의 백성이 되시기를 주님의 이름으로 축복합니다.

## 제 10계명: 네 이웃의 소유를 탐내지 말라

"네 이웃의 집을 탐내지 말라 네 이웃의 아내나 그의 남종이나 그의 여종이나 그의 소나 그의 나귀나 무릇 네 이웃의 소유를 탐내지 말라."

출애굽기 20장 17절

십계명의 열 번째 계명은 "탐내지 말라"는 명령입니다. 여기서 주목해야 할 점은 "탐내지 말라"는 명령 앞에 "네 이웃의"라는 소유격 표현이 세 번이나 반복된다는 것입니다. 그렇다면 우리는 이렇게 질문해 볼 수 있습니다. 왜 하나님께서는 "탐내지 말라"는 계명을 "이웃의 소유"와 관련지어 명령하셨을까요? 그 이유는 우리가 탐내게 되는 모든 것이 다른 사람을 향한 질투, 열망, 그리고 마음의 욕심에서 비롯되기 때문입니다.

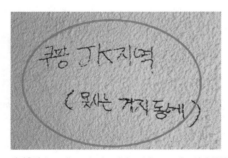

사진출처: https://www.kmib.co.kr/article/view.asp?arcid=0019978807

작년 신문 기사에 이런 내용이 실렸습니다. 위의 사진처럼 누군가가 한 빌라에 "못사는 거지동네"라고 낙서를 해 두었다는 것입니다(2024년

4월 9일, 국민일보 기사 발췌).  한국에서는 고층 아파트에 살아야 부자라는 인식이 강하기 때문에, 낮은 층의 빌라에 살거나 전세나 월세로 사는 사람들에게 이런 무례한 표현을 사용하는 일이 사회적 이슈가 되었습니다.

그렇다면, 초등학교에 다니는 아이들이나 유치원에 다니는 아이들이 어떻게 친구들을 향해 "빌라거지"나 "월세거지"라는 말을 쓰게 되었을까요? 이런 못된 지식은 누가 심어준 것이며, 누구로부터 배운 것일까요? 이는 가진 것을 자랑하고 가난한 사람을 업신여기는 어른들로부터 배운 것입니다.  오늘날 아이들은 어릴 때부터 부모로부터 "돈이 제일이다"라는 가치를 배우며 자랍니다. 심지어 크리스천이라고 하는 부모들조차 말로는 "하나님이 최고다"라고 하지만, 그들의 삶 속에서는 돈이 최고라는 가치관을 아이들에게 보여주는 경우가 많습니다. 이로 인해 아이들은 어릴 때부터 돈을 많이 버는 것을 인생의 최고의 가치로 여기며 살아가게 됩니다.

사람들은 돈과 물질을 소유하면 원하는 모든 것을 얻을 수 있다고 오해합니다. 그래서 다른 사람들이 가진 것을 부러워하며, 날마다 더 많은 것을 채우기 위해 애씁니다. 그 결과, 인생의 목표를 더 큰 집을 사고, 더 많은 돈을 벌고, 더 좋은 차를 타는 데 두고 살아가게 됩니다. 그러나 성경은 인간의 끝없는 욕망과 탐심에 대해 이렇게 말합니다.

> "모든 만물이 피곤하다는 것을 사람이 말로 다 말할 수는 없나니 눈은 보아도 족함이 없고 귀는 들어도 가득 차지 아니하도다."
>
> 전도서 1장 8절

솔로몬은 자신이 모든 것을 가져보고, 모든 것을 누려보았지만, 결국 하나님 외에는 그 어떤 것도 자신에게 참된 만족을 가져다줄 수 없었다고 고백합니다. 하지만 타락한 인간은 전도서의 이야기를 들으면서도 이렇게 말합니다. "그건 솔로몬이 다 즐겨봤기 때문에 그렇게 말할 수 있었던 거 아닐까요? 저도 일단 즐겨보고 나서 헛되다고 하겠습니다. 솔로몬도 즐기는 걸 허락받았으니, 저도 즐기다가 노년에 회개하면 되지 않겠습니까?" 그러나 예수님은 그런 자들에게 어리석은 부자의 비유를 들어 경고하셨습니다.

> "그들에게 이르시되 삼가 모든 탐심을 물리치라 사람의 생명이 그 소유의 넉넉한 데 있지 아니하니라 하시고 또 비유로 그들에게 말하여 이르시되 한 부자가 그 밭에 소출이 풍성하매. 심중에 생각하여 이르되 내가 곡식 쌓아 둘 곳이 없으니 어찌할까 하고 또 이르되 내가 이렇게 하리라 내 곳간을 헐고 더 크게 짓고 내 모든 곡식과 물건을 거기 쌓아 두리라 또 내가 내 영혼에게 이르되 영혼아 여러 해 쓸 물건을 많이 쌓아 두었으니 평안히 쉬고 먹고 마시고 즐거워하자 하리라 하되. 하나님은 이르시되 어리석은 자여 오늘 밤에 네 영혼을 도로 찾으리니 그러면 네 준비한 것이 누구의 것이 되겠느냐 하셨으니."
>
> 누가복음 12장 15-20절

예수님은 탐심을 물리치라고 하셨습니다. 성경은 탐심을 우상숭배로까지 규정하며, 하나님께서 이 죄를 우리가 생각하는 것보다 훨씬 더 심각하게 여기신다고 말합니다. 그렇다면 "탐심"이란 무엇일까요? 국어사전은 이를 "탐내는 마음이나 부당한 욕심"이라고 정의합니다. 쉽게 말해, 가지지 못한 대상에 대해 욕심을 품는 것을 의미합니다.

도대체 왜 사람들은 자신이 가지지 못한 것을 탐하고 욕망할까요? 그것은 자신의 정체성과 만족에 대해 오해하기 때문입니다. 성경에 따르면 모든 재물은 하나님께 속한 것이며, 우리는 하나님의 것을 맡아 관리하고 사용하는 "청지기"로서의 역할을 감당해야 합니다. 하지만 타락한 인간은 하나님의 주권에 순종하기를 거부하고, 자신의 욕심과 이익을 위해 살아가고자 하며, 그로 인해 탐심을 품게 됩니다.

누가복음 12장 18절부터 20절을 보면, 성경이 의도적으로 소유격 표현을 사용하여 어리석은 부자를 비판하고 있음을 알 수 있습니다. "내가, 내 곳간, 내 모든 물건, 내 영혼"이라는 표현들이 그것입니다. 이 어리석은 부자는 자신이 평생 탐욕으로 쌓아둔 것들이 자신을 즐겁게 하고 보호해 줄 것이라 믿었습니다. 그러나 하나님은 "오늘 밤에 네 영혼을 도로 찾겠다"고 말씀하십니다. 이는 부자가 자신의 곳간과 물건뿐 아니라 자신의 영혼까지도 자신의 것으로 여겼지만, 사실 그것조차 하나님의 소유였음을 분명히 하시는 말씀입니다. 즉, "네 영혼"이라 믿었던 것이 사실은 "하나님의 영혼"이며, "너의 소유"라 여겼던 모든 것이 하나님의 것이라는 뜻입니다. 17절 말씀을 보면, 어리석은 부자가 곡식을 쌓아둘 곳이 없을 만큼 재물을 쌓았다고 기록되어 있습니다.

당시 이스라엘은 로마의 식민지였고, 수많은 유대 동포들이 굶주리며 가난하게 살던 시기였습니다. 그런데 그는 하나님의 율법이 명한 대로 가난한 형제나 어려운 이웃들을 돌보지 않고, 하나님이 주신 재물을 오직 자신을 위해서만 쌓아두었습니다. 그는 이제 노년을 대비해 충분히 준비했으니 은퇴 후 편히 먹고 즐기며 살겠다고 말합니다. "내 곳간, 내 물건"들을 바라보며 흐뭇해했을 그의 모습이 떠오릅니다. 그러나 하나님은 "그것은 네 것이 아니다"라고 단호히 말씀하십니다.

또 한 가지 이 비유에서 주목해야 할 한 가지 더 중요한 내용이 있습니다.

성경은 어리석은 부자가 자기를 위해 재물을 쌓아둔 행동을 "하나님께 부요하지 못한 것"으로 평가하고 있습니다. 왜 성경은 이 부자의 행동을 그렇게 해석했을까요? 그 이유는 율법의 핵심이 "하나님을 사랑하고 이웃을 사랑하는 것"에 있기 때문입니다. 탐욕을 부리며 재물을 쌓아두는 행위는 이웃의 필요를 돌아보지 못하는 "사랑 없음"과 직결됩니다. 결국, 자신만을 위해 재물을 축적하는 것은 하나님과 이웃을 향한 사랑을 실천하지 않는 행동인 것입니다.

그래서 열 번째 계명, "탐내지 말라"는 계명에는 "이웃"에 대한 이야기가 깊이 얽혀 있습니다. 이웃의 소유를 탐내는 마음은 결국 이웃을 사랑하지 않는 마음에서 비롯되며, 이는 하나님의 율법을 어기는 심각한 죄라는 것을 열 번째 계명은 가르치고 있습니다. 열 번째 계명을 다시 읽어보겠습니다.

성경은 우리에게 "일용할 양식"을 구하며 매일 하나님이 주시는 "하루의 은혜"로 살아가라고 요청합니다. 또한, 하나님께서 맡겨주신 재물과 시간을 하나님의 나라와 하나님의 뜻을 이루기 위해 사용하라고 권면합니다. 그러나 타락한 인간은 죄로 인해 "탐욕"이라는 죄에 자주 걸려 넘어집니다.

"탐욕"이란 하나님께서 정하신 범위를 벗어나 지나친 욕구를 추구하며, 필요 이상의 것을 요구하고 하나님께서 금지하신 것을 갈망하는 것을 뜻합니다. 사무엘하 12장에는 열 번째 계명을 범한 탐욕의 구체적인 예가 나옵니다.

> "나단이 다윗에게 이르되 당신이 그 사람이라 이스라엘의 하나님 여호와께서 이와 같이 이르시기를 내가 너를 이스라엘 왕으로 기름 붓기 위하여 너를 사울의 손에서 구원하고 네 주인의 집을 네게 주고 네 주인의 아내들을 네 품에 두고 이스라엘과 유다 족속을 네게 맡겼느니라 만일 그것이 부족하였을 것 같으면 내가 네게 이것 저것을 더 주었으리라 그러한데 어찌하여 네가 여호와의 말씀을 업신여기고 나 보기에 악을 행하였느냐 네가 칼로 헷 사람 우리아를 치되 암몬 자손의 칼로 죽이고 그의 아내를 빼앗아 네 아내로 삼았도다 이제 네가 나를 업신여기고 헷 사람 우리아의 아내를 빼앗아 네 아내로 삼았은즉 칼이 네 집에서 영원토록 떠나지 아니하리라 하셨고."
>
> 사무엘하 12장 7-10절

다윗에게는 이미 많은 아내와 궁녀들이 있었습니다. 그럼에도 불구하고 다윗은 이웃의 아내인 밧세바를 취하기를 원했고, 이는 이웃의 소유를 탐낸 탐욕의 죄였습니다. 사무엘하 12장 9절과 10절을 보면, 하나님은 다윗의 죄를 "하나님을 업신여겼다"라고 평가하십니다. 이 표현은 두 번이나 반복되며, 다윗이 감히 이스라엘의 왕이신 하나님의 말씀을 업신여기고, 하나님의 백성인 우리야를 죽였다는 점을 지적합니다.

비록 다윗이 하나님의 허락으로 왕이 되었지만, 그는 하나님의 대행자로서 그 직무를 수행할 뿐이었습니다. 우리야와 밧세바의 생명은 하나님의 것이었고, 하나님이 허락하지 않은 것에 탐심을 부린 다윗의 행위는 곧 "하나님을 업신여긴 죄"라고 평가되는 것입니다. 열왕기상에서도 또 다른 탐심의 예가 등장합니다.

"그 후에 이 일이 있으니라 이스르엘 사람 나봇에게 이스르엘에 포도원이 있어 사마리아의 왕 아합의 왕궁에서 가깝더니. 아합이 나봇에게 말하여 이르되 네 포도원이 내 왕궁 곁에 가까이 있으니 내게 주어 채소 밭을 삼게 하라 내가 그 대신에 그보다 더 아름다운 포도원을 네게 줄 것이요 만일 네가 좋게 여기면 그 값을 돈으로 네게 주리라. 나봇이 아합에게 말하되 내 조상의 유산을 왕에게 주기를 여호와께서 금하실지로다 하니. 이스르엘 사람 나봇이 아합에게 대답하여 이르기를 내 조상의 유산을 왕께 줄 수 없다 하므로 아합이 근심하고 답답하여 왕궁으로 돌아와 침상에 누워 얼굴을 돌리고 식사를 아니하니."

열왕기상 21장 1-4절

"네 하나님 여호와께서 네게 주어 차지하게 하시는 땅 곧 네 소유가 된 기업의 땅에서 조상이 정한 네 이웃의 경계표를 옮기지 말지니라."

신명기 19장 14절

신명기 율법에 따르면, 하나님께서 이스라엘 각 지파에게 주신 기업과 땅의 경계표는 움직일 수 없는 것이며, 이는 서로 팔고 살 수 없는 하나님의 명령이었습니다. 그러나 북이스라엘의 아합왕은 나봇의 포도원에 탐심을 품었습니다. 하나님께서 "네 이웃의 소유를 탐내지 말라"고 하셨고, "이웃의 경계표를 옮기지 말라"고 명령하셨음에도 불구하고, 아합은 탐욕 때문에 떼를 쓰며 심지어 침상에 누워버리는 행태를 보였습니다.

저희 아이들은 어렸을 때부터 마트에서 떼를 쓰거나 길바닥에 주저앉아 땡깡을 부리는 일이 거의 없었습니다. 이유는 떼를 쓴다고 들어주는 일이 없었기 때문입니다. 저는 늘 이렇게 말했습니다. "예슬아, 하람아, 안 되는 건 안 되는 거야. 너희들이 아무리 떼를 쓴다고 해도, 아빠가 안된다고 말한 일이 떼를 썼다고 해서 허락되지는 않아. 괜히 힘 빼지 말고, 아빠가 약속한 것과 해줄 수 있는 것들은 떼쓰지 않아도 해줄 거야. 하지만 안 되는 건, 너희가 삼일 밤낮을 여기서 울어도 안 되는 거야~" 그래서 저희 아이들은 일찍부터 안 되는 것에 떼를 쓰는 것을 포기했습니다. 안 되는 것을 알고, 안 되는 데는 이유가 있다는 것을 살아가며 배웠기 때문입니다.

여러분, 아합이 왜 근심하며 침상에 누워 있습니까? 하나님이 "안된다"고 말씀하셨는데, 왜 그 말을 받아들이지 못하고 근심하고 있습니까?

아합 왕에게는 이미 땅도 많고 재물도 풍족했습니다. 그런데 왜 고작 그 포도원을 갖지 못했다고 근심하며 눕는 것입니까? 그것도 하나님이 금지하신 땅을 가지지 못한 것 때문에 말입니다. 이는 그가 탐욕을 품었기 때문입니다. 하나님께서 "안 된다"라고 말씀하신 "네 이웃의 소유"를 탐냈기 때문에 문제가 발생한 것입니다.

결국, 이 일로 인해 어떤 일이 벌어집니까? 아합은 거짓 증인들을 세워 나봇을 죽이게 됩니다. 이는 탐욕을 품어 열 번째 계명을 위반한 것이 원인이 되어, 거짓 증인을 세워 아홉 번째 계명을 위반하고, 결국 무고한 생명을 죽이며 여섯 번째 계명까지 어기는 결과를 초래한 것입니다.

다윗도 마찬가지입니다. 이웃의 아내 밧세바에게 탐욕을 품음으로 열 번째 계명을 어겼고, 밧세바와 간음하며 일곱 번째 계명을 위반했습니다. 더 나아가 자신의 충성스러운 부하인 우리야를 죽임으로 여섯 번째 계명을 위반했습니다. 탐욕은 이처럼 다른 죄들을 잉태하며, 하나님과 이웃 앞에서 심각한 범죄로 이어지는 것입니다.

> "돈을 사랑함이 일만 악의 뿌리가 되나니 이것을 탐내는 자들은 미혹을 받아 믿음에서 떠나 많은 근심으로써 자기를 찔렀도다."
>
> 디모데전서 6장 10절

나봇의 포도원을 차지하지 못했던 아합이 근심하여 누웠던 이유가 바로 여기에 있습니다. 성경은 하나님이 허락하지 않은 것을 탐낼 때 근심이 찾아오게 된다고 가르칩니다. 아합은 하나님께서 허락하지 않은 것을 탐냈고, 그 결과 근심하여 자리에 눕게 되었습니다. 우리 삶에 기쁨과 평안이 없는 이유도 여기에서 찾을 수 있습니다. 우리는 우리가 갖지 못한 것을 탐내고, 그것으로 인해 근심합니다. 특히 SNS가 인생의 가치를 조장하는 이 시대에는 이런 현상이 더 심각합니다. 사람들은 명품 백을 사기 위해 셀 수 없는 라면과 삼각김밥을 먹으며 건강을 해칩니다. 그리고 명품 백을 들고 찍은 사진이나 고급 오마카세를 먹고 있는 모습을 SNS에 업로드하며 만족을 얻으려 합니다. 동시에, 알지도 못하는 사람들이 올린 명품, 여행 사진, 그리고 자신이 갖지 못한 삶의 자랑들을 보며 부러워하고, 근심하며 자리에 눕습니다. 하지만 우리는 왜 예수님께서 어리석은 부자의 비유를 주셨는지 주목해야 합니다.

> "그들에게 이르시되 삼가 모든 탐심을 물리치라 사람의 생명이 그 소유의 넉넉한 데 있지 아니하니라 하시고."
>
> 누가복음 12장 15절

차는 안전하게 타면 되는 것이고, 집은 한 가족이 머물 수 있으면 되는 것입니다. 그런데 더욱 많이 가지려고 하니 근심하며 눕게 되는 것입니다. 성경은 사람의 생명이 그 소유의 넉넉한 데 있지 않다고 분명히 이야기합니다. 그러므로 이웃의 소유에 탐욕을 품지 말라는 것입니다. 오히려 성경은 우리 크리스천들이 어떤 방향을 가지고 삶을 살아야 하는지 이렇게 이야기합니다.

"네가 이 세대에서 부한 자들을 명하여 마음을 높이지 말고 정함이 없는 재물에 소망을 두지 말고 오직 우리에게 모든 것을 후히 주사 누리게 하시는 하나님께 두며. 선을 행하고 선한 사업을 많이 하고 나누어 주기를 좋아하며 너그러운 자가 되게 하라. 이것이 장래에 자기를 위하여 좋은 터를 쌓아 참된 생명을 취하는 것이니라."

디모데전서 6장 17-19절

성경은 부자들을 부러워하지 말고 썩어 없어질 재물에 소망을 두지 말라고 합니다. 우리 크리스천들은 하나님의 청지기로서 하나님의 나라를 위해 재물을 사용해야 하는 사람들입니다. 그러므로 돈을 쌓아두는 것을 목표로 삼는 것이 아니라, 선한 사업을 하며 사람들을 도와주고, 나누어 주기를 좋아하는 너그러운 자가 되어야 합니다.

또한 우리는 명예와 직위에 대한 탐심도 내려놓아야 합니다. 세례 요한이 외친 대로 우리는 "광야의 외치는 소리"처럼 하나님께만 영광을 돌리는 인생이 되어야 합니다. 그러나 우리는 더 높은 곳에 올라가 더 많은 것을 누리기를 원합니다. 모든 권세는 하나님으로부터 오는 것입니다. 그런데 스스로 지나치게 자신의 명예를 높이고 권력을 누리려는 사람들은 탐욕의 죄에 걸려 넘어지기 쉽습니다.

> "레위의 증손 고핫의 손자 이스할의 아들 고라와 르우벤 자손 엘리압의 아들 다단과 아비람과 벨렛의 아들 온이 당을 짓고. 이스라엘 자손 총회에서 택함을 받은 자 곧 회중 가운데에서 이름 있는 지휘관 이백오십 명과 함께 일어나서 모세를 거스르니라. 그들이 모여서 모세와 아론을 거슬러 그들에게 이르되 너희가 분수에 지나도다 회중이 다 각각 거룩하고 여호와께서도 그들 중에 계시거늘 너희가 어찌하여 여호와의 총회 위에 스스로 높이느냐."
>
> 민수기 16장 1-3절

모세를 이스라엘의 리더로 부르신 분은 하나님입니다. 아론을 대제사장으로 세우신 분도 하나님입니다. 그런데 고라와 그를 따르는 일당들은 하나님께서 자신들에게 맡기신 직분과 지위보다 더 높은 위치에 탐욕을 품었습니다. 그래서 결국 그들이 어떻게 되는지 보십시오.

> "그가 이 모든 말을 마치자마자 그들이 섰던 땅바닥이 갈라지니라. 땅이 그 입을 열어 그들과 그들의 집과 고라에게 속한 모든 사람과 그들의 재물을 삼키매. 그들과 그의 모든 재물이 산 채로 스올에 빠지며 땅이 그 위에 덮이니 그들이 회중 가운데서 망하니라."
>
> 민수기 16장 31-33절

성경은 탐욕을 품었던 고라 일당과 그들의 재물이 산 채로 스올에 빠졌다고 이야기합니다. 여기에서 주목해야 할 사실은, 하나님께서 그들의 재물까지도 멸하셨다는 것입니다. 왜 그렇게 하셨을까요? 원래 권력을 얻기 위해서는 재물과 돈이 필수적으로 사용되기 때문입니다. 성경에 명시적으로 기록되지는 않았지만, 그들은 분명히 자신들의 재물을 권력과 사람들의 마음을 얻기 위해 사용했을 것입니다. 그래서 성경은 그 모든 재물까지도 심판받았음을 이야기하는 것입니다.

이처럼 교회 안에서도 권력과 힘을 탐하는 시도가 있을 수 있습니다. 교회 안에는 헌금을 많이 내는 사람도 있고, 개척 멤버도 있으며, 그 중에 장로가 된 사람이나 교회를 운영하는 임원들도 있습니다. 우리는 누구든지 탐심을 물리치고 경계하지 않으면 고라와 같은 죄를 지을 수 있다는 사실을 기억해야 합니다. 하나님을 업신여기지 않도록, 하나님의 말씀을 업신여기지 않도록, 교회와 온 세상의 주인이 하나님이심을 항상 경계하며 탐심을 피해야 합니다.

사람들이 왜 이웃의 소유를 탐낼까요? 왜 SNS에 올라오는 다른 사람들의 소식을 보며 탐욕을 가지게 될까요? 그것은 지금 내게 주어진 은혜가 족하다는 것을 받아들이지 못하고, 주어진 현실에 만족하지 못하기 때문입니다. 그래서 빌립보서는 이렇게 이야기합니다.

> "내가 궁핍하므로 말하는 것이 아니라 어떠한 형편에든지 나는 자족하기를 배웠노니. 나는 비천에 처할 줄도 알고 풍부에 처할 줄도 알아 모든 일 곧 배부름과 배고픔과 풍부와 궁핍에도 처할 줄 아는 일체의 비결을 배웠노라. 내게 능력 주시는 자 안에서 내가 모든 것을 할 수 있느니라."
>
> 빌립보서 4장 11-13절

빌립보서는 사도 바울이 감옥에 갇혔을 때 기록한 편지입니다. 그는 성도들이 보내주는 구호품에 의지해 생활했고, 구호품이 없었다면 어려움을 겪는 상황 속에서 이 편지를 썼습니다. 그런데 사도 바울은 무엇이라 이야기합니까? 하나님이 나를 감옥에 두셨다면 그곳이 가장 안전한 곳이며, 하나님이 나를 가난하게 하셨다면 가르치실 것이 있어서이며, 하나님이 나에게 더 많은 재물을 주지 않으셨다면 최적의 이유가 있다는 것입니다. 다시 말해, 하나님의 계획과 주권을 믿기에 세상의 재물에 대한 결핍은 바울에게 아무런 영향을 주지 못한다는 것입니다.

혹시 내 집이 없다는 이유로 초라함을 느끼고 계십니까? 좋은 차가 없어서, 은행 잔고가 적어서, 명품 하나 없어서 근심하며 자리에 누워 계시지는 않습니까? 이러한 것들에 영향을 받는 사람들은 하나님으로 충만하지 않은 사람들입니다. 하나님으로 채워지지 않는 것을 다른 것으로 채우려 하기 때문에 자꾸만 실망하고 근심하게 되는 것입니다. 어거스틴은 그의 책 고백록에서 이렇게 말했습니다. "하나님, 우리의 영혼은 당신 안에서 쉼을 갖지 않고서는 영원히 쉴 수 없습니다."

우리의 영혼은 창조주이신 하나님으로만 만족할 수 있습니다. 우리의 영혼은 주인이신 하나님으로만 채워질 수 있습니다. 그러므로 우리에게 필요한 모든 것을 채우시는 하나님을 신뢰하고 자족하며 살기를 바랍니다. 또한, 여러분에게 주어진 모든 시간, 건강, 재물, 생명이 모두 하나님의 것임을 인식하며, 선한 청지기처럼 인생을 사용하시기 바랍니다.

주일이 되면 저희 교회 아이들은 목양실로 뛰어옵니다. 제가 아이들에게 장난감을 하나씩 선물로 주기 때문입니다. 그런데 아이들 중에는 두 손 가득 무언가를 쥐고 와서 제가 주는 것을 또 가지려는 아이들도 있습니다. 그러면 이미 쥐고 있는 것들이 떨어지기 때문에 새로운 것을 쉽게 잡지 못하는 경우가 생깁니다.

우리가 하나님께 복을 받지 못하고, 하나님의 은혜를 충분히 누리지 못하는 이유도 여기에서 힌트를 얻을 수 있습니다. 양손에 가득 쥐고서 하나님의 손을 붙잡을 수는 없습니다. 하나님이 주시는 새로운 은혜를 받으려면 손에 쥐고 있는 것들을 내려놓을 줄 알아야 합니다. 그래야 날마다 새롭게 주시는 은혜를 받을 수 있습니다. 그러므로 손에 쥐고 있는 것을 내려놓으시기 바랍니다. 그리고 하나님이 채워주시는 더 좋은 것들을 손에 붙들고 갈 수 있기를 바랍니다. 그리하여 하나님의 뜻에 순종하는 데 있어서 여러분과 하나님 사이에 그 어떤 것도 존재하지 않게 되기를 주님의 이름으로 축복합니다.

어렸을 적 읽었던 〈아기 돼지 삼형제〉라는 동화가 생각 납니다. 그 동화의 주된 내용은 세 마리의 아기 돼지가 각자 집을 짓는 이야기죠. 첫째 돼지는 짚으로, 둘째 돼지는 나무로, 셋째 돼지는 벽돌로 집을 지었습니다. 그런데 빨리 빨리 쉽게 집을 지으려던 돼지들의 집이 어떻게 되었습니까? 늑대의 공격에 금방 무너져 버렸습니다. 하지만 형제들의 놀림에도 불구하고 묵묵히 튼튼하게 벽돌로 집을 지은 셋째 돼지의 집은 늑대의 공격을 막아내고, 그 집 안에 들어온 형제들을 늑대의 공격에서 보호해 주었습니다.

예수님께서는 이와 비슷한 교훈을 예수님의 제자들에게 주셨습니다. "모래" 위가 아닌, "반석" 위에 집을 지어야 한다는 것이죠(마 7:24-27 참고). 겉으로 보기에만 아름답고 멋진 집이 아닌, 쉽고 빠르게 지을 수 있는 집이 아닌, 튼튼하고 건실한 토대에 집을 지어야 한다는 것입니다.

하지만 오늘날 수많은 교회들이 하나님의 말씀과 성경의 올바른 토대위에 성도들의 신앙을 세우는 일을 경시하고 있습니다. 왜냐하면 그 일이 너무나도 많은 노력과 시간을 요구하는 일이라는 것을 알고 있기 때문이죠. 그래서 이 시대의 많은 교회들은 반석위에 교회를 세우는 것이 아닌, 사람들을 즐겁게 하는 가벼운 엔터테인먼트와 이벤트에 몰입하는 풍조를 보입니다.

이것이 바로 제가 〈크리스천 리스타트〉 책에 이어서 〈크리스천 에센셜〉 책을 저술한 이유입니다. 저의 첫번째 책이었던 〈크리스천 리스타트〉에서는 신론과 구원론 그리고 교회론에 대한 부분을 간단하게 다루며 성도들이 신앙생활의 첫번째 발걸음을 성경 위에서 할 수 있기를 목표로 삼았습니다. 이어서 〈크리스천 에센셜〉에서는 그 보다 한 발자국 더 나가는 것을 목표로 정했습니다. 특히 각 교회에서 제자훈련 과정이나 소그룹 훈련 과정을 통해서 성도들의 기초를 튼튼하게 세울 수 있기를 바랬습니다. 조금 느리게 느껴지더라도 튼튼하게, 조금 어렵게 생각되더라도 건실하게 신앙의 기본을 하나님의 말씀과 성경적인 교리 위에 세울 수 있도록 신경 써서 집필했습니다.

사도 바울은 말세의 특징 중 하나를 "하나님의 말씀에서 귀를 돌이켜 허탄한 이야기를 따르는 것(딤후 4:2-4 참고)"이라고 이야기 했습니다. 성경이 경고했던 대로 지금 이 시대가 그런 풍조를 보이고 있고, 교회마다 "진리로서의 회귀"가 시급한 상황에 처하게 되었습니다.

그러므로 이 긴급성을 알고, 다시 말씀으로 돌아가기를 바랍니다. 성경적인 교리와 진리의 말씀위에 각 지역교회와 크리스천들의 신앙을 놓을 수 있기를 바랍니다. 그리하여 우리의 신앙이 이리와도 같은 마귀의 공격 가운데에서도 튼튼하게 버텨낼 수 있기를 소원합니다.

# 크리스천 에센셜

초판 1쇄 인쇄 2025년 3월 20일
초판 1쇄 발행 2025년 3월 25일

지은이 박형용
펴낸이 김춘자
펴낸곳 목양북

등록 2024년 3월 22일 제 2024-047호
주소 경기도 용인시 처인구 양지면 학촌로53번길 19
전화 070-7561-5247 팩스 0505-009-9585
이메일 mokyang-book@hanmail.net

Copyright ⓒ 킹덤처치연구소 2025
ISBN 979-11-989353-8-0 (03230)